21世纪体育系列教材 • 西南区体育教材教法研究会教材编审委员会审定

体育心理学

TIYU XINLIXUE

主　编　杨华东　张莉斌

副主编　章崇会　晏　子　杨庆辞　钟　宏

祝大鹏　周金平　邹　荣

北京师范大学出版集团
BEIJING NORMAL UNIVERSITY PUBLISHING GROUP
北京师范大学出版社

图书在版编目(CIP)数据

体育心理学/杨华东等主编. —北京：北京师范大学出版社，2012.1(2024.2 重印)

ISBN 978-7-303-13576-9

Ⅰ.①体… Ⅱ.①杨… Ⅲ.①体育心理学 Ⅳ.①G804.8

中国版本图书馆 CIP 数据核字(2011)第 210293 号

教材意见反馈：gaozhifk@bnupg.com 010-58805079
营销中心电话：010-58802755 58800035

出版发行：北京师范大学出版社 www.bnupg.com
北京市西城区新街口外大街 12-3 号
邮政编码：100088
印　　刷：天津中印联印务有限公司
经　　销：全国新华书店
开　　本：730mm×980 mm 1/16
印　　张：13.25
字　　数：270 千字
版　　次：2012 年 1 月第 1 版
印　　次：2024 年 2 月第 9 次印刷
定　　价：35.00 元

策划编辑：周光明　　责任编辑：周光明
美术编辑：高　霞　　装帧设计：华鲁印联
责任校对：李　菡　　责任印制：陈　涛

西南区体育教材教法研究会理事会成员名单

顾　　问　朱国权（云南民族大学）

理 事 长　姚　鑫（贵州师范大学）

副理事长　陈雪红（楚雄师范学院）
梁　健（红河学院）
文革西（西南民族大学）
刘　炜（贵州大学）
夏五四（贵州民族学院）
郭　颂（贵州民族学院）
孟　刚（贵州师范大学）
张群力（昆明学院）
郭立亚（西南大学）
左庆生（遵义师范学院）

秘 书 长　周光明（北京师范大学出版社）

常务副秘书长　陈兴慧（北京师范大学出版社）

副秘书长　吕金江（曲靖师范学院）
徐　明（西藏民族学院）
鄢安庆（贵阳学院）
王亚琼（黔南师范学院）
朱智红（临沧师专）
汪爱平（遵义医学院）

常务理事　刘　莉（曲靖师范学院）
王洪祥（昆明学院）
关　辉（楚雄师范学院）
刘　云（楚雄师范学院）
王　萍（文山师专）

前言

体育心理学是高等学校体育专业一门基础课程。当今体育运动领域日趋分化，应用心理学在体育运动领域存在运动心理学、体育心理学和锻炼心理学三个分支。这三门应用心理学既彼此独立，又相互关联；你中有我，我中有你。此外，结合教学实践的实际需要及应用型人才培养目标的实现，本教材在编写时主要考虑以下几个问题：

其一，坚持把立德树人，以体育人放在首位，坚持以习近平新时代中国特色社会主义思想及党的二十大精神为指导进行编写。

其二，增强教材的兼容性，完整性。本教材在编写时既考虑到体育教育教学领域对心理学指导的需要，也考虑到竞技运动及大锻炼领域中心理学知识的应用，可为广大高校体育专业学生提供较为全面的学习参考，适用范围较广。

其三，体现教学实践的实用性。本教材在编写时注意到专业知识的前后呼应，由浅入深，逐步推进。每一章均列有内容提要、基本学习要求、章节小结及课后思考供广大师生参考，方便学生进行自我学习和检查学习效果。

其四，本书的合作作者均为相关领域经验丰富的理论教学与实践操作一线人员，尤其是在实践应用部分的编写者的选择上，更是慎之又慎，相信编者的学识和经验会为本教材添色不少。

本教材是集体努力工作的成果。参编人员有：杨庆辞(保山学院)；周金平(楚雄师范学院)；杨华东(红河学院)；钟宏(广西体育高等专科学校)；邹荣(楚雄师范学院)；章崇会(重庆大学)；祝大鹏(武汉体育学院)；晏子(香港教育学院)；张莉斌(四川警察学院)。全书由杨华东统编、修改定稿。

本教材是由西南区体育教材教法研究会策划出版的系列教材之一。编写过程得到了各方面的鼓励和支持，以及多名专家的指导。特别要感谢北京师范大学出版社的编辑同志对本书的修改所做付出的艰辛。感谢教材中所引用文献的作者，没有前辈们的前期成果，就无法开展本教材的编写工作！此外，由于编者能力及水平有限，疏漏及不当之处在所难免，敬请读者批评、斧正！

西南区体育教材教法研究会(体育心理学)教材编写组

目录

Contents

第一章 绪论

本章内容简介、基本学习要求

【本章内容简介】

本章将为大家介绍体育心理学的定义及由来，体育心理学研究的对象与内容，以及体育心理学发展的简单历程，使大家对本学科有一个基本的认识。

【基本学习要求】

通过本章的学习，要求大家掌握体育心理学的概念及研究对象；领会体育心理学在体育理论与实践中的地位和作用；理解体育心理学、运动心理学及锻炼心理学的联系与区别；知晓在国内外体育心理学发展的历程中一些重要的事件。

在体育运动情景中，心理现象无处不在，既伴随着人的身体活动而发生，又影响着人的身体活动。例如，一名学生由于体能和运动技能较差，体育成绩总不如同伴而产生了自卑心理；一名运动员平时训练时能正常发挥水平，但每到关键比赛时却紧张恐慌，屡屡犯错；一名运动健身者参与体育锻炼的动机既不明确，也不强烈，“三天打鱼，两天晒网”，体验不到运动的乐趣和益处，最终放弃锻炼。诸如此类的心理现象不胜枚举，需要通过体育心理学的理论和方法去研究和解决。

体育心理学是大学体育专业的一门必修课程，其理论和方法对您未来从事体育运动工作将会提供重要的帮助。无论今后您是一名体育教师，还是教练员或健身指导员，您都会遇到各种各样的心理问题，体育心理学将助您排忧解难，解决实际问题，提高教学、训练或健身指导水平。

本章首先探讨体育心理学的定义，其次阐述学习体育心理学的意义，最后简要叙述体育心理学的历史与发展。

第一节　体育心理学概述

一、体育心理学研究的对象和性质

(一) 体育心理学、运动心理学和锻炼心理学

当代体育有狭义和广义之分。狭义的体育即为体育教育教学，而广义的体育则包括竞技运动、体育教育教学和大众锻炼三个领域。显然，在讨论本章具体问题之前，理解体育心理学、运动心理学、锻炼心理学三者之间的关系尤为重要。

随着体育运动事业的不断发展，体育运动的分化日益突出。就目前而言，广义的体育运动大致可以分为前面所讲到的三个领域。这三个领域的蓬勃发展，促进了运动心理学的不断分化。传统的运动心理学研究范围变得越来越宽，20 世纪 80 年代以来，在运动表现之外，研究者开始更多地关注锻炼心理学（Anshel，2003）。而体育教育心理学的研究则出现得更早些。例如，苏联的丘奇马疗夫在 20 世纪 20 年代就研究了学校体育课对学生智力和自我控制能力的影响。

体育心理学、运动心理学、锻炼心理学三个研究领域有着紧密的联系，但也有所区别。主要表现在，它们在研究对象、研究内容和研究方法上有联系亦有区别。不论是体育教学、竞技体育还是大众体育都是以身体练习活动为中心主题的，心理学在这三个领域当中也是紧紧围绕这一主题展开研究和讨论的。相同之处在于，三者都以体育活动中人的心理现象为研究对象，遵循共同的基本心理学原理与方法，在研究内容上有交叉，但也体现区别。不同之处在于，第一，研究对象人群不同。体育心理学面向体育教学中的师生群体，锻炼心理学面向锻炼大众，运动心理学则面向运动员、教练员等。第二，研究目的和侧重点不同。体育心理学侧重研究教学情境下，学生体育学习过程中的心理现象，目的是促进教学效果；运动心理学则关注运动训练和比赛中如何提高运动员的训练效果和竞技水平；锻炼心理学则试图探察体育锻炼参与者的动机、坚持性及心理效应等。

(二) 体育心理学的定义及研究对象

我国学者对体育心理学或运动心理学所下的定义大同小异，如张力为（2003）指出，体育心理学是研究人在体育运动中的心理活动的特点及其规律的科学。祝蓓里等人（2000）认为，体育心理学是一门研究人们从事体育活动（包括体育教学活动、课外体育活动和体育竞赛活动）专门条件下的心理现象及其发生、发展规律的科学。

综上所述，尽管定义多种多样，但几乎都表达了一个主题，即体育心理学是对体育运动这一特定情景中的心理和行为进行研究的科学，具体而言，体育心理学是研究体育运动情景中认知、情感和行为的科学。学习和掌握体育心理学的理论和方法主要有两个目的：一是理解心理因素如何影响个体的生理表现；二是理解参与体育活动如何影响一个人的心理发展、健康和幸福。体育心理学是研究体育运动中心理现象的特点和规律的科学。心理现象作为一个整体，可以分为三个大的部分，就是心理过程、心理状态和个性。体育心理学是一门研究人们从事体育活动（包括体育教学活动、课外体育活动和体育竞赛活动）的专门条件下的心理现象及其发生、发展规律的科学。体育心理学的研究对象具体地说有下列几点：

1. 人的各种心理过程、心理状态、心理特点或品质，在体育活动影响下变化和发展的规律。

2. 人的各种心理过程、心理状态、心理特点或品质，对掌握体育知识和体育技能的影响和作用。

3. 不同的体育项目对人的各种心理过程、心理状态、心理特点或品质的特殊要求。

4. 动作技能的获得和发展的心理学规律。

5. 体育活动与心理健康之间的关系。

6. 体育活动中出现的各种社会心理现象。

体育心理学的研究性质：既是一门理论学科，又是一门应用性很强的学科，也是体育教师必须掌握的教育学科。

二、体育心理学研究的任务和意义

（一）体育心理学研究的意义

作为一名体育专业的大学生，学习和掌握体育心理学的理论和方法不但可以完善自己的知识结构，提高自己的专业素养，更重要的是对今后从事体育实践工作大有帮助。从我国现阶段的实际情况来看，体育专业的大多数学生将走上体育教育教学岗位，他们主要的体育实践工作首先是从事体育教学，其次是指导运动队的训练与比赛与健身锻炼。对于一名体育教师而言，将体育心理学的理论和方法应用于体育实践工作中，对提高自己的工作效果具有重要作用。具体来说，体育心理学的研究意义表现在以下几个方面：

1. 从体育教学角度看，大、中、小学的体育教学与其他教学相比，有很多的不同。体育教学有其自身的特点和规律。体育教学除了使学生掌握必要的体育知识外，其主要目标在于使学生形成一定的运动技能和技巧，发展学生的身体素质和运动能力。体育心理学研究体育运动中心理活动过程和心理状态的规律性，揭示青少年学生和运动员身心发展的特征，这就为体育教学过程中采用合理的教学、训练措施提供了科学的依据，从而有效地提高体育教学的质量。

2. 从运动训练角度看，运动训练可以说是对运动员全面教育的一种手段，现代运动训练除了身体训练、技术训练和战术训练以外，心理训练也是一个很重要的方面，运动训练这四个方面是相互依存、相互影响、紧密联系、有机结合的。这里包含两层意思：一层意思是说，在运动训练过程中必须注意运动员的全面发展，即在思想上、心理上、身体上、战术上各个方面都得到全面的良好的发展；另一层意思是说，运动训练这四个方面相互之间是有连带关系的，只重视一个方面的训练而忽视其余方面是不可行的，而被重视的这一方面也很难取得很显著的成效。从一定意义上说，心理训练是其他三种训练的基础，在身体训练、技术训练和战术训练中，必须掌握体育心理学的知识。

3. 从运动竞赛角度看，学习体育心理学也有助于提高运动竞赛成绩。

4. 从运动选材角度看，学习和掌握体育心理学有助于科学地选拔运动员。科学选材是培养优秀运动员的先决条件。选拔运动员不仅应考查其身体形态、生理机能、遗传素质以及已达到的运动水平，还应对其个性品质进行考查。其中包括性格、气质、能力等方面。

由此可见，体育心理学是一门为体育运动服务的实践性很强的应用科学。体育教师、教练员、运动员都应较好地学习体育心理学并且有意识地在运动实践中运用。

（二）体育心理学研究的基本任务

体育心理学的研究任务有理论与实践两个方面。

体育心理学研究的理论任务是：

1. 揭示体育活动与人的心理（包括心理过程、心理状态、心理特点或品质，以及心理健康）之间的关系。

2. 揭示体育教学条件下动作技能的获得和发展的心理规律，以丰富普通心理学和社会心理学有关方面的内容。

体育心理学的实践任务是：直接为体育课、课外体育活动和体育竞赛服务，即为有效地进行体育教学、锻炼和竞赛提供科学的心理学依据。

第二节　体育心理学发展概况

一、体育的产生、发展与人的心理文化历史演变

（一）原始体育的产生是人的生理、心理需要

体育的产生是一个长期孕育演变的过程，其发展更是一个长期积累、选择、

变异、冲突、交融、定型的过程。体育起源于劳动这一结论无疑是对的，但我们不能满足于这一简单的结论，因为人类的语言、文学、艺术均产生于劳动，何以这一部分活动独具特色，被后人确认为“体育”？它又为何既不同于人类的其他行为方式，又区别于动物本能的肢体活动？

在人类起源时，手的形成和发达，标志着人类已经发展出一种借助自然物延长自己肢体的能力，这种带有质变的超生物肢体可用来对抗并征服自然，实现人类自己的目的。

在从猿到人的转变中，随着超生物肢体的形成而发展的另一个质变，就是超生物经验的积累。这些经验不仅包括使用劳动工具进行集体劳动的知识、技术、技能，也包括他们的情感体验、意志等，这些积累下来的经验需要世代延续和彼此交流。在语言文字产生之前，在系统的教育形成之前，这些经验的延续主要是依靠肢体动作，即雏形的体育教育来完成。这是体育产生的根本原因。

体育的产生满足原始人们的各种需要。人的需要是多方面的，除满足生存之外，还有安全、娱乐、社交、信仰等心理需要，这些需要都在体育产生之初给它打下了印记。因此军事格斗、宗教祭祀、舞蹈娱乐、医疗保健等社会文化活动都推动了体育的产生。

（二）近代体育发展的文化心理因素

体育的发展是个长期过程，社会的发展决定体育的发展。没有一定的社会发展，就不会有与一定生产方式相适应的体育。

文艺复兴后，欧洲近代体育的勃兴有其深厚的社会文化心理背景。它是大工业生产和市场经济的必然产物，也是欧洲近代文明发展的结果。随着机械化劳动时代的到来，需要较全面的身体素质和对大脑的开发。生产劳动使得人们疲劳的部位由过去的肢体转向大脑，使劳动者的健康状况发生着更为深刻的变化，这也是促使近代欧洲体育发展的根本性原因。欧洲 16 世纪开始的宗教改革和文艺复兴运动，冲破了基督教神学的精神束缚，提倡人本主义，以人道代替神道，宣扬自由、平等、博爱和个性解放，抨击基督教神学关于“肉体是灵魂的监狱”的说教，提倡“健全的精神寓于健全的身体”，于是体育教育迅速发展起来，奥林匹克运动重新得到倡导。

（三）现代体育发展的社会心理因素

现代社会，是指以工业发展为标志，经济、政治、科学技术和文化生活高度发展的社会。现代社会生产力的高度发展，为体育的发展提供了良好的物质条件，也使更多人有机会参与其中，表现在一方面通过改善场地、器材等活动和比赛条件；另一方面是通过不断产生新的体育运动项目来实现的。同时，体育还成为第三产业的重要组成部分，为社会及成员提供了更多的消费领域，也提供了巨大的经济来源和就业机会。

另外，随着社会的变化，竞争的加剧，出现了许多现代社会的“文明病”，同时个体承受的心理应激加重，社会冲突的可能性增加。而体育运动以其特有的性质，给这些危险因素提供了一个健康、安全的宣泄通道。

二、体育心理学的发展简况

（一）国外体育心理学的简史

1.20 世纪 50 年代前的体育心理学

第一个运动员可能对心理状态的重要性就有一个基本的认识，甚至在第一届奥运会上就已经意识到自信、自我控制及其他心理因素与运动员成功之间的联系。然而，直到 19 世纪末，研究者们才开始较为系统地观察心理和运动行为之间的关系（Wann，1997）。

世界上第一个运动心理学的实验是由 Triplett 于 1898 年完成的。他调查了一个今天我们称作“社会促进”的现象，他发现自行车选手在同他人比赛时速度会更快。以后，他又采用比较严格的实验室实验来证实自己的现场研究成果，研究结果显示，当有人在场观看时，被试的绕线活动水平提高。Triplett 由此认为，在现场的其他人（如竞争者、合作者、观众）导致了活动者能量的释放和努力程度的提高。他采用的现场实验和实验室 实验相结合的研究方法即使在今天也具有现实意义（季浏，1994）。在 Triplett 的研究之后，也有几篇运动心理学的论文发表，如 Scripture 认为，参与运动可以发展理想的个性特征（Anshel，2003）。

20 世纪 50 年代前发生的另一个运动心理学的重大事件，是由 Griffith（格里菲斯）于 1925 年创建了世界上第一个运动心理学实验室，即 Illinois（伊利诺依）大学运动研究实验室，这一事件在后来被认为是体育心理学这一学科的诞生标志。实际上，早在 1918 年，他就研究心理因素对运动表现的影响，由此被称为“美国运动心理学之父”。他研究的主要领域集中心理运动技能、运动表现和个性方面。他还与运动队进行交流，并于 1923 年在 Illinois 大学开设了第一门运动心理学课程，1926 年编写了世界上第一本运动心理学教材《教练心理学》，1928 年又出版了《运动心理学》。1938 年，作为运动心理咨询专家，他受聘于芝加哥一家棒球俱乐部运动队，运用多种动作测试和心理量表测验来检查每个运动员当时的心理状态、能力和心理潜力。他也是第一个运动心理学咨询师。

20 世纪初至 30 年代，在欧洲也出现了一些运动心理学方面的研究，影响最大的要数奥林匹克运动的创始人，即法国的 Coubertin，他于 1913 年所著的《运动心理学试论》指出，运动是一种美的表达和使人能平衡情绪的更好的教育手段。德国学者 Baoth 于 1912 年也写了一本题为《身体练习对意志和个性形成的影响》。德国学者 Schulte 在 1921 年所著的《在练习、比赛和运动活动中提高成绩》一书是阐述优秀运动员心理准备问题的最早的著作之一（季浏等，1994）。20 世纪 20～30 年代，苏联的体育心理学处于萌芽时期。被称为苏联“运动心理学之父”的鲁吉克教授撰写了《肌肉工作对反射过程的影响》《对反射的研究在体育主要问题上的应用》和《在体育教育工作中提示和模仿的意义》等著作。然而，最重要的是莫斯科体育学院所做的一系列研究引起了人们对体育和运动心理学问题的兴趣，例如，普尼所做的关于乒乓球、滑雪及其他运动对运动员心理的影响，以及丘奇马疗夫关于学校体育课对学生智力以及自我控制能力的影响等研究（季浏等，1994）。

2. 20 世纪 50 年代后的体育心理学

体育心理学的研究在 20 世纪四五十年代，除了几篇博士论文之外，基本上处于停滞状态。但也有不少的动作学习实验室相继建立，使得研究人员对体育领域中的运动行为进行研究时有了更为复杂和更为科学的方法，如在研究设计、仪器设备、统计方法等方面都有了进步和提高，发表的论文涉及基于学习和运动技能操作的心理动作过程。直到 20 世纪 60 年代，运动心理学的研究伴随着一些组织的成立才开始繁荣起来。1965 年，国际运动心理学联合会成立并召开了第一届年会。至此，体育心理学作为心理学的一门独立应用分支学科正式诞生。1967 年举行了第一次北美运动心理和身体活动联合会的年会，自该联合会成立以来，它就成为国际上最有影响的运动心理学组织；1969 年加拿大心理技能学习和运动心理学联合会成立；1985 年高级应用运动心理学学会成立，它鼓励应用运动心理学家（如教育运动心理学家和临床运动心理学家）之间的交流，也许该组织会取代北美运动和身体活动联合会而成为最有影响的运动心理学组织；1987 年，运动心理学正式被美国心理学会所承认和接纳，成为该学会第 47 个分会，即锻炼和运动心理学分会。该分会发行了一本运动心理学的小册子，描述了运动心理学家的三种类型：实验运动心理学家、教育运动心理学家和临床运动心理学家。

20 世纪 60～70 年代，苏联的体育心理学开始兴起。例如，1963 年苏联体育科学研究所组建了运动心理学实验室，这个实验室的研究人员做了大量的高水平的运动心理学的理论和应用研究。研究内容较为广泛，包括意志的培养、心理调整方法、个人项目的思维特点、个性特征、心理状态与活动有效性的关系、运动的感知觉特点等。20 世纪 70 年代，苏联运动心理学研究部开始重点研究运动员的心理诊断问题，并于 1978 年在调查和研究的基础上确定了判断优秀运动员的心理指标，如成就动机、个人意志表现力、情绪稳定性、心理机能意识运动、注意力、随机应变的思维能力、自我监督和自我调整等。在此基础上，还研究了不同项目优秀运动员的心理模式指标。除此之外，苏联的学者们还对运动能力的概念和发展、运动员的心理调节和个性等问题进行了不少的研究。

德国在20世纪60～70年代，对运动心理学的研究给予了高度重视。例如，1961年，东德学者Kunath在德国体育学院中领导成立了运动心理学研究所，主要研究三个方面的问题：第一，运动对个性发展的影响；第二，运动群体对运动员心理发展的作用；第三，运动心理学的研究方法。相比较而言，西德当时运动心理学的研究影响较小，只是对运动员的个性进行了一些研究，其中，Newman在1952年撰写了《运动与个性》。70年代，东德主要研究主体体验对运动成绩的影响、体育教学心理学以及运用测验方法揭示运动中起作用的心理学因素。西德的工作重点包括：（1）运动与个性；（2）方法学与心理诊断学；（3）体育运动中的学习；（4）运动中的社会心理学因素；（5）运动员的心理咨询等（Cratty，1989）。

日本在20世纪60～70年代，也开始研究体育心理学的有关问题。1960年，在日本体育基础学会中成立了体育心理学分会，同时，开始对优秀运动员进行赛前心理准备的系统研究，如运动员参加比赛的态度、情绪激动状态、对自己心理和思想的估计等。日本在70年代体育心理学的研究重点分为两类：一类是研究体育教学中的心理学问题；另一类是研究运动员的心理学问题。日本在前一类问题的研究上较有特色，如研究了身体技能活动感知觉的发展、体育活动对学生学习或心理品质发展的影响、学生的运动动机等。

（二）中国体育心理学的简史

中国体育心理学的发展历史主要可分为两个阶段：20世纪80年代前的体育心理学和20世纪80年代后的体育心理学。

1. 20世纪80年代前的体育心理学

早在1926年，我国著名体育教育家马约翰曾在《体育的迁移价值》一文中指出，运动场是培养学生的极好场所，可以批评错误，鼓励高尚，陶冶情操，激励品质。刻苦锻炼可以培养青年的勇敢精神、坚强的意志、自信心、进取心和争取胜利的决心。他还指出，运动场上表现出来的道德品格能够迁移。这是中国体育心理学最早的专论。1942年，国立体育专科学校的吴文忠和肖忠国编译出版了我国第一部《体育心理学》。

20世纪50年代，受苏联心理学的影响，我国的体育心理学开始起步。1957年，苏联体育心理学家Rudike教授编著的《心理学》中文版出版；1958年，Chernikowa编写的《运动心理学问题》被译成中文；1964年，武汉体育学院和上海体育学院合编了我国第一部体育院系专用的《运动心理学》教材。

20世纪五六十年代，由于受“文化大革命”的影响，心理学濒于灭绝，体育心理学遭到严重摧残，也拉大了与国外体育心理学的差距。

2.20世纪80年代后的体育心理学

20世纪70年代末和80年代初，我国体育心理学进入了一个新的发展阶段。1979年成立了中国心理学会体育运动心理学专业委员会，1980年又成立了中国体育科学学会运动心理学会。中国运动心理学会迄今为止，已召开了七次全国性的学术会议，大大促进了我国体育心理学的蓬勃发展。

近十年来，中国体育心理学的研究比较广泛，主要包括以下四个方面：第一，竞技运动领域的心理学问题，包括心理训练方法，心理训练评价，心理选材，运动员、教练员和裁判员的心理特征，心理疲劳的评定和预防，伤病的心理预防和心理康复，兴奋剂的心理学问题等。第二，大众的体育锻炼心理学问题，包括锻炼的参与动机和锻炼的心理效应等。第三，体育教育教学领域的心理学问题，包括体育学习和课外体育活动的参与动机和心理效应、运动技能学习、体育教学中的差异心理等。第四，体育心理学的研究方法问题，包括量表研制、仪器开发、实验设计等（张力为等，2003）。

本章小结

1. 体育心理学是一门研究人们从事体育活动（包括体育教学活动、课外体育活动和体育竞赛活动）专门条件下的心理现象及其发生、发展规律的科学。

2. 体育心理学的研究对象是体育活动中人的心理现象。

3. 广义的体育运动心理学应该包括体育心理学、运动心理学、锻炼心理学三个应用分支，它们在研究对象人群、研究侧重点、研究目的上存在着区别，但在三个领域中都是以人的身体活动为主题的，有着共同可以利用的原理和方法。

4. 体育心理学的历史比较短暂，1925年科曼·格里菲斯在美国伊利诺依大学建立世界上第一个心理学实验室标志着体育心理学这一学科的诞生；1965年第一届国际运动心理学会在意大利罗马召开，国际运动心理学会成立，则标志着体育心理学成为一门独立的心理学分支学科。

5. 中国体育心理学的发展历经了20世纪60年代的萌芽阶段，直到20世纪70年代末才进入快速发展时期。

6. 体育心理学的研究意义在体育教学、大众锻炼、运动训练及运动竞赛中都有所体现。

>>> 思考题

1. 试述体育心理学、运动心理学、锻炼心理学三者区别与联系，并举例说明。

2. 在体育心理学发展的历程中有哪些标志性的事件？

3. 试述体育心理学的研究对象与任务。

第二章　体育与认识

本章概述、学习目标

【本章内容简介】

本章主要阐述感知觉、表象、记忆、思维等认知现象的概念、特征和规律，体育与认知的关系，在体育运动情境中感知觉、记忆、表象、思维的发生、发展的规律及其在体育运动中的运用。

【基本学习要求】

通过本章的学习，使学生掌握感知觉、记忆、表象、思维等认知现象的一般规律和特征，掌握在体育运动情境中上述认知现象的发生、发展规律，及其在体育教学和训练中的运用。

第一节　体育与感知觉

一、感知觉概述

感知觉是人类认识客观事物的前提。人们要想认识客观世界首先要通过感知觉从外部客观世界或从自身获取信息，以便让更高级的心理活动（包括记忆、思维、想象等）对这些信息进行综合评定，认识和控制自己的行为和活动，以及对自身的反应和自我状态作出评价和获得新的知识。感知觉由低级到高级可分为三个水平：感觉水平、知觉水平和观察水平。

感知觉能力的发展，对于形成和发展记忆、思维、想象具有十分重要的意义。同时，感知觉也是人们发生情感和采取意志行动以适应和改造世界的必要条件。

（一）感觉、知觉的概念

1. 感觉的概念

感觉是人脑对直接作用于感觉器官的客观事物的个别属性的反映。感觉是一种最简单的心理现象，是其他认知现象的基础，一切较高级、较复杂的认知现象都是在感觉的基础上产生的，通过感觉才可以进行复杂的知觉，记忆和思维等活动，从而更好地反映客观事物。

感觉是由外周感受器，传导神经（包括传入神经和传出神经），以及相应的神经中枢特别是大脑皮质的感觉代表区三个部分协同活动的结果。当客观事物的个别属性直接作用于相应的感受器时，人脑就会产生该事物的感觉。根据感觉的刺激是来自有机体外部还是内部，可以把各种感觉分为两大类：一类是由外部刺激引起的感觉，称为外部感觉，它包括视觉、听觉、嗅觉、味觉和触觉等；另一类是由身体内部刺激信息引起的感觉，称为内部感觉，它包括平衡觉、肌肉运动感觉和内脏感觉等。

2. 知觉的概念

知觉是人脑对作用于感觉器官的客观事物的整体反映。知觉是高于感觉的感知觉水平，它是通过多种感觉系统协同活动的结果，信息源通过作用于多种感觉器官，经过大脑皮层的联合区参与下几个感觉系统共同活动形成知觉。

知觉根据水平高低可分为两大类：一般知觉和复杂知觉。

一般知觉，也称简单知觉。知觉是多种分析器协同活动的结果，依照知觉过程中起主导作用的分析器来划分，则与前述感觉水平种类的外部感觉相接近，可分为视知觉、听知觉、嗅知觉、味知觉和皮肤知觉五种。

复杂知觉，又称为综合知觉，它须由多种分析器同时参与活动，知觉的对象、内容也较复杂。按其所反映对象的性质来划分，复杂知觉可分为时间知觉、空间知觉和运动知觉。

时间知觉是客观对象的持续时间、速度和顺序在人脑中的反映。它是后天习得的一种条件反射，也是身体练习模式的基本成分之一。

空间知觉是物体的空间特性（形状大小、远近、方位等）在人脑中的反映。空间知觉也是后天习得的，它是由视觉、动觉和触觉等多种感觉系统协同活动的结果，其中视觉起着主要的作用。空间知觉主要包括有：（1）形状知觉：靠视觉、触摸觉和动觉来判断物体的形状。（2）大小知觉：靠视觉、触摸觉和动觉来判断物体的大小。（3）深度知觉：包括判断观察者到物体的绝对距离，即距离知觉，又包括判断一个物体不同部分之间的相对距离，即立体知觉。深度知觉也依赖于视觉、触觉和动觉来加以判断。（4）方位知觉：依靠视、听、触、动平衡觉等协同活动，来判别物体所处方位（上、下、左、右、前、后、东、南、西、北）。

运动知觉是物体在空间位移、移动速度及人体自身运动状态在人脑中的反映，是由视觉、听觉、肤觉、平衡觉、机体觉、运动觉等系统协同、参与的结果。它依赖于物体的运动速度、运动物体离观察者的距离及观察者本身所处的运动或静止状态。

运动员长期从事某一运动项目而形成的一种特殊的运动知觉，称为专门化运动知觉。它是对某种动作技能的各个部分之间的联系，及其与有关器械或环境之间关系的反映。

专门化运动知觉是由一系列运动感觉所组成的知觉结构。它能给运动员提供动作进行状况的信息，包括动作的顺序性和协调、方向和幅度、频率和节奏、强弱和久暂等信息。而且，它反映的某种动作技能的各个部分之间的联系，以及动作与器械或环境之间的关系是一个有机的整体。例如，当指尖感到的水压开始减弱时，手就逐渐加紧划水，以保持持续均匀地感到冲力；划臂时还要控制手的动作幅度，改变划臂方向。与此同时，凭着水流经脚趾之间的感觉，可以保证双腿顺应性而有效地完成动作，可以检验自己的脚和踝是否放松，以及纠正屈膝过分的腿部动作。所有这些动作构成一个整体，成为游泳运动员的专门化知觉。专门化运动知觉主要分为以下几种：

（1）速度感。

速度感是在长期从事周期性运动（田径、划船、自行车、滑雪等项目）的过程中形成的一种专门化运动知觉。它是运动员准确地估计自己的运动速度、正确地使用力量和调节速度的必要的心理因素。它在长期训练的过程中发展起来。例如，跑步运动员速度感的发展过程经历了以下三个阶段：

①通过听自己脚步声的频率来估计自己的速度；或者从在视野中移过的事物的快慢来估计自己的速度。

②通过肌肉运动感觉系统对肌肉的紧张度、后蹬的力度、幅度以及动作结构等各种复杂刺激的感知，在时间关系上逐步达到精确分化的程度。

③依靠视觉、听觉和动觉这三种感觉系统的协调活动来判断和调节速度。主要是凭借动觉，有时也凭借机体觉（心率、脉搏、骨骼肌的疼痛、麻木或轻松等变化）来估计自己的跑速。

（2）球感。

球感是在长期从事球类运动过程中形成的一种复合知觉。它是对球的形状、轻重、弹性、硬度、击球的力量、球在空间运动的速度、高度和方向的变化等方面的知觉。这种复合知觉是对练球时进入视觉系统、动觉系统和触觉系统的各种刺激物进行精细地分析，并在大脑皮层上形成复杂的稳固的神经联系的结果。它可以帮助运动员正确地判断踢球或发球的方向和高度，以及球的落点是否适当。

尽管在球场上正确地确定自己的行动方向，采取有效动作，防止错误动作，也与运动员的深度知觉和边缘视觉（即视野的大小）密切有关，但是球感越好，越能正确地判断球的运动和保持良好的控制球的能力，迅速而又准确地回击球或投球。

当运动员情绪过分激动，或者身体极度疲乏时，球感就会减弱；长期不参加球类运动，球感也会减弱，甚至消失。

(3) 水感。

水感是游泳的专门化运动知觉。它由触觉（人的压力感觉、与水的贴近感觉）、肌肉运动觉（动作速度、强度、准确性、平衡性、柔和性及协调性）以及温度觉等几种感觉系统所组成的复合知觉。

水感是人在游泳时对水的阻力、压力、浮力等刺激进行精细分化的结果。由于具有水感，才能调整划水动作的强度和速度，提高游泳的技能水平。所以说，水感也是运动员对水的阻力、压力、浮力与划水强度的感觉之间建立精细而又复杂的协调关系的结果。一旦两者之间的关系发生变化，便立刻被感知出来。当运动员处在良好的竞技技术状态，水感最为敏感。但是，当肌肉处于最紧张的时候，水感的敏锐度会下降，甚至完全消失。

(4) 平衡感。

平衡感是辨别身体运动的速率和方向的知觉。它主要由前庭分析器来调节，也与视觉、动觉和内脏（机体）觉等感觉系统有关。在快速跑、撑杆跳高、摔跤、体操、高台跳水、跳伞时，控制自己身体的姿势和动作，都需要依靠平衡感。

提高学生的动作技能，应注意发展他们上述的各种专门化运动知觉，尽管情绪的好坏会直接影响知觉的清晰性和完整性。

(二) 感觉与知觉的关系和作用

感觉和知觉是紧密联系而又有区别的心理过程。

感觉和知觉的联系在于，它们都是人脑对当前客观事物的反映，感觉是对物体个别属性的反映，而知觉则是对物体整体的反映。没有对物体个别属性反映的感觉，就不可能有反映事物整体的知觉。因此，感觉是知觉的有机组成部分，是知觉的基础，而知觉则是感觉的深入和发展，对某个物体感觉到的个别属性越丰富、越精确，对该事物的知觉也就越完整、越正确。在现实生活中，人一般都是以知觉的形式直接反映客观事物的，感觉只是作为知觉的组成成分而存在于知觉之中，除新生儿外，很少有孤立的感觉存在。由于感觉和知觉的关系如此密切，所以人们常常把它们合起来统称为感知觉。

但是，感觉和知觉又是两个本质不同的概念，它们的区别在于：首先，感觉和知觉是两种不同的心理过程。感觉是介于心理和生理之间的活动，它的产生主要通过感觉器官的生理活动过程，以及客观刺激的物理特性，相同的客观刺激会引起相同的感觉。而知觉则是纯粹的心理活动，它的产生是在感觉的基础上对物体的各种属性加以综合和解释的心理活动过程，处处表现出人的主观因素的参与。其次，由感觉到知觉，其间要经历一个主观选择的过程，即从感觉到的各种属性中选取一部分属性加以综合和解释，这在很大程度上依赖于一个人的过去经验，并受个人当时的兴趣、需要、动机和情绪的影响。同时，人的态度和需要也会使知觉具有一定的倾向性。最后，从感觉和知觉的生理机制来看，感觉是单一分析器活动的结果，而知觉则是多种分析器协同活动的结果。

（三）感觉规律及其在体育教学中的运用

感受性是指各种感觉器官对适宜刺激的感觉能力。感受性作为一种能力，是以感觉阈限的大小来度量的。感觉阈限是指能引起感觉的、持续一定时间的刺激量。人的每一种感觉的感受性和感觉阈限都有两种形式，感受性分为绝对感受性和差别感受性，感觉阈限同样分为绝对感觉阈限和差别感觉阈限。

1. 绝对感受性和绝对感觉阈限

并不是所有的刺激都能引起人的感觉，只有达到一定量的刺激才能引起人们的感觉。刚刚能引起感觉的最小刺激量，称为绝对感觉阈限。而刚刚能觉察出这种最小刺激量的能力，称为绝对感受性。绝对感觉阈限和绝对感受性在数量上成反比关系，即绝对感觉阈限越小，绝对感受性就越大；反之，绝对感觉阈限越大，绝对感受性就越小。可用公式来表示：

即：$E=1/R$

注：E：绝对感受性　R：绝对感觉阈限。

2. 差别感受性和差别感觉阈限

刺激物引起感觉之后，如果刺激量发生了变化（增多或减少），也会引起感觉的变化。但是，并不是刺激的所有变化都能引起感觉的变化，微小的刺激变化不能引起感觉的变化，只有当刺激变化到一定量时，才能使我们感觉到差别。能引起感觉变化的刺激的最小变化量，称为差别感觉阈限。而刚刚能觉察出刺激变化的最小差异量的能力，称为差别感受性。差别感觉阈限和差别感受性在数量上也成反比关系。

感觉阈限除了与刺激强度有关之外，还与刺激变化的频率、刺激的时间、刺激的空间以及有机体的机能状况有关。一般来说，刺激空间太小、时间太短都不能引起感觉；变化频率越快，阈限越大。

感受性不是一成不变的，运动员通过长期对某一感觉能力的训练，可以不断改变这一感觉器官的机能状态，使感受性不断地发展和完善。

感受性的高低是运动技能形成的重要因素之一。了解感受性和感觉阈限，对于发展学生感觉能力具有重要意义。这是因为个体的各种感觉阈限存在差异，而不同的运动项目需要不同的感受性。听觉感受性低，不利于从事与节奏有关的运动项目，如健美操、艺术体操等；肌肉感受性低，不利于参加对肌肉进行精细控制的项目，如跳水、跳马等。因此，根据运动项目的需要，有计划地提高学生相应的感受性，降低绝对感觉阈限和差别感觉阈限，使感觉能力提高。

3. 感受性变化的规律

人的感受性会随着条件、环境和训练程度的不同以及生理机能状态的变化，会出现暂时性的提高或降低。这种现象的突出事例是感觉适应和感觉对比等。俗话说："入芝兰之室，久而不闻其香；入鲍鱼之肆，久而不闻其臭。"就是嗅觉的适应现象。除此之外，肤觉、味觉的适应也特别明显，听觉的适应不太明显，痛觉的适应则极难产生。正因为如此，适应现象具有很重要的生物学意义，使人能在变化万千的环境中，做出精确的反应。

（1）感觉适应。感觉适应是指由于刺激物持续作用于感觉器官，因而引起感受性变化的现象。适应表现在感受性提高和降低两个方面。一般表现为：强刺激持续刺激感官，感受性就会逐渐下降；弱刺激持续作用时，感受性逐渐提高。例如，从光亮处走进已灭灯的电影院时，开始什么也看不清，过一段时间，就能分辨物体的轮廓，这是视觉感受性提高的暗适应；反之，离开电影院，从暗处到光亮的地方，开始时也是耀眼炫目，一片明亮，但过一会儿就能看清周围的物体，这是视觉感受性降低的明适应。

适应现象是感觉中的普遍现象，除视觉外，触觉、温度觉、嗅觉等的适应现象也很明显。例如，运动员换用新器械时，开始感到不习惯，经过一段时间练习，触觉就能得到适应；人初入游泳池时，觉得水冷，过一会儿就不再感到冷了，这是温度觉的适应现象；"入芝兰之室，久而不闻其香；入鲍鱼之肆，久而不闻其臭"，这是嗅觉的适应现象。在各种感觉中，痛觉的适应极难产生，因为痛觉具有保护机体的作用。

适应是人体对于复杂多变的环境，对感觉能力暂时的调整，从而保持与环境的平衡。如果失去这种平衡就会引起人的心理、生理、社会适应等方面的一系列变化，给人造成不适的感觉，影响各种心理和生理活动及社会适应，以及人的整个活动效率。

感觉适应规律在学生的体育学习和运动训练过程中具有重要意义。学生运动技能的掌握和提高的过程实际上就是不断适应强度、运动量和不同运动环境的过程，只有适应了新的因素变化，恰当地调节自己的感觉，在学习和训练中加强专门化感觉的训练，才能达到最终的目的；反之，一旦不能在心理、生理和运动环境上适应，将导致失败。

（2）感觉对比。感觉对比是指同类感觉在不同刺激物的作用下，感觉的强度和性质发生变化的现象，一般表现为使感觉有所增强。对比在某种意义上也是一种错觉。

感觉对比有两类：同时对比和先后对比。同时对比指几个刺激物同时作用于同一感受器产生的感受性变化。例如，黑色运动服印上白色号码，使号码更突出，这是视觉的同时对比；先后对比是指刺激物先后作用于同一感受器时产生的感受性变化。例如，在运动训练中，先负重练习，再进行同形式的徒手练习，顿感轻松，这是重量觉的先后对比。教师在教学中应充分利用感觉对比的规律，以取得更好的教学效果。

（3）不同感觉的相互作用。在一定条件下，各种不同的感觉可能发生相互作用，使感受性发生变化。不同感觉相互作用一般表现为：弱刺激能提高另一感觉中枢的感受性，强刺激则降低另一感觉中枢的感受性。当引起两种感觉的刺激强度大体相等时，两种感受性可因相互作用而提高。例如，在音乐伴奏下，完成艺术体操、健身操或自由体操动作，能提高肌肉的感受性，使动作更加协调、准确。

（4）感觉补偿。感觉补偿是指由于某种感觉缺失或机能不全，会促进其他感觉的感受性提高，以取得弥补作用。例如，下肢残疾的运动员，上肢较为强壮，以此来补偿丧失了的下肢功能，但这种补偿作用是由长期的不懈练习才获得的。

（5）受实践的影响。人的感受性在生活和劳动实践的长期锻炼中，是可以大大提高和发展的，特别是通过某些特殊训练，可以提高到常人不可能达到的水平。如艺术体操运动员的平衡感之所以比一般人发达，也正是长期实践活动的结果。

（四）知觉规律及其在体育教学中的运用

人的知觉具有整体性、选择性、理解性和恒常性四个基本特征。

1. 知觉的整体性

知觉对象具有不同的属性，由不同的部分组成，但是人并不把这对象的不同属性、不同部分看做孤立的，而是把它作为一个统一的整体来反映，这就是知觉的整体性。例如，我们在看到一只铅球时，就会觉得它硬、冷、圆、光，这是人的多种感觉的共同作用而产生的一个整体的认识，即知觉水平的认识。

在体育教学和训练中，要使学生或运动员获得整体知觉，就要让他们使用多种感官进行知觉，不仅让他们看、听、讲，而且要他们实际练习，并对其进行保护和帮助。教师应对学生的练习情况及时进行提示和指导，使之从不同角度去认识动作。学生对动作的各个属性、各部分的感受越丰富、越完整，教学效果就越好。

2. 知觉的选择性

人们对周围复杂多样的事物，不可能同时进行反映，知觉总是有选择地把某些事物作为知觉对象（知觉得特别清晰），其余部分则成为背景（知觉得比较模糊），这种现象称为知觉的选择性。

知觉的对象和背景的关系不是固定不变的，而是可以互相转换的。在图2-1中，由于选择图中的不同颜色作为知觉对象或背景，因而可以将知觉为白色花瓶或面对面、黑色的侧面人像。

图 2-1　知觉的对象和背景的转换

知觉的选择性受客观和主观两个因素的影响。属于客观因素的有以下几个方面：

(1) 对象与背景的差别。对象与背景的差别越大，就越容易从背景中把对象区别出来。例如，在教学中讲到重点内容是要提高音量、降低语速，使用必要的重复，以达到突出重点的目的；做示范时，要突出较难掌握和学生易犯错误的动作。

(2) 对象各部分的组合。对象各部分在空间或时间上的组合，容易成为知觉对象。在空间上，距离接近或形态相似的部分容易组成对象。图2-2（A）中的12根直线，由于在空间上接近，因而就被知觉为3组；图2-2（B）中，由于图形相似，就被知觉为彼此隔开的八边形和十字形。因此，幻灯片要整齐清楚，在形式上要有条理性。讲课中语言注意停顿要得当，使学生分清层次。

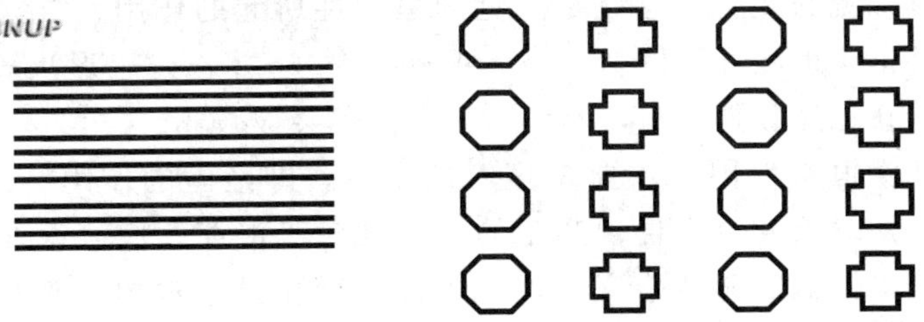

(A)　　　　　　　　　　(B)

图 2-2　图形的接近和相似组合

知觉过程是由具体的个人来实现的，知觉选择还会受主观因素的影响。例如个人的经验、情绪、动机、兴趣、需要等都会影响知觉对象的选择。教师在教学训练中应重视学生主观因素对知觉选择性的影响，激发学生的学习动机，培养学习兴趣，对知觉对象进行定向指导。

3. 知觉的理解性

在感知事物时，人总是根据以往的知识经验来对事物进行理解和补充，即回答“是什么”的问题，这就是知觉的理解性。理解在知觉中的作用是极为重要的，是知觉的必要性条件，理解可以使知觉更为深刻、更为精确，可以使知觉的速度提高，其中知识和经验是理解的基础。例如，临场经验丰富的运动员和教练员更容易洞察对方比赛所采取的战术，并且更能知觉到比赛中的细节。知识和经验越丰富，理解就越迅速、越完整、越深刻。

词语对人的知觉具有指导和标志作用。词语的指导能唤起已有的经验，有助于理解知觉对象的意义，并把知觉到的东西用词语标示出来。例如，在篮球比赛中，我们一看到对手采取“三步上篮”进攻，便会用“三步上篮”这个词来标志它，并知道它是篮球进攻的重要手段之一。也就是说，我们对“三步上篮”有了一定的理解，并获得“三步上篮”的整体印象，这是靠过去的经验和知识得来的。如果根本不知道“三步上篮”的人，当他第一次看到“三步上篮”时，是不能用“三步上篮”这个词称呼它，也不知道它的用途的，对“三步上篮”的印象也是不完整的。由此可见，词语在知觉中起着重要的补充作用。

4. 知觉的恒常性

当知觉对象的条件在一定范围内改变时，知觉的映象仍然保持相对的不变（无论是形状、大小、颜色还有亮度），这个特征叫做知觉的恒常性。例如，篮球架上的篮筐，只有当它的平面与视线垂直时，投入视网膜的映象才是圆的，从其他方向和角度去看篮筐可能是椭圆，甚至是一条直线。但是我们从不同角度、方向投篮时，始终把它知觉为圆的。篮筐对视网膜投影的变化并未影响知觉的变化，这就是知觉的恒常性所起的作用。知觉的恒常性在一定的条件下会被破坏。例如，物体距离在 1 000 米以外，形状知觉的恒常性会被破坏，在色光和强光下，颜色的恒常性也会被破坏。

影响知觉恒常性因素主要是理解的作用，即经验的作用。经验越丰富，越有助于感知对象的恒常性。知觉的恒常性对于保证人们认识外界事物，保持行动的准确性具有重要意义。客观条件的变化是经常的、普遍的，如果知觉也像外界事物一样千变万化，人就无法应对周围的世界。由于人能够不受观察条件、距离等的影响，而始终根据经验按事实的本来面貌来反映事物，从而可以有效地适应环境，在新环境中遇到对象的时候，就能根据对象的某些标志，或根据各标志间的关系，产生对事物的知觉，使人在不同的情况下采取相应的行动，以适应周围环境或改造环境。这样，人们的行动才能保持稳定，并且实现各种预定的计划。

二、错觉

错觉是指在特定条件下对事物必然会产生的某种固有倾向的歪曲或误解了的知觉。由于种种原因，因而我们所获得的知觉有时会与客观情况有较大的出入，甚至歪曲了客观事物的真相。由于错觉的产生不是偶然的，而是特定条件下的“固有倾向”。我们在实际生活中，也就经常处在不断地纠正错觉的过程中感知和适应客观世界。成语故事中的“杯弓蛇影”“草木皆兵”都是错觉的典型事例。

错觉的种类很多，研究得最多的是几何图形错觉［见图 2-3，（A）图中两条线段一样长，而我们的错觉是竖直的线段比水平的长，（B）图中的两条平行线段也是一样长的，我们的错觉是上面的一条长］，此外还有形重错觉、方位错觉、运动错觉和时间错觉等。例如，一斤铁同一斤棉花的物理重量相等，但人们用手加以比较时都会觉得一斤铁比一斤棉花重得多，这是以视觉之“形”而影响到肌肉感觉之“重”的错觉。再如，听报告时，报告人的声音是从扩音器的侧面传来的，但我们都把它感知为是从报告人的正面传来的。

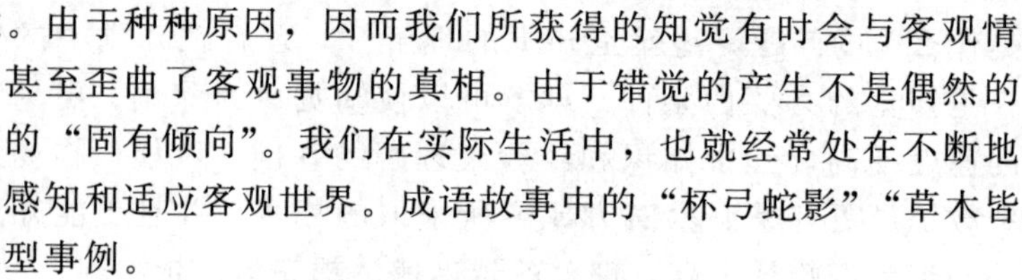

(A) (B)

图 2-3 几何图形错觉

形成错觉的原因是多方面的，从现象上看，错觉产生的原因可能有主客观两个方面：客观上，错觉的产生的原因是知觉对象的条件、特征及其环境变化。例如，筷子插入盛水的玻璃杯中，我们觉得筷子在水面附近变弯了，这是由于光的折射引起的；主观上，错觉的产生与经验和情绪等因素有关。例如，我们生活在地球上，习惯地把小的对象看成是在大的静止背景中运动，如人、车辆在静止的大地上运动，所以月夜观月，也习惯地把大片白云看成是静止的，误以为月亮在白云后移动。再如，焦急等待、百无聊赖时，有“度日如年”之感；全神贯注于自己的事业或欢乐活动时，有“光阴似箭”之感等。

错觉对人的认识和实践有一些不利影响，但利用错觉规律却成为造型艺术、绘画、商品装潢、建筑和军事伪装中的重要手段。在体育教学和训练中，了解各种错觉现象，利用错觉规律，对于正确估计高度、运动距离、动作方向、位置，提高学习积极性和正确掌握运动技能都是重要的。可以适当利用的错觉有时间错觉、高低对比错觉（见图 2-4，两跳高横杆的高度一样，而我们的错觉是宽度较窄的横杆较高）、颜色对比错觉、重量对比错觉和器械的形状错觉等。

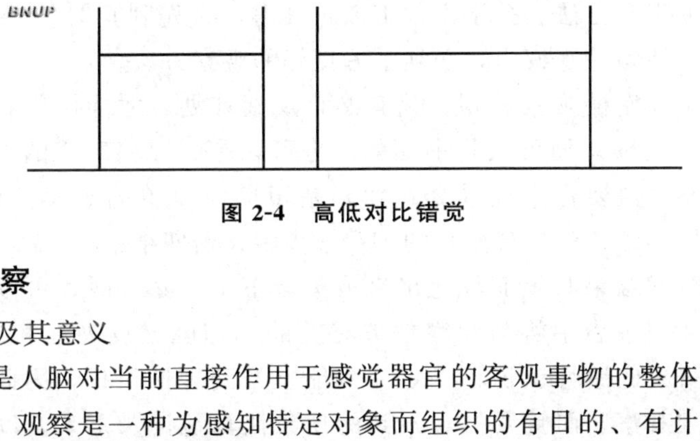

图 2-4　高低对比错觉

三、观察

1. 观察及其意义

观察也是人脑对当前直接作用于感觉器官的客观事物的整体的反映，但是确切地说，观察是一种为感知特定对象而组织的有目的、有计划、必要时需要采用一定方法的高水平的感知觉过程。它是最高级的感知觉水平。观察是一种主动积极的、往往与随意注意及思维相联系的紧张的感知觉过程，是与日俱增为自觉的感知觉过程。它与第一信号系统、第二信号系统、思维相联系。因此观察也被称为是思维的知觉。在观察过程中，知觉系统会引起人们对活动进行深入研究，注意到活动的变化。在观察中所包括的思维活动，还能帮助人们把活动的次要特征与主要特征区别开来，把偶然的现象与规律性的现象区别开来。人们在观察时始终处于探索、研究的状态。所以说，观察是发展思维的良好方法与前提。观察力一般被认为是智力的重要组成部分之一，因此，培养和增强学生的观察能力是教学的重要任务之一。

2. 在体育教学中增强学生的观察力

在体育教学中要增强学生的观察力应当力求做到以下几点：

(1) 提出明确的观察目的和任务。观察的目的和任务是否明确，直接关系到观察的效果。明确的目的和任务对观察活动有着导向作用和组织作用，它能使观察者把注意力组织起来，朝着一定的方向和目标前进。当学生理解了观察的目的和任务后，对观察到的现象往往认识得更加深刻。

(2) 丰富与观察相关的知识。丰富知识是锻炼、提高观察力的重要手段。知识经验与观察能力是相辅相成的：良好的观察能力是获得丰富知识经验的前提和条件。丰富的知识经验又是提高观察力的重要因素。一个知识贫乏的，经验不足的人，对相应事物不可能做出全面、深刻的观察，只能是“视而不见，听而不闻”“有眼不识泰山”“有耳不明纶音”。因此，教师在指导学生观察前，要向学生介绍有关观察对象的知识。如体育课中，让学生观察某个技术动作，教师要先向学生介绍动作的组成、特点等。这样就可使学生的具体观察活动在概括化理论指导下有方向地进行，可使理论与实际结合起来，既能使学生获得比较完全的知识，又能逐步提高他们的观察力。

(3) 掌握观察方法。孔子说“工欲善其事，必先利其器”，要有效地进行观察，要很好地锻炼观察力，必须掌握良好的观察方法。

(4) 提出周密的观察计划。只有制订观察计划，才能保证观察有系统有步骤地进行。观察计划可以是书面的，也可以是“腹稿”式的。如果是长期而复杂的观察，就要作书面计划；如果是短期而简单的观察，只作“腹稿”即可。计划要详细，包括观察目的、观察步骤、预期结果。

(5) 观察的结果必须能陈述出来或笔录下来。必要时，可以设计一份观察记录表，在记录表中将与观察任务有关的一切因素反映在相应的栏目里。由于观察者得到的感性认识不一定立刻能上升到理性认识，因此，要求观察者不仅要仔细观察，而且要把观察到的现象认真地记录下来，以便将来进一步研究时使用。笔记要专门、详细，要尽可能绘图、制表，并加以详细说明，必要时要摄影、录像，记录的资料要存入档案，认真保管。观察记录一定要真实、准确。如果发现观察的结果与预期的不一样，那正是新的学习的开始，要仔细查找原因，进行分析比较，改进实验，直到彻底弄明白为止。

(6) 及时整理总结。观察告一段落后，要指导学生对观察结果进行整理和总结。总结要在分析研究的基础上进行，其形式可以是书面报告，也可以是口头报告。这样，既能巩固观察所获得的知识，还能帮助学生提高分析问题、解决问题的能力和书面言语、口头言语的表达能力。

学生观察能力的培养，不是一次性的训练所能奏效的。观察前明确目的、任务，作好有关知识的准备，观察中要运用正确的方法，观察后要及时整理观察结果，作出总结等一系列的要求，要在多次的观察活动中反复实践、形成习惯，才会有助于观察力的锻炼和提高。为此，在学生观察过程中，教师应根据他们的不同年龄特征和知识水平提出不同的观察要求，对他们进行经常的观察方法训练，有意识地养成他们良好的观察习惯。

第二节　体育与表象、记忆

一、表象、记忆概述

（一）表象概述

1. 表象的定义

表象是人脑对过去感知过的事物形象的反映，也就是把过去感知过的事物的形象在头脑中再现的过程。实际上表象就是在记忆里分类中的形象记忆。表象所回忆出来的内容一定是事物的形象，而不是关于事物的概念或者语言的描述。例如，我们过去看过的一些精彩的比赛，之后只要被重新提起，尽管比赛不会再次在我们眼前上演，但关于比赛的画面仍能浮现在我们的脑海中，对这些形象的反映就是表象。

表象的形成依赖于感知觉，但与感知觉又存在差异，表象是对过去感知过的事物形象的再现，它摆脱了形成感知觉必须有事物的直接作用，是在无事物直接刺激作用下，就能将事物的形象再现，在一定程度上不受时间、空间的制约。

2. 表象的特征

表象具有直观性和概括性的特征。

表象的直观性特征表现在：表象能反映出事物形象的鲜明性和生动性。表象是在知觉的基础上产生的，构成表象的材料均来自过去感知过的内容。因此表象是直观的感性反映。通过表象能重现过去感知过的事物形象，因此，它是记忆的一种重要形式（形象记忆）。

表象的概括性特征表现在：表象能反映过去事物与当前事物原有的基本轮廓或同一类事物的共同特征，将过去事物与当前事物加以比较和联系，进而成为想象的基础材料，由对事物的直接感知向思维过渡。表象是多次知觉概括的结果，它有感知的原型，却不限于某个原型。因此表象具有概括性，是对某一类对象的表面感性形象的概括性反映，这种概括常常表征为对象的轮廓而不是细节。但表象的概括性是有一定的限度的，对于复杂的事物和关系，表象是难以囊括的。

因此，表象是感知与思维之间的一种过渡反映形式，是二者之间的中介反映阶段。作为反映形式，表象既接近知觉，又高于知觉，因为它可以离开具体对象而产生；表象既具有概括性，又低于词的概括水平，它为词的思维提供感性材料。从个体心理发展来看，表象的发生处于知觉和思维之间。

表象是学习、完成动作的基础。在学习技术动作的过程中，学生需要通过教师的讲解、示范形成动作的视听觉表象，通过反复练习在头脑和身体内部建立运动表象，只有这样才能更好地体会和完成动作。

3. 运动表象

运动表象是在运动感知的基础上头脑中重现出来的动作形象或运动情景，它反映动作在一定的时间、空间和力量方面的特征。运动表象可分为外部表象、内部表象、模仿表象、情景表象等形式。

在技能形成的过程中表象练习作为一种辅助练习有以下几方面的作用：

第一，帮助学习和掌握运动技术动作。认知心理学的一种理论从信息编码的角度将长时记忆分为两个系统，即表象系统和语言系统。表象系统以表象代码来贮存具体的客体和事件的信息，语言系统以语言代码来贮存，这两个系统既彼此独立又相互依存。这一理论强调了表象的重要性。

第二，辅助技能练习。学习者可以通过表象练习反复在头脑中操练某种运动技能，使其动作更加熟练。相比实际的练习，表象练习具有两个优势：其一，不产生实际练习的身体疲劳；其二，表象中的动作更接近完美的表现，可减少错误的动作发生。

第三，帮助改正错误动作。技能形成的过程从某种程度上讲就是不断纠正错误动作的过程。当动作的某一部分出现错误的时候可以通过表象加以改正，并且在复杂的动作开始前先进行表象练习，可以减少错误的发生。

第四，帮助集中注意，建立信心。在体育动作的执行过程中对注意力的要求很高。不管是内部或外部干扰而导致注意力不集中，都会致使动作失败。在正式动作开始之前表象一遍正确动作，不仅可以强化正确动作，而且可以让操作者将注意力集中在当前任务上，避免因内外部干扰而分心。

视觉运动表象可以从其清晰程度、稳定性和强度等方面进行评价。

（二）记忆概述

1. 记忆的定义

记忆是个体对其经验的识记、保持及以后的再现（回忆或再认）的心理过程，是人脑对过去经历过的事物的反映。人所经历过的事物，都会在头脑中留下不同程度的印象，并能在适当的条件下回想起来，或当它重新出现时被再认出来，这就是记忆。有了记忆，人经历过的事物才能被保存在头脑中，构成人的知识和经验。

2. 记忆的种类

（1）按照记忆的内容，可以将记忆划分为四种，即形象记忆、逻辑记忆、情感记忆和动作记忆。

形象记忆是以感知过事物的具体形象（即表象）为主要对象的记忆类型。形象记忆可以是视觉的、听觉的、触觉的或动觉的。例如，运动员的动作形象记忆、画家的视觉形象记忆、音乐家的听觉形象记忆等。

逻辑记忆是以文字、概念、逻辑关系为主要对象的抽象化的记忆类型。如“体育”“健康”等词语文字，整段整篇的理论性文章，一些学科的定义、公式等。这种记忆以逻辑思维为基础，通过词语的作用形成并表现出来。

情感记忆是以个体体验过的某种情绪或情感为内容的记忆。例如，训练中的痛苦与紧张，比赛获胜后的兴奋与自豪，失败后的沮丧与悔恨等情感都会保留在记忆中。

动作记忆是以各种动作、姿势、习惯和技能为主要对象的记忆。动作记忆是培养、形成各种技能的基础。在学习各种新的技能动作中，动作记忆被广泛运用。动作记忆一旦形成，保持的时间就很长久。

（2）按照记忆保持的时间可将记忆分为三种，即瞬时记忆、短时记忆和长时记忆。

瞬时记忆又叫感觉记忆。它是当刺激物停止作用后保留感觉时间极短的记忆，保持时间在 0.25～2 秒。记忆的信息量很少经过大脑的加工、编码，而是一闪而过。如果不加注意就立即消失，反之就会转入短时记忆。瞬时记忆是整个记忆系统的开始，是一切外界信息输入大脑的必经之路，其他的记忆形式必须经它转换而来。

短时记忆保持时间较短，一般在 1 分钟左右。短时记忆也称为工作记忆，是一种为当前动作而服务的记忆，即人在工作状态下所需记忆内容的短暂提取与保留，其记忆的容量为 7±2 组块。对短时记忆进行有意识的重复，就会转为长时记忆。

长时记忆指信息经过充分的和有一定深度的加工后，在头脑中长时间保留下来的记忆。长时记忆保持时间长久，一般为 1 分钟以上乃至终生不忘，记忆容量极大，几乎无限。长时记忆是学习知识和技能的重要过程，没有长时记忆，人的心理活动结果和任何行动都无法进行。

3. 记忆的过程

记忆是一个极其复杂的心理过程，它包括识记、保持和遗忘、再认和重现三个环节。每个环节都有它自己的特点和规律，从而使每个环节都具有其特殊性。从信息加工的观点看，记忆是对信息的输入、编码、储存和提取的过程。

记忆是脑的机能。巴甫洛夫认为，记忆的生理机制是暂时神经联系的形成、巩固和重新活跃。其中识记和保持是暂时神经联系在有关刺激的影响下重新活跃的过程，随着重复次数的增加，痕迹会得到不断加强、巩固，记忆也就越深。

(1) 识记。识记是指通过对事物的特征进行区分、认识并在头脑中留下一定印象的过程。对事物的识记有些通过一次感知后就能达到，而大部分内容则需要通过反复感知，使新的信息与人已有的知识结构形成联系。识记作为记忆过程的第一环节，是保持的前提、再认的基础。记忆的效果首先取决于识记的质量。影响识记效果的因素主要有目的任务对识记的影响、识记方法对识记的影响、识记材料的性质和数量对识记的影响。

(2) 保持和遗忘。保持是在头脑中对识记过的内容进行巩固的过程，保持是一个动态过程。识记的内容被存储后，并不是一成不变地保持原样，已有的认识结构会对这些内容进行加工、编码、再存储，使识记的内容随着时间的推移，不断地发生变化。如体育课中教授学生一个新的技术动作，过一段时间后，让他们做这一动作，不同的学生做的动作是有差异的。

遗忘是指识记过的内容不能回忆和再认，或者回忆和再认有错误的现象。按照信息加工的观点，遗忘过程在记忆的不同阶段都存在。遗忘是保持的反面，遗忘得越多，保持得就越少。遗忘大致可分为暂时性遗忘和永久性遗忘两类。

遗忘基本上是一种正常、合理的心理现象。因为感知过的事物没有全部记忆的必要；识记材料的重要性具有时效性；是人心理健康和正常生活所必需的。在学生的学习过程中也不是一切都需要记忆的，记忆的内容应具有选择性，正像清代郑板桥说的“当忘者不容不忘，不当忘者不容忘耳”。

心理学的研究证明，遗忘是有规律的。19 世纪，德国心理学家艾宾浩斯(Herman Ebbinghaus，1850—1909) 最早对记忆和遗忘现象进行了系统的研究，发现遗忘的进程不是均衡的，在识记后短时间内遗忘发展较快，以后遗忘的速度下降，到后来遗忘停在一定水平上不再发展，遗忘的进展是先快后慢，根据研究结果描绘出一条遗忘曲线，称作艾宾浩斯遗忘曲线（见图 2-5)。

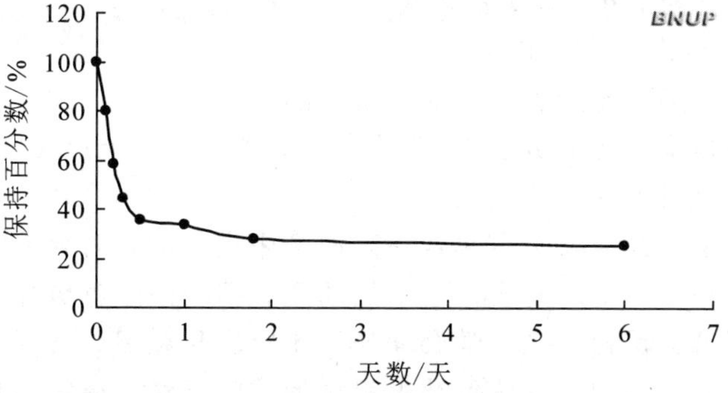

图 2-5　艾宾浩斯遗忘曲线

（3）再认和重现。再认和重现是衡量巩固程度的重要指标，是回忆的两种不同水平。

再认是指当过去经历过的事物重新出现时能够识别和确认的心理过程。例如，我们能够辨认学过的课文、认识的朋友、练习过的动作等。

重现也叫回忆，是指在一定诱因的作用下，过去经历的事物在头脑中的再现过程。即经历过的事物并没有出现，但能够把它回想出来。如在回答教师的提问时，学生要把头脑中所保持的与该问题有关的知识提取出来，这种提取过程就是回忆。

再认和重现虽都是回忆水平，但二者存在区别，即以前经历过的事物能否再现。重现比再认水平高，能够再认的事物不一定能重现，而能够重现的事物一定能够再认。

二、体育教学中运动记忆的特点与巩固

（一）运动记忆概述

在体育活动中，记忆过程不是某种单纯的记忆形式，而通常表现为一种复杂的综合性记忆，各种记忆掺杂在一起，共同发挥着作用。运动中，既有对运动概念（词语）的逻辑记忆，又有对示范动作的形象记忆，还有通过身体练习形成的动作记忆，通常还伴有情绪体验的记忆。我们把这种在体育活动中由多种记忆形式共同实现的记忆，称为运动记忆。

在运动记忆中，动作记忆是主要的记忆形式。它主要以多种感知觉为基础形成表象而实现记忆。

（二）体育运动中动作记忆的特点

1. 多种感知觉参与

动作记忆是以身体运动状态或动作形象为内容的记忆，其特点是由动觉、静觉、触觉和空间知觉、时间知觉、运动知觉等多种感知觉参与，还受到动

作的方向、幅度和节奏等因素的影响。

2. 本体运动感知觉的作用

体育运动大多属于大肌肉活动，通常模仿学习每一个动作都依靠本体运动感知觉。在本体运动感知觉参与下获得的动觉表象，能形成好的动作效果。

3. 形成动力定型和高度自动化

体育运动中的技术动作通常是在高速度中进行的，需要参与者在短时间内一个动作接一个动作地完成一连串的动作，稍有停顿就破坏了动作的流畅性。因此，要求运动者不仅要学会动作，还要反复练习，达到高度自动化的程度，形成动力定型。这种达到动力定型形式的记忆，通常表现为前一个动作的结束就成为后一个动作的始发条件刺激物，形成连锁式的运动条件反射。这时不再需要中枢神经系统的指挥去回忆，而是将注意力集中于战术思考、应对策略等方面的思维活动。

（三）动作记忆的遗忘进程

研究表明（许尚侠），动作记忆的遗忘曲线与艾宾浩斯的遗忘曲线有明显差异（见图 2-6）。动作记忆的遗忘进程较慢，在曲线形状上，艾宾浩斯遗忘曲线呈“L”形，动作记忆遗忘曲线呈“V”形，遗忘的进程经过一个“V”形起伏后，才随着时间的推移逐渐地减少保持量。因此，体育教学与运动训练的当天和之后的几天内应有重复练习的机会，才不会导致新学习的动作遗忘过多。

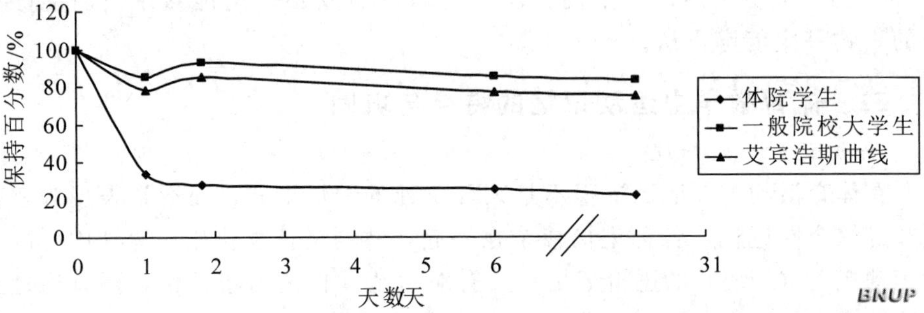

图 2-6　动作记忆遗忘曲线

第三节　体育与思维

一、思维概述

（一）思维的定义及特征

思维是人脑在感知觉得到信息的基础上，借助于语言，以已有知识经验为中介，对客观现实的对象和现象概括的、间接的反映，是揭露事物本质和规律的认识过程的高级阶段。它是认识的高级阶段，即理性认识阶段。

思维和感知觉一样，都是人脑对客观事物的反映。但思维具有与感知不同的特点：它对客观事物反映的方式是间接的、概括的；反映的过程往往借助于语言，并以旧有知识为中介；反映的结果可能揭露事物的本质和规律；反映的水平属于高层次的理性认识，是高级复杂的心理活动。间接性和概括性是思维过程的主要特征。

间接性是指人们借助一定的媒介（其他事物）和知识经验对没有直接感知或根本无法感知的客观事物进行间接的认识。例如，我们可以借助于 pH 试纸，鉴别溶液是酸性还是碱性。

概括性是指在大量个别现象的基础上，把一类事物共同的特征和规律抽取出来，加以概括。思维的概括性表现在两个方面：第一，思维反映的是一类事物所共同的、本质的属性；第二，思维还可以反映事物的内部联系和规律。例如，人们在运动实践中得出的经验表明，运动竞赛中情绪水平与运动成绩的关系既不是正比，也不是反比，而是比赛的情绪水平要适度，太低或过高的情绪状态都会影响比赛水平的发挥。

（二）思维的过程

思维是一个复杂的心理过程，通过以下几种操作活动来实现：

1. 分析与综合

分析与综合是思维过程的基本环节，每一种思维活动都是大脑的分析、综合的活动。分析是在思维中把事物的整体分解为各个部分、个别属性或个别方面；综合是在思维中把事物的各个部分、个别属性或个别方面结合为一个有机整体。分析可以使人了解事物的组成部分、属性和方面；综合可以使人了解事物的整体和构成事物整体的各个部分，个别属性和个别方面之间的关系。例如，在运动技能学习的初期，为了教学的需要和便于学生理解，将完整的技术动作分解为若干技术环节；到了后期，又将各个环节联合起来练习，以掌握完整的技术动作，这样便于学生理解动作的内部联系和本质关系。分析与综合是彼此相反而又紧密联系的过程，是同一思维过程中不可分割的两个方面。分析为了综合，分析才有意义；分析基础上的综合，综合则更加完备。

2. 比较

比较是指在思考中确定各种事物的相同点和差异点的过程。人对客观事物的认识，是通过比较来实现的，有比较才有鉴别。只有进行比较，才能达到对多种事物较为深入的认识。例如，通过对自己所做动作与完整技术动作的比较，找出自己在完成动作方面的差距和不足，以指导我们更好学习技术动作。

3. 抽象与概括

抽象，是指在思考中抽出各种事物的共同属性，并舍弃其他属性。概括是指在思考中把抽象出来的各种事物的共同属性联系起来。例如，我们对各种跑进行分析、比较后，抽取出“单脚支撑与腾空相交替”“蹬与摆相结合重复进行”，蹬是跑的共同特征，同时舍弃它们的距离长短、速度快慢等非本质属性，这就是抽象的过程；再归纳出跑是“单脚支撑与腾空相交替，蹬与摆相结合的周期性运动”，这便是概括。

通过抽象与概括，人们的认识活动由感性上升到理性，由特殊到一般，逐步深入地反映事物的本质。抽象与概括密切联系着，抽象在分析和比较的基础上进行，概括在抽象和综合的基础上进行。它们都依靠词语来表达。没有词语，高级的抽象和概括便无法进行。

4. 具体化

具体化是将对客观事物进行抽象、概括得到的规律再次应用到具体实际中，是理论指导实践的过程。在体育教学和运动学习中，具体化常常表现为引证具体事例或具体动作来说明理论问题，或应用一般运动技能规律去解决特殊问题。例如，应用“动作记忆的遗忘曲线”，建立新的动作技能学习过程的方法。

（三）思维的种类

思维按照任务的性质与解决问题的方式，可以分为动作思维、形象思维和抽象思维。

动作思维是伴随实际动作的思维活动。它要解决的是操作性的问题，其思维是在操作和摆弄物体的过程中进行的，随着动作的停止而结束，具有极其鲜明的情境性。体育运动中技术的运用、战术的安排都离不开动作思维，它是根据动作和操作对象进行的思维活动。其特点表现为行动性，即在完成动作过程中快速通过思维作出决定。

形象思维是运用已有表象进行的思维活动。其特点是运用直观形象去解决问题。它要解决的问题是把思想形象化，或建立一个新的形象体系。解决问题的主要方式是想象活动。例如，体育运动中一个新动作的设计、文艺作品中的新的人物形象的塑造等。

抽象思维又称逻辑思维，指通过分析、综合、比较、抽象和具体化，掌握概念并运用概念进行判断和推理的思维。如数学定理、公理的证明，科学设想的提出等。其特点是运用概念判断和推理去解决问题。它是人类所特有的高级思维。

二、体育运动中的思维

（一）动作思维与战术思维

运动中的思维活动有其不同于一般思维的特点：这种思维总是与实际操作相联系。动作思维指与实际技术动作相结合的思维；战术思维是指个体在制定战术、形成战术和实施战术过程中的心理指向。战术思维的前提是对技术运用的认识，对比赛制胜规律的把握和对对手技、战术状态的分析，它的基础是你所拥有的技术。战术思维是与解决战术动作问题相结合的思维。

在体育运动中，每种技术动作都具有它自身的结构特点和规律性。学生在学习运动技能的各个阶段都需要动作思维的参与。动作思维是体育运动的基本思维形式。

运动竞赛的过程是与对手进行较量的过程，在比赛中选手对运动条件的认识，对比赛形势的理解，对有效方法、手段的选择等一系列心理活动，都是与战术思维密切相关的。

（二）体育教学中思维训练的作用

1. 有利于掌握、改进动作技能

学生在学习技能中，通过教师的示范、讲解，对所学的动作进行深入细致的感知，在头脑中进行分析、综合动作的外部特征的基础上，形成技术动作的完整形象；再通过比较、抽象和概括等思维过程，掌握动作的实质要领和规律，形成科学概念。在这一系列过程中，学生学习技能和感知能力、接受能力、模仿能力、运动记忆等都是思维能力的反映。采用多种形式的思维训练，能引导学生积极思考，挖掘潜能，培养自我控制能力，保证身体练习的质量和效果，促进动作技能的掌握和提高。

2. 有利于形成清晰的运动表象

思维训练能够培养学生正确地观察各种动作形象的能力，并把运动原理与身体运动的肌肉感觉联系起来。在实际练习中，善于把头脑中的运动表象和动作概念紧密相结合，正确地进行动作练习。

3. 有利于促进创造性思维能力的形成

在体育教学中运用思维训练，易于诱发和促进学生迸发想象和创造的灵感。在身体运动中，大脑右半球对运动事物的认识和发现，比在静止时来得更快、更鲜明、更具体，容易产生兴奋，增加条件联系，从而促进认知的开拓和发展。同时在身体运动中排除了纷杂的思绪，心理和生理机能处于最佳状态，会使头脑清醒、思维活跃、想象丰富、创造意识清晰，有利于进行创造想象。

本章小结

1. 感知觉是人类认识客观事物的前提。感知觉由低级到高级可分为三个水平：感觉水平、知觉水平和观察水平。感觉是人脑对直接作用于感觉器官的客观事物的个别属性的反映。知觉是人脑对作用于感觉器官的客观事物的整体反映。

2. 感受性变化的规律包括：感觉适应、感觉对比、不同感觉的相互作用、感觉补偿和受实践的影响。

3. 人的知觉具有整体性、选择性、理解性和恒常性四个基本特征。

4. 观察也是人脑对当前直接作用于感觉器官的客观事物的整体的反映，但是确切地说，观察是一种为感知特定对象而组织的有目的、有计划、必要时需要采用一定方法的高水平的感知觉过程。

5. 表象是人脑对过去感知过的事物形象的反映，也就是把过去感知过的事物的形象在头脑中再现的过程。表象具有直观性和概括性的特征。

6. 记忆是个体对其经验的识记、保持及以后的再现（回忆或再认）的心理过程，是人脑对过去经历过的事物的反映。记忆是极其复杂的心理过程，它包括识记、保持和遗忘、再认和重现三个环节。

7. 思维是人脑在感知觉得到信息的基础上，借助于语言，以已有知识经验为中介，对客观现实的对象和现象概括的、间接地反映，是揭露事物本质和规律的认识过程的高级阶段。间接性和概括性是思维过程的主要特征。

>>> 参考文献

1. 李薇，李进．体育心理学．桂林：广西师范大学出版社，2006.
2. 马启伟，张力为．体育运动心理学．杭州：浙江教育出版社，1999.
3. 张力为，毛志雄．运动心理学．上海：华东师范大学出版社，2003.
4. 马启伟．体育心理学．北京：高等教育出版社，2005.

第三章　体育与注意

本章内容简介、基本学习要求

【本章内容简介】

心理学研究表明，注意是心理活动对一定对象的指向和集中，在所有心理现象中处于举足轻重的地位。本章将为大家重点介绍有关注意的基本概念、注意品质及其在体育活动中的表现、注意的相关理论及应用等。

【基本学习要求】

通过本章的学习，要求大家掌握注意、注意方式等基本概念；领会注意在体育教学实践中的重要作用及如何在教学中保持学生的注意力等问题；了解如何在教学和科研实践中测量人的注意力指标。

第一节　注意概述

一、什么是注意

人自出生后就在不断地通过观察、想象、记忆及思维等认知活动进行学习。然而这些认知活动的正常进行必须有注意力加以保障。否则，就会有“视而不见”“听而不闻”的现象。在课堂上老师会经常提醒学生“注意听讲”“注意看示范”；在比赛场上，我们经常会听到老师和教练对着学生或队员大叫“集中精力”“注意盯球”“注意看人”等以示提醒。由此可见注意在训练和比赛中的重要性之大。

那么，到底什么是注意呢？

正如詹姆斯所述“谁都知道注意是什么”。但是，由于它具有多维性，所以好像谁又都说不清楚注意是什么。虽然，自从心理学诞生以来，心理学家一直将注意的研究作为心理学一个重要的研究领域，但至今心理学界并未形成一个让大多数心理学家满意的定义。尽管如此，还是有心理学家（Moray，1969）提出，注意作为一种心理状态至少应该包括六种含义：即选择性、集中、精神准备、视觉搜索、信息加工和唤醒。

研究者（Posner&Boies，1971）将多年来心理学对注意的研究归为三类，第一类是作为警觉的注意；第二类是作为有限资源或容量的注意；第三类是作为选择性的注意。

综上，一般意义上的注意是伴随认知过程而存在的一种心理状态，是心理活动（意识）对一定对象的选择性和集中性。选择性和集中性是注意的基本特征。

二、注意的功能

从反映论的观点来看，注意本身并不能反映具体事物和其属性，而是通过感知、记忆、思维等认识活动来反映事物的具体内容，所以注意并不是一个独立的心理过程，而是伴随其他心理过程而存在的一种心理状态。这种心理状态具有下列功能：

（一）选择的功能

我们每天要接受来自外界的大量错综复杂的刺激，又要从大量长时记忆信息当中选出与当前活动有关的信息，这些都有赖于注意的作用。由于注意的作用，一些强烈的、与任务有关的或新的信息将会被意识进行加工、处理，而另一些弱的、与任务有关的或者很熟悉的则受到抑制。否则，我们就不可能将有关的信息检索出来，意识就会处于一片混沌状态。

（二）维持的功能

来自外界以及自我的信息被加以选择而进入我们的意识范围只是认知活动的开端，没有注意的维持功能，这些信息将很快在意识中消失，后续的认知活动也就无法完成。

（三）调节和监督功能

在注意状态下，我们才能对自己的行为进行调节和监督。意识支配下的行为都是有目的的，对于自我和行为及反馈信息的注意能让我们比较出是否达到目的，并相应地调节、监督自己的行为和意识使之朝向目标方向。

三、注意的分类

（一）无意注意、有意注意和有意后注意

根据注意的产生和保持时有无目的性和意志努力的程度不同，可以把注意分为无意注意、有意注意和有意后注意。

1. 无意注意

无意注意（不随意注意）是事先没有预先目的，也不需要做意志努力的注意。这里的“意”可以理解为意志活动，意志活动本身就是与目的性和克服困难相联系的。例如，当体育教师正在操场上讲解动作要领的时候，这时

突然传来一声巨响，学生们会不由自主地扭头关注发出声响的地方。无意注意是人和动物共有的初级注意形式。

影响无意注意的因素包括刺激物的特点和人的自身状态两方面。当刺激物具备相对强度大、对比关系（除强度外，大小、形状、颜色等方面）或新异性时就容易引起别人的注意。例如，运动员穿上两只不同颜色的运动鞋；有些学生喜欢把头发染成红色等非主流发色，借以吸引别人的注意。这些都是利用了对比关系引起人的无意注意。此外，人的需要和兴趣及情绪和过去经验等也在影响无意注意。例如，失业的人会对电视广告等偶然出现的用工信息更加关注。

2. 有意注意

有意注意（随意注意）是服从于预先目的的、需要做意志努力的注意。它是在实践活动中发展起来的，是人类独具的高级注意形式。言语（外部言语和内部言语）在有意注意中发挥着重要作用。最初，儿童总是接受成人的言语指示来完成一些活动任务，随着儿童年龄的增长，儿童开始把自己的行为建立在自我命令的基础上。在随意注意进一步发展的过程中，这种外部支持便逐渐内化、简约化，转变为内部语言的方式来控制、调节和维持意识的稳定选择。

3. 有意后注意

无意注意与有意注意在活动中是可以相互转化的。在刚开始从事某项运动时，由于对它不熟悉，不感兴趣，往往需要一定的努力才能把自己的注意保持在当前活动上。当经过一段时间的练习后，对该项运动熟悉了，发生了兴趣，就可以不需要或不需要明显的意志努力而继续保持注意了。这就是有意注意转化为无意注意了。我们就把这种自觉的、有目的的、不需要意志努力的注意称为有意后注意。

无意注意和有意注意虽有区别，但是在人的活动中二者并不能截然分开，做任何工作都需要这两种注意力共同参与。如果只凭借无意注意去从事某种工作，不但会使工作杂乱无章、缺乏目的性和计划性，还难以保持长久。同样单纯依靠有意注意去从事某种工作，就要付出较大的意志努力，耗费大量的能量，很快人就会感觉到疲劳，所以必须有无意注意参加工作才能持久。

需要说明的是兴趣是引起注意的重要条件。直接兴趣是引起和保持无意注意的条件之一；间接兴趣则是引起和保持有意注意的条件之一。

（二）外部注意和内部注意

根据注意的指向性可以将注意分为外部注意（环境注意）和内部注意（自我注意）。运动情境中，把注意区分为外部注意和内部注意只具有相对的意义。运动员关注的对象往往不断地、迅速地转换，而不是长时间地全部集中于环境或自我的。同时，外部注意和内部注意也是交互抑制的。例如，当你在观看你十分感兴趣的一场比赛时，你觉察不到自己的身心状态，甚至连饥饿、身体不适都感觉不到。而在一个单调的环境中，你就更容易注意自己的机体感觉了。

外部注意在动作技能的获得、体育知识的掌握中起着非常重要的作用；内部注意的主要作用是让学生有意识地体会动作感受，区分正确动作和错误动作，不断地校正与完善所做动作，促进动作技能的获得。

第二节　注意的品质及其在体育活动中的表现

一、注意的范围

注意的范围也叫注意广度，是指同一时间内意识能够清晰地把握的对象的数量。注意范围的大小跟知觉对象的特点、知觉者的知识经验及活动任务有关。一般来说，知觉对象在排列上存在规律性、知觉者具有相关的知识经验则注意范围大；反之则小。例如，杂乱无章的象棋子摆放在棋盘上，象棋高手与一般人之间对棋子位置的瞬时记忆并无显著性差异；但是当面对象棋运动员下出来的棋局时，高手对棋子位置的瞬时记忆非常明显地强于一般人。再如，熟悉足球项目的人观看足球比赛和外行人相比较注意范围要大得多，因为在他们眼里运动员在场上的位置、跑动线路都是有规律的。

二、注意的稳定性

注意的稳定性，是指在同一对象或同一活动上注意所能持续的时间方面的特征，它是活动在一定时间内达到最高效率的重要因素。

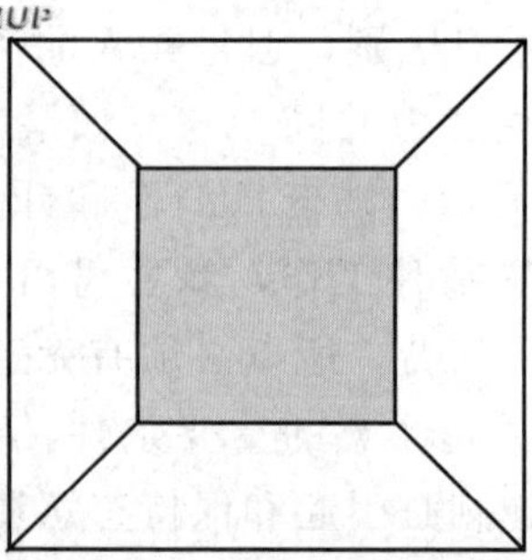

图 3-1　在知觉两可图形时注意的起伏

注意的稳定性有狭义和广义之分，狭义的注意稳定性，是指注意保持在同一对象上的时间。人在感知同一事物时，注意很难长时间地保持固定不变，而是会出现注意的起伏现象，注意的起伏周期平均为8～10秒，它也存在个体差异。广义的注意稳定性，是指注意保持在同一活动上的时间，这种注意并不意味着注意总是指向同一对象，而是指注意的总方向和总任务不变。例如，学生上体育课时，既要听老师的讲解，又要看教师做示范动作，这一切都围绕教师的教学这一总任务的，因此他们的注意是稳定的。

人的注意力不可能很长时间保持在一个强度上或一个活动上，这是人类注意的一个基本特征。教学实践中，在教学时间及教学内容的安排、教学方法及教学技巧的使用上，广大教师要注意遵循这一规律。

三、注意的分配

注意的分配，是在意识控制下的同时完成两种或几种作业和活动时，把注意指向不同对象的特征。

注意的分配是有条件的，同时进行的几种活动中至少有一项是自动化程度较高的，其他活动也要比较熟悉。自古以来，就有很多学者对人的注意分配进行了实验研究。例如，我国北齐时的文学家刘昼就曾做过“使左手画方，右手画圆，令一时俱成……”的实验，发现很难严格地实现。在西方，波尔哈姆（Paulham，1987）也进行了类似的实验。他试图一边口诵一首熟悉的诗，一边手写另一首熟悉的诗，发现是可以做到的。但在注意分配的实验中，我们并无法排除注意转移快速进行的可能性。严格地给被试两种不同的刺激，注意的分配是很困难的。因此，同时完成多种活动所需要的注意很可能是既有注意的分配也有注意的转移，是注意的转移与分配的结合。

人的注意是否能够实现分配跟人的注意容量或资源有关。研究这一内容主要采用双重任务范式。即让被试者同时操作两个任务，一个视为主任务（Primary task），另一个被视作次任务（Secondary task）。当被试者在完成一个主任务的过程中，要求其再完成一个次任务（一般采用简单反应时任务），并同时测定主任务和次任务的操作成绩，次任务的成绩一般称为探针反应时（Probe Reaction Time，PRT）。

双重任务技术主要有两个方面的应用。其一，研究在运动操作的过程中哪一个时期最需要注意；其二，比较各运动项目运动员的注意特点。

双重任务技术必须考虑以下几个方法论问题。首先是次任务的选择。研究表明，当主、次任务的输入性质和反应方式相同时，反映的是结构干扰；当主、次任务输入性质和反应方式不同时，反映的是容量干扰。其次是次任务的呈现频率的控制。如果把PRT任务作为次任务的话，长时间不呈现探针刺激或无规律地呈现探针刺激，都可能影响PRT作为衡量主任务有限容量指标的准确性。研究表明，探针刺激与主任务的呈现比例为2：3

为宜。最后是必须测定主、次任务在单一任务操作时的成绩。双任务条件下的主、次任务成绩只有与单一任务条件下的主、次任务成绩进行比较才有意义。主任务成绩的比较可以提示在双重任务下是否受到结构干扰和被试是否在两个任务之间进行时间分配。次任务成绩的比较提供了主任务操作时的注意需求指标。

注意的分配和心理负荷也可以采用内省报告（如“主观负荷评价方法”）、生理指标测量（如瞳孔大小、心率及脑电图）等方法进行。

四、注意的转移

注意的转移，是指注意的中心根据新的任务，主动地从一个对象转移到另一个对象上去的特征，这是注意的动力性特征，是注意方式之间的转换。

注意转移与注意分散有着本质的不同，前者是根据活动的目的和需要把注意从一个对象主动地转向另一个对象；而后者则是在需要注意稳定的时候，不随意地改变了注意的对象。

运动员在运动场上根据不同的任务需要合理地转移注意方式，注意转移的快慢和品质对运动员的操作表现有着重要的影响。注意转移的测量往往从两个方面进行。首先，可以从一种任务过渡到另一种任务所需要的时间上进行测定；其次可以从单位时间内各任务之间的转换次数和正确性进行测量。例如，将以下相邻的两个数字之间交替进行加、减法的运算，并将计算结果写在相数中间的横线上。“7 ____ 4 ______ 1 ______ 5 ______ 2 ______ 6 ______ 3……”记录和分析被试计算的速度、错误数和运用的策略，就可以了解其注意转移的特点。

一般而言，注意转移的快慢和难易主要受两个方面的影响。一是原来注意的紧张程度；二是新注意对象的特点。

五、注意的紧张度

注意的紧张度，是指心理活动对某个事物的高度集中，而同时离开其余一切事物的强度方面的特征。

注意的紧张度与注意的范围是有联系的，越紧张地加以注意，注意的范围就越小；注意的范围越大，要保持高度紧张的注意就越困难。长时间的保持高度紧张的注意会引起疲劳，因此，体育教师在教学中教会学生在学习中善于调节注意的紧张度是很有必要的。

六、注意的易变性

注意的易变性，即指注意强度随意变化的可能性方面的特征，又称为注意的灵活性。在体育教学、训练和比赛中，教师或教练员常常有必要提高或降低学生或运动员的注意强度，注意紧张与放松的交替。

以上注意品质在一个人身上会以不同的组合特征表现出来。这些特征的表现取决于后天学习的知识、经验，同时也取决于学生的先天素质，其中包括神经系统的特征。神经系统活动的强弱、平衡性以及灵活性会影响注意的集中、稳定及转移等品质。

第三节　注意方式理论

一、理论框架概述

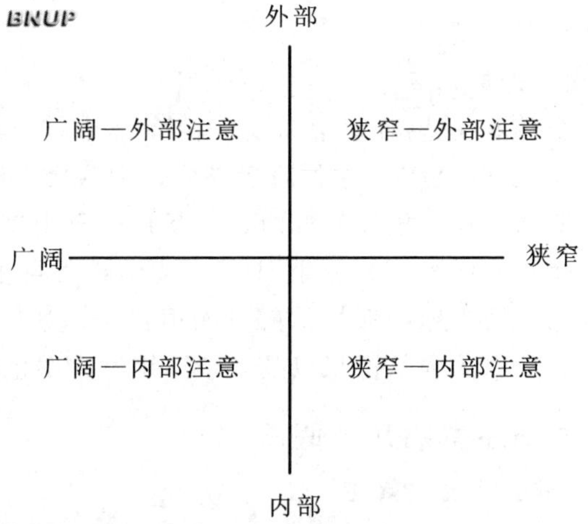

图 3-2　奈德弗的四种注意类型

体育运动中注意的研究始于 20 世纪 70 年代。其中以奈德弗的研究最为著名，他根据前人的研究提出了注意方式理论。注意方式理论是有关注意的结构类型、注意的个体差异和操作关系的理论。奈德弗认为，注意的结构至少包括两个维度，即注意的范围和注意的方向。所谓注意的范围是指在刺激阈中人能注意到的刺激数量，由非常广阔到非常狭窄。所谓注意方向是指注意指向外部刺激，如来自环境的；还是指向内部刺激，如思维活动和感觉等。图 3-2 是根据奈德弗最初提出该理论时构想出的注意方式模型。

奈德弗认为，每个人、每个集体项目都需要将注意范围和注意方向加以特殊组合，以适应所面临的运动情境和任务，获得最佳的操作表现。一般地讲任务越复杂、变化越快，运动员越需要利用外部注意方式。

二、注意方式与体育活动

（一）广阔的内部注意

奈德弗认为，广阔的内部注意（BIT）是个体能够有效地将各个方面的信息和自己的思维综合起来进行分析的注意能力，是一种分析型的注意。运动员在为改进技术和准备比赛而进行分析、规划战术时所使用的注意就是这种广阔的内部注意。具备这种注意能力的人有善于在头脑中处理复杂的信息、善于分析与综合，依此制定行为策略和计划。

（二）广阔的外部注意

奈德弗认为，广阔的外部注意（BET）使个体能够同时对很多外部刺激信息进行综合和评价。大型开放性运动项目，如足球、手球、棒球、冰球等运动员需要具备此注意类型。

（三）狭窄的内、外部注意

奈德弗认为，个体在一些活动中需要将注意集中在一个狭窄的范围内，此时就需要狭窄的注意（NAR）。在体育运动中，有些操作活动在需要做出反应的那一时刻，如篮球运动员抢篮板球时，乒乓球、羽毛球运动员接发球时，足球守门员扑点球时，都需要运动员将注意力集中在外部的狭窄范围内。而运动员在需要敏感地、恰当地把握机体感觉的项目中，如射击、射箭、跳水、体操等，则需要具备狭窄的内部注意以及表象演练过程中也需要这种注意。

三、奈德弗关于注意的几个假设

（一）注意具有状态和特质之分

区分所谓状态的注意和特质的注意，主要是从注意是受个性特质影响还是受情境变化影响，是一致的、稳定的还是可调节的、变化的。就任何一个个体而言，在不同的环境中表现出来的具有一致性的、稳定的、不易变化的个性特质中的注意特征就是特质注意。而那些随着情境的变化和活动任务的变化可进行调节和改变的注意特征即为状态注意。这种理论上对注意的划分，有助于解释为什么每个人在不同的或相同的情境下操作表现及注意表现会有很大不同。比如，有的学生可以在任何情境中保持高度集中的注意力，而有的学生只能在某些特定的情境中保持高度集中的注意。

（二）注意能力有个体差异

奈德弗的这个有关于个体在注意能力和注意类型上有差异的观点，多数人很容易认同。理论研究和实践观察均表明，每个人在注意能力方面均有其长处也有其短处。根据专项运动的特点，我们可以选择相应注意类型的人去从事某项运动，也可以根据个体注意方式的弱点选择性地对其进行注意技能的训练。这一点对运动员的心理选材和心理训练有实际的指导意义。

（三）焦虑和唤醒水平与注意

奈德弗根据他自己的观察和别人一些研究提出，焦虑和唤醒水平的升高，至少会导致两个结果：第一，干扰注意从一种方式向另一种方式转变；第二，造成注意范围的缩小（见图 3-3）。

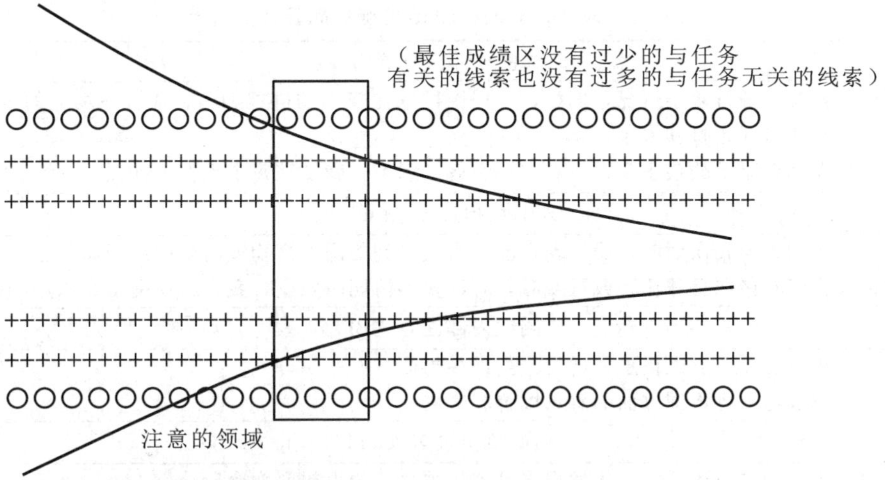

图 3-3　线索的有效性及唤醒水平与注意范围的关系

四、注意方式的测量与评价

奈德弗（Nideffer）于 1976 年编制了《注意方式测验》，也译为《注意及人际行为类型测验》（Test of Attentional and Interpersonal Style，TAIS）。该量表共包括 17 个分量表，其中 6 个分量表反映的是注意类型（见表 3-1），两个分量表反映的是行为控制和认知控制的类型，9 个分量表描述的是人际行为的类型，共计 144 个题目。

表 3-1　TAIS 量表中的 6 个注意类型分量表

分量表	含义	高分倾向
BET	广阔性外部注意	适应所处环境及其变化的能力强
OET	干扰性外部注意	由于外界无关刺激而分散注意力，导致出错
BIT	广阔性内部注意	组织和分析信息的能力强
OIT	干扰性内部注意	常被自己的思想和感情干扰而陷入混乱
RED	集中性注意	集中注意和抗干扰的能力强
NAR	狭窄性注意	注意范围过于狭窄而遗漏有关信息

为便于 TAIS 的推广，奈德弗同年又编制了一个简式 TAIS。在注意类型测量部分用 6 个分量表、12 个测验条目来评估注意集中的类型。每个分量表

选择了两个题目供运动员自我评定用（见表 3-2）。每个题目只要按以下 5 个等级作出一种选择：从不（0 分）；很少（1 分）；有时（2 分）；常常（3 分）；总是（4 分）。把各分量表的两个题目得分相加，得到 6 个分量表的分数后，分别将它们点在常模图的相应位置上，就能得到运动员注意集类型的剖面图（见图 3-4，图 3-5，图 3-6）。

表 3-2　简式 TAIS 的测验题目

广阔性外部注意（BET）
（1）我善于分析复杂情况，例如，一场橄榄球比赛中的进展如何，或者在场上的哪 4 个或 5 个队员开始打起来了。 （2）在一个屋子的孩子中，或者在一个运动场上，我知道每个人在干什么。
外部负担过多（OET）
（1）当别人与我谈话时，我发现自己会为所见到的周围之物或听到的声音而分心。 （2）我观看诸如足球比赛或马戏时，有许多事情同时发生，我变得慌乱了。
广阔性内部注意（BIT）
（1）我只需要一点点信息，就能产生许多想法。 （2）我很容易将不同方面的意见综合起来。
内心负担过多（OIT）
（1）当别人与我谈话时，我发现自己容易被自己的思想和意念所分心。 （2）由于我的思想太多，使我变得慌乱和健忘。
狭窄有效注意（NAR）
（1）我容易使自己的思想不受所观看的或所听到的东西所干扰。 （2）我容易使自己的视线和说话不受自己的思想所干扰。
未能顾及而出错的注意（RED）
（1）我很难摆脱内心的思想和意气。 （2）比赛时我出了差错，是因为我在看别人在做什么，以及我忘掉了别人。

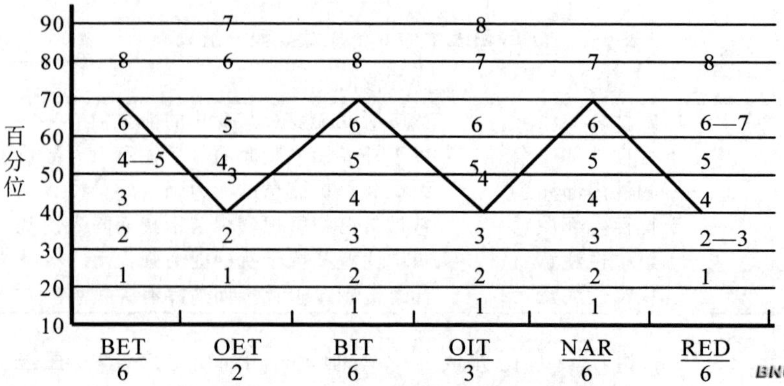

图 3-4　有效注意类型剖面图

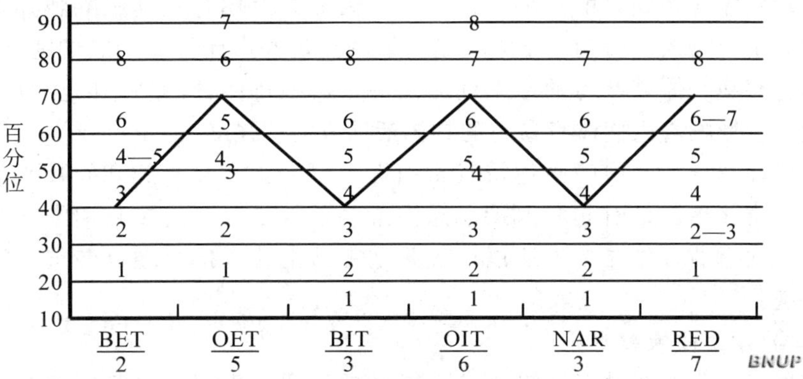

图 3-5 效率不高注意类型剖面图

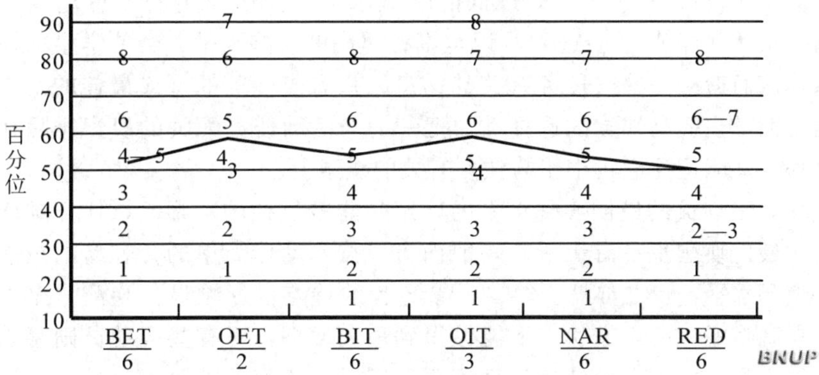

图 3-6 “平常”注意类型剖面图

第四节 体育教学中学生的注意

一、体育活动中影响学生注意集中的因素

体育教学的环境与一般课堂环境相比具有开放性的特征。因此，教师在教学管理上存在着较大困难，容易导致学生注意力不集中。

（一）刺激物的特点

一般而言，任何相当强烈的刺激，以及刺激物之间的强度、形状、大小、颜色或持续时间等方面的差异特别显著，都很容易引起人们的注意；活动的变化的刺激物比不活动的、无变化的刺激物更容易引起人们的注意；新奇的刺激物比呆板的、习惯性刺激物更容易引起人的注意。

（二）学生的兴趣特点

体育兴趣是人们积极认识和优先从事体育活动的心理倾向。它是与参与体育活动的需要相联系的意向活动。一个人如果对体育活动感兴趣，就会积极参加，全力投入，活动的结果将是需要的满足并由此得到积极的情绪体验。所以体育兴趣是体育参与的基本动力之一，对维持体育活动中的注意起着重要作用。它影响着人们体育参与的具体活动方向和强度。

学生在体育活动中的兴趣按其指向性可以分为直接兴趣和间接兴趣。如前所述，直接兴趣是引起和保持无意注意的条件之一；间接兴趣则是引起和保持有意注意的条件之一。所以，既要重视学生的直接兴趣也要重视学生的间接兴趣。

（三）学生的唤醒水平

根据奈德弗的假设（见图 3-3），能否把注意力集中在当前任务的线索上与运动者的唤醒水平有关。即过低的唤醒水平，会使学生的注意范围过于宽泛，与任务无关的刺激会进入意识范围；过高的唤醒水平，会使学生的注意范围过窄，从而遗漏一些与任务有关的信息；只有当中等的（或最佳的）唤醒水平才能帮助学生提高知觉的选择性，把一切与活动任务无关的线索排除在注意范围之外，又能把注意集中于与任务有关的线索上。

然而，运动员的最佳唤醒水平的确定是非常复杂的。第一，任务难度和复杂程度对最佳唤醒水平有影响。一般而言，技术动作简单的、容易的技能要求较高的唤醒水平，反之亦然。第二，参与者的特点也影响最佳唤醒水平。有些运动员在高唤醒、高焦虑状态下能够得到最大发挥，而有些运动员则喜欢在低压力、低唤醒下才会有最佳的运动表现。所以，体育教师要了解教学中运动技术的特点以及每个学生的个性，才能在适当的时候有针对性地调节学生的兴奋水平，为达到最佳的教学效果服务。

二、体育教学中学生注意力不集中的心理原因

（一）意气消沉

学生对体育教学或训练课抱有消极、逃避的态度，缺乏学习的意愿，精神不振，造成注意力涣散。

（二）情绪急躁

上课时由于学生兴奋过度，心情忐忑不安，思想混乱，不知所措，情绪急剧波动，均会造成注意力涣散。

（三）厌烦心理

由于教材内容的过深或过浅，或者由于教师的教学枯燥无味，会使学生感到索然无味而产生厌烦心理，从而导致注意力分散。

（四）逆反心理

假如教师处理问题不公正，会导致师生关系紧张。受不公待遇的学生可能

产生逆反心理，而把不满情绪迁怒到教师的讲课上，以不听讲课、不看教师作示范动作，甚至以捣乱的方式加以反抗。有的学生或因动作练习屡遭失败，或因其他原因屡受挫折，这类挫折一旦超过学生的容忍度，可能导致学生对练习的反感或对教师的淡漠。

（五）有意寻求注意和承认

有些学生的成绩较差或品德、技能欠佳，由于受他人的忽视、鄙视或奚落，在上课时可能会故意搞恶作剧，以有意寻求教师或同学的注意和承认。

三、注意的规律及其在体育教学中的运用

（一）体育教学中学生无意注意的保持

学生的无意注意主要受刺激物的特点和个人的兴趣爱好影响。因此，在体育教学中教师要注意做到：

1. 合理布置场地、器材，激发学生的学习兴趣。
2. 合理运用色彩效应。
3. 教法多样化，丰富教学内容。
4. 改变学习条件，降低标准要求，实现注意分配。
5. 加强直观教学。
6. 利用新鲜刺激引起学生的无意注意。

（二）有意注意在体育教学中的运用

1. 明确学习的目的与任务。
2. 教学中适时发出控制信息，集中学生注意力。
3. 在讲课时注意突出关键。
4. 注意区别对待，因材施教。

不同年龄阶段学生的注意力具有不同的特点，在体育教学中体育教师必须根据学生的年龄特点，分析学生注意力的特征。学龄初期（6～12 岁），无意注意起非常大的作用，有意注意则正处在发展时期且有意注意的稳定性较差，从注意的指向性上看，此年龄段的学生外部注意强于内部注意，但注意的分配能力低、范围小；学龄中期（12～15 岁），学生的有意注意有了一定的发展，在教师适当的引导下和完善的教学条件下，学生能够可以保持相对较长时间的（40 分钟以上）有意注意，但注意力仍较容易分散；学龄晚期（15～18 岁），此年龄阶段的学生具备了保持较长时间有意注意的能力，他们的注意的稳定性也有了较好的发展，注意的范围基本上达到了成年人的水平，并能够在较复杂的任务中学会分配注意力。

本章小结

1. 注意是心理活动对一定对象的指向和集中。选择性和集中性是注意的基本特征。

2. 注意按是否具有事先目的和视意志努力程度可以分为有意注意、无意注意和有意后注意。按照注意的指向性可以将注意分为外部注意（环境注意）和内部注意（自我注意）。

3. 注意的品质包括注意的范围、注意的稳定性、注意分配、注意的转移、注意的灵活性和注意的紧张度等。

4. 奈德弗的注意方式理论将注意能力分为两个维度：范围（狭窄到广阔）和方向（内部到外部），并以此分为广阔性外部注意、广阔性内部注意、狭窄性外部注意和狭窄性内部注意四种注意类型。

5. 奈德弗认为，注意有状态和特质之分，注意具有个体差异，这一点对运动选材有一定意义。焦虑和唤醒水平升高干扰注意方式之间的转换，并使注意范围缩小。

6. 刺激物的特点、学生的兴趣和学生的唤醒水平影响着体育教学中学生的注意集中与稳定。不同年龄段的学生具有不同的注意特点。

7. 引起学生注意不集中的心理因素有很多，主要包括意志消沉、厌烦心理、情绪急躁、逆反心理和冷漠态度、有意寻求注意和承认等。

>>> 思考题

1. 说明注意的品质及其在体育教学和训练中的表现。

2. 什么是外部注意和内部注意？它们在体育教学中的作用如何？

3. 简述奈德弗的注意方式理论中的四种注意类型，并结合体育运动实际举例说明。

4. 体育教学中学生注意力不集中的心理影响因素有哪些？

5. 试述如何在体育教学保持学生的无意注意和有意注意。

>>> 参考文献

1. 马启伟．体育心理学．北京：高等教育出版社，1996.

2. 张力为，任未多．体育心理学研究进展．北京：高等教育出版社，2000.

3. 季浏，符明秋著．当代运动心理学．重庆：西南师范大学出版社，1994.

4. 马启伟，张力为．体育运动心理学．杭州：浙江教育出版社，1998.

5. LeUnes，A. & Nation，J. R. 著．姚家新等译．运动心理学导论．西安：陕西师范大学出版社，2005.

6. 殷恒婵．青少年注意力测验与评价指标的研究．中国体育科技，2003，39（3）：51-53.

7. 张力为，毛志雄．体育科学常用心理量表．北京：北京体育大学出版社，2004.

8. 洪晓彬，纪岩．体育运动中注意的研究综述．体育成人教育学刊．2007，12（6）：28.

第四章　体育与情绪

本章内容简介、基本学习要求

【本章内容简介】

本章阐述了情绪情感的概念、特征、外部表现和分类，体育与情绪的关系，以及体育活动对情绪的影响。

【基本学习要求】

掌握情绪情感概念及内涵；理解体育运动和情绪的关系；了解体育活动对情绪的影响；了解体育运动中的特殊体验。

第一节　情绪、情感概述

感情是我们日常生活中的重要内心体验，乔迁之“喜”、雷霆之“怒”、生荣亡“哀”、临危不“惧”，我们无时无刻不发生着喜悦、愤怒、悲哀、恐惧、苦恼、烦闷等情感。在心理学中，通常使用情绪、情感的概念来描述人的感情体验。

一、什么是情绪情感

（一）情绪情感的含义

情绪情感是人对客观事物是否符合自己的需要而产生的切身体验。

情绪情感由客观事物所引发，包含了外在与内在的因素。例如，良辰美景、赏心悦目让人心情愉快，是由外界的环境因素或事物引起的情绪情感；疾患隐痛，身体不适会使人郁郁寡欢，这是由个人内在的生理因素引起的情绪情感。

情绪情感是以人的需要为中介的心理活动，它反映的是客观事物与人主观需要之间的关系。凡能满足人的某一需要或能促进这种需要得到满足的客观事物，可使人产生满意、愉快、喜爱等积极的内心体验；凡不能满足人的需要或可能阻碍这种需要得到满足的客观事物，就会使人产生忧伤、不满、厌恶等消极的内心体验；与我们的需要没有什么关系的事物，也就不会引起什么体验。因此，客观事物与人的需要之间的关系决定了情绪情感的性质。

情绪情感是一种主观体验，面对同样的事物，其是否符合个人的需要有赖于认知的评估，因而每个人所引发的情绪情感性质或强度可能会有差异。如考上同一所大学，有的同学欣喜，而有的同学沮丧，学生、家长、邻居的感受也不一样。而且情绪情感具有可变性，随着个人的身心成长与发展、对情境的感知方式也会改变，因此，面对同样的情境，个人所产生的情绪情感也可能会和以前不同。

（二）情绪情感的区别和联系

情绪和情感是两个既有区别又有联系的概念，它们实际上指的是同一过程和现象，只是分别强调了同一心理现象的两个不同的方面。

一般来讲，情绪是和有机体的生物需要相联系的体验形式，如由饮食需要能否获得满足引起的愉快和不快的体验；情感往往与人的社会性需要相联系，如由交往需要引起的友谊感。情绪发生较早，为人类和动物所共有；而无论从种系或是个体发展来看，情感体验都发生得较晚，是人类所特有的，是个体发展到社会化进程的一定阶段才产生的。从稳定性程度看，情绪带有情境性，而情感有可能既具有情境性，又具有稳固性和长期性，稳固的情感体验是情绪概括化的结果。

情绪和情感的区别是相对的，情感是在情绪基础上形成的，反过来情感对情绪又产生巨大的影响，它们是一种心理活动过程的两个不同的侧面，既相互转化，又相互依存。一方面，情绪是情感的外在表现。稳定的情感是在情绪的基础上形成起来的，而且是通过情绪的形式表现出来的。情感离不开情绪，离开了情绪，情感既无从形成，也无法表现。另一方面，情感是情绪的本质内容。在情绪发生过程中常常包含着情感，情感的深度决定着情绪表现的强度，情感的性质决定着情绪表现的形式。

二、情绪情感的两极性

情绪情感的两极性主要指情绪情感的动力性、激动性、强度和紧张度等方面，存在着一个可变化的度量，这些特征都存在两种对立的状态，每个特征变化幅度又具有两极性：

情绪情感在动力性上表现为增力和减力两极。一般来说，需要得到满足时产生的肯定情绪是积极的、增力的，可提高人的活动能力；需要得不到满足时产生的否定情绪是消极的、减力的，会降低人的活动能力。

情绪情感在激动水平上表现为激动与平静两极。激动是一种强烈的、外显的情绪状态，如激怒，狂喜，极度恐惧等，它是由一些重要的事件引起的。平静的情绪是指一种平稳安静的情绪状态，它是人们正常生活、学习和工作时的基本情绪状态，也是基本的工作条件。

情绪情感在强度上表现为强和弱两极，如从愉快到狂喜，从害怕到惊骇。在情绪情感的强弱之间还有各种不同的强度，如在微愠到暴怒之间还有愠怒、激怒、大怒等不同程度的怒。情绪情感强度的大小取决于对象对个体意义的大小。

情绪情感在紧张水平上表现为紧张与轻松两极。人们情绪情感的紧张程度决定于面对情境的紧迫性，个体心理的准备状态以及应变能力。如果情境比较复杂，个体心理准备不足，而且应变能力比较差，人们往往容易表现出紧张。如果情境不太紧急，个体心理准备比较充分，人就会感到轻松。

三、情绪情感的生理反应和外部表现

（一）情绪情感的生理反应

情绪情感都伴随着生理反应，如心跳、血压、呼吸节律、肌电、皮肤电、瞳孔等的改变，这些改变主要由内分泌系统的变化所决定，较少受当事人主观控制，可作为情绪状态变化的客观指标。如在不同的情绪状态下，呼吸的频率会发生明显的变化。人平静时平均每分钟呼吸 20 次，高兴时每分钟呼吸 17 次，悲伤时每分钟呼吸 9 次，愤怒时每分钟呼吸 40 次，恐惧时每分钟呼吸高达 64 次。心血管系统在不同情绪情感状态下也会发生一系列变化，人在愉快和满意时，心跳正常，血管舒张；惊恐时，心跳加速加强，血输出量增加，收缩压升高。人在羞愧时面红耳赤，气愤时脸色铁青，就是由于面部血管的舒张和收缩造成的。消化系统的活动也会随情绪情感的变化而发生变化，人在愉快时胃肠的蠕动和消化腺的分泌会加强，消化系统的功能会提高；人在悲伤时，胃肠蠕动功能下降，消化液分泌减少，造成食欲减退。

（二）情绪情感的外部表现

在情绪情感发生时，总是伴随着某种行为表现。这些与情绪、情感有关的外部表现，称为表情。表情一般可分为三种形式：

1. 面部表情

面部表情主要是面部的肌肉的活动，有研究表明，人的面部有 80 块肌肉，可以产生 7000 多种不同的表情。愉快和不愉快是两种最基本的面部表情，愉快时面肌横伸，面孔较短；不愉快时面肌纵伸，面孔较长。眉也是表现面部表情的主要部位，展眉表示欢欣；皱眉表示愁苦；扬眉表示得意；竖眉表示愤怒；低眉表示慈悲。嘴也参与表情动作，哭与笑是面部表情最明显的表现，哭与笑都离不开嘴的动作。

2. 身段表情

除面部表情外，人的全身动作也有表现和传递情绪情感的作用。例如常常用扬头表示高傲；点头表示赞同；摇头表示反对；垂头表示丧气。从全身姿态看，高兴时手舞足蹈；愤怒时暴跳如雷；恐惧时不寒而栗；悔恨时捶胸顿足；惊慌时手足无措。有些成语如卑躬屈膝、趾高气扬、正襟危坐、呆若木鸡等，都是用来形容伴随情绪情感所产生的体态变化。

3. 言语表情

人们说话的声音、语调、节奏、断续及弦外之音等，都是表达和判断情绪情感的指标。如喜悦时，语调高昂，语速较快，语音高低差别较大，音色悦耳；恐惧时，音调高尖急促，声音刺耳颤抖；悲哀时语调低沉，语速缓慢，语音高低差别不大。同一句话，由于说话人的语气腔调不同，常常使得听者感受到的情绪情感差异很大。歌唱家、演说家就主要靠其声音来打动听众。

四、情绪情感的分类

（一）情绪的分类

人的一切心理活动都带有情绪的色彩，根据发生的强度和持续时间的长短，分为心境、激情和应激三种。

1. 心境

心境是一种比较微弱的、持久、具有渲染性的情绪状态。生活中我们常说“人逢喜事精神爽”，指一件喜事可以让我们在持续的一段时间内，保持着愉快的心情；但有时候一件不如意的事也会让我们很长一段时间忧心忡忡，情绪低落。这些都是心境的表现。

心境具有渲染性，它不是针对某一特定事物的体验，而是由一定情境唤起后的并在一段时间内影响整体态度的情绪体验。也就是说，当一个人处在某种心境中，他往往以同样的情绪状态看待周围的一切事物。

心境常常受外界事物的强烈影响，如工作顺逆、事业成败、人际关系、健康状况、自然环境的舒适与否都可能引起人的不同心境。但是，人的主观认知是心境好坏的关键因素。

2. 激情

激情是一种强烈的、短暂的、爆发式的情绪状态。如暴怒时拍案而起，暴跳如雷。狂喜时捧腹大笑，手舞足蹈。激情具有爆发性和冲动性，同时伴随有明显的生理变化和行为表现。当激情到来的时候，大量心理能量在短时间内迸发而出，如疾风骤雨，使得当事人失去了对自己行为的控制力。

激情常由生活中的重大事件所引起，那些对个体有特殊意义的事件会导致激情，如重大成功后的狂喜，遭致惨败后的沮丧和绝望；出乎意料之外的突发事件也会引起激情，如多年杳无音信的亲人突然回归，常会欣喜若狂。

激情对人的影响有积极和消极两个方面。一方面，激情可以激发内在的心理能量，成为行为的巨大动力，提高工作效率并有所创造。如战士在战场上冲锋陷阵，一往无前；运动员在报效祖国的激情感染下，敢于拼搏，勇夺金牌。但另一方面，激情也有很大的破坏性和危害性。激情中的人认识范围狭窄，常常不能意识到自己在做什么，不能预见行为后果，对人对己都造成损失。

3. 应激

应激是指出乎意料的紧张情况所引起的情绪状态。例如在日常生活中突然遇到火灾、地震，旅途中突然遭到歹徒的抢劫，足球运动员面临决定胜负的点球罚球时等，这些事件常常让人们心理上高度警醒，机体把各种资源都动员起来，导致体内一系列激素分泌增加，引起人体全身性反应，以应付紧张的局面。在应激状态下，人可能有两种表现，一种是目瞪口呆，手足无措，陷入一片混乱之中；一种是头脑清醒，急中生智，动作准确，行动有力，及时摆脱困境。

（二）高级社会情感

情感是同人的社会性需要相联系的态度体验，是人类特有的心理现象之一。人的社会性情感主要有道德感、理智感和美感。

1. 道德感

道德感是人们根据一定的道德准则，评价自身或他人的言行时所产生的一种情感体验。面对社会现象，人们以善与恶、公正与偏私、诚实与虚伪、正义与非正义等道德观念来评价人们的言行，便会产生尊敬、反感、义务感、责任感、爱国主义情感等情感体验。

道德感是道德品质的一个重要成分，它对人的行为有巨大的推动、控制和调节作用，是一种自我监督的力量，可使人保持良好的行为，并制止行为过失。而产生道德感的首要条件是社会的道德准则，由于不同的历史时代和社会制度中的道德标准也有所不同，因此，道德感总受制于具体的社会历史生活条件。

2. 理智感

理智感是人在获取知识的活动时所产生的情感体验。它是人在认识事物或追求真理方面能否满足求知需要而产生的情感。例如，人们在探索未知事物时表现出的兴趣、好奇心和求知欲；问题得以解决并有新的发现时的喜悦感和幸福感；在作出判断而又感到论据不足时产生的疑虑不安等。理智感产生、发展于人的认知过程，同时，它也对人们进一步学习知识、认识事物发展规律和探求真理的活动起到积极的推动作用。

3. 美感

美感是根据一定的审美标准来评价事物时所产生的情感体验。美感来源于人类的社会实践，和道德感一样受到社会生活条件的制约。不同社会制度、时代、阶层、民族和地域的人，因为审美标准的不同，对事物所产生的美感也不同。在美感的特征中，突出地表现为美感的愉悦性和倾向性。人在感受美的时候通常会产生一种愉快的体验。面对审美对象，人们会产生出愉快、惬意、陶醉、忘我的舒畅或激动难抑的状态，这是人在精神上的享受和满足。如自然美景使人心旷神怡，运动员高超的技巧让人叹为观止等。美感是一种倾向性的体验。在对美好事物进行肯定的同时，人们会表现出对美的客体的强烈趋向性，甚至引发迷恋。相反，人们对丑的事物则产生出强烈的反感。

第二节 体育与情绪的关系

当一个常进行体育活动的人被问及喜欢体育的缘由，通常的答案非“乐趣”莫属，或者他会说运动的感觉很好。在生活中，体育能使人变得精神焕发、更有自信；也可以让人们抛开烦恼，心情变得愉悦。的确，体育活动的效果除了众所周知的给身体带来益处外，还能给予人们以情绪情感效益。

一、体育活动产生丰富的情绪体验

客观事物与需要之间的关系决定了人们的情绪体验。如果外界刺激满足人的某种需要，就会产生愉快的情绪体验；反之，则引起不愉快的情绪体验。作为内容及形式蕴涵丰富的体育活动，能够满足人们多方面、多层次的各种需要，进而给人们带来了多彩的情绪体验。例如娱乐性的体育活动能给人以愉悦的心情，竞技类的体育活动能给人以竞争、克服困难和成功等体验，集体类体育活动能让人体会人际交往、尊重等情感。

二、体育活动对情绪的影响

（一）焦虑

焦虑是一种对当前或预计的威胁所反应的恐惧和不安的情绪状态。它包含紧张、惧怕、不安、忧虑等感受，并伴随有自主神经系统的激活或唤醒，如心跳加速、出汗、肌肉紧张等。

在体育学习中，产生焦虑情绪的原因是多方面的：客观上，对于不了解或有一定危险性的运动项目，场地、器材差，教师要求过高等原因；主观上，学生的过于要强好胜，缺乏信心，情绪不稳定，过去发生的伤害事故等原因。由于焦虑是在个体威胁性评价基础上产生的，因此学生在他们认为动作过难或任务要求过高，或者是在参加一场非常重要又有相当难度的比赛时，较容易产生焦虑心理。而在他们认为是在完成自己能够胜任的任务，或者参加一场他们认为不太重要的比赛时，则焦虑水平较低。

（二）心境状态

虽然在体育活动与心境状态的研究中，多数研究结果都显示体育活动能改善心境状态。许多研究显示运动和良好的心境息息相关，指出参与不同的身体活动，如骑自行车兜风、有氧舞蹈、瑜伽、慢跑、跆拳道、游泳、重量训练等能够改善或增进心境状态。在探讨运动和心境的关系中，发现慢跑能大幅增进放松并减少紧张、忧郁、生气。但是，也有研究得出了不同的结论：

1. 多数检验即刻效应的研究都获得了运动后心境状态发生良好变化的结果，但也有运动后无变化的结果。

2. 对于身心健康的正常人，他们本身心境状态就是积极的，运动效果对其不明显。

3. 大强度运动易使人疲劳和紧张，小强度运动较易产生积极心境。

（三）抑郁

抑郁是一种持久的心境低落状态，个体表现为悲观、缺乏活力、注意力不能集中、交往回避和厌世等。

体育活动是以兴奋和充满活力为特点的活动，抗抑郁的效果十分明显。基恩 1993 年调查了 1750 名心理医生，有 60%的人认为，应将身体活动作为一种治疗手段来消除焦虑症，有 80%的人认为，身体活动是治疗抑郁症的有效手段之一。体育运动有助于使个体产生更为积极的自我评价和更为强烈的个人控制感。

三、体育活动中的特殊体验

（一）流畅状态

流畅状态是一种理想的内部体验状态。在这种状态中，人忘却自我的全身心投入活动之中，对过程的体验本身就是乐趣和享受，会产生对活动的控制感。可不计任何代价的从事该项活动，活动的目的纯粹出于活动本身。

有研究发现，体育运动是流畅状态的主要来源。其中一项研究的调查问卷里，同时还列举了学习工作、人际交往、宗教活动等项目，询问被研究者以往在何种情况下感受到过流畅状态，多数人回答只是在体育运动中有过这样的感受。

（二）跑步欣快感

跑步欣快感是跑步过程中出现的感到一种良好的身心状态，自身和情境融为一体，超越时空障碍的一种体验。因为在跑步以外的体育锻炼中也会出现，又称“锻炼欣快感”。

本章小结

1. 情绪情感是人对客观事物是否符合自己的需要而产生的切身体验。情绪情感具有两极性特征。

2. 情绪情感都伴随着生理反应和某种行为表现，表情一般可分为面部表情、身段表情和言语表情。

3. 作为内容及形式蕴涵丰富的体育活动，能够满足人们多方面、多层次的各种需要，进而给人们带来了多彩的情绪体验。

4. 体育活动对焦虑、心境状态和抑郁等情绪有积极影响。

5. 在体育活动中，人们会获得流畅状态、锻炼欣快感的特殊体验。

>>> 思考题

1. 简述情绪情感的定义及其外部表现。
2. 分析情绪和情感的区别与联系。
3. 什么是心境、激情和应激？
4. 简述体育活动对情绪的影响。

>>> 参考文献

1. 祝蓓里，季浏．体育心理学．北京：高等教育出版社，2000.
2. 刘淑慧．体育心理学．北京：高等教育出版社，2005.
3. 李薇，李进．体育心理学．桂林：广西师范大学出版社，2006.
4. 马启伟．体育心理学．北京：高等教育出版社，1996.
5. 体育院校成人教育协作组《体育心理学》教材编写组．体育心理学．北京：人民体育出版社，1999.
6. 黄希庭．心理学导论．北京：人民教育出版社，2001.

第五章　体育参与的动力系统

本章内容简介、基本学习要求

【本章内容简介】

本章将阐述体育参与的动力调节系统的组成及其功能；体育运动动机的定义分类及其在体育活动中的培养与激发；体育兴趣、体育习惯及体育态度的定义、分类、在体育教学的作用等。

【基本学习要求】

通过本章的学习，要求大家掌握体育参与动力调节系统、体育参与需要、体育运动动机、体育兴趣、体育习惯、体育态度等基本概念；领会体育参与动力调节系统各因素在体育活动活动中的作用原理；理解动机的基本理论；掌握体育教师如何在体育教学中激发学生的体育动机，培养学生的体育兴趣及转变学生的体育态度。

第一节　体育参与动力调节系统概述

一、人的动力调节系统

（一）人的动力调节系统的构成

社会的发展需要造就身心健康发展的人。积极参与体育活动将有助于实现这一目标。人的需要、动机、兴趣、态度习惯等影响着人参加体育活动的积极性。在外界环境的作用下，人的动力调节系统以需要为基础，由动机、兴趣、习惯和态度等多种心理因素构成（见图 5-1），并受理想、信念和世界观调节和支配。

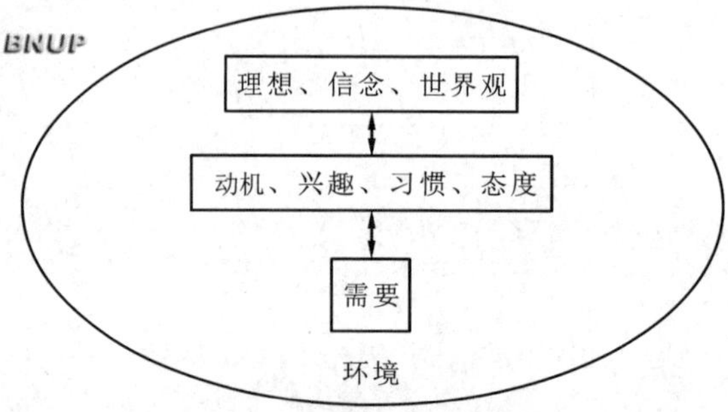

图 5-1　人的动力调节系统

（二）体育参与动力调节系统概述

体育参与的动力调节系统是人的个性结构的组成成分之一，是体育活动中人的个性倾向性的主要内容。人们参与体育活动的动力复杂多样，它们共同影响人们参与体育活动的积极性、选择性和持久性。

体育参与的动力调节系统，是推动个体从事体育活动的相对稳定又可变化发展的多因素、多层次的驱动系统，它包括体育参与需要、体育参与动机、体育兴趣、体育态度、体育习惯等成分。在不同的年龄阶段，体育参与动力调节系统中的各因素所起的作用也不可能不同。在儿童阶段，体育兴趣的作用突出；在青少年阶段，体育态度逐渐养成并支配着他们理智选择、接受体育锻炼；在中老年阶段，他们由对体育锻炼的价值的认识形成积极稳定的体育态度和体育锻炼习惯，并以此为动力来参与体育活动。就体育教学而言体育学习的动力调节系统可用图 5-2 来表示。

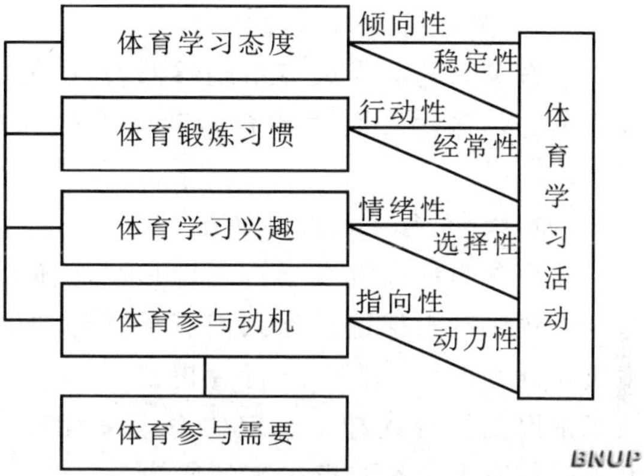

图 5-2　体育学习的动力调节系统

从图 5-2 可知，体育参与需要是学生进行体育学习活动的基础性动力，其他心理动力都从体育参与的需要基础上发展起来的。体育参与动机是体育参与需要的动态表现；体育学习兴趣则是体育活动需要的情绪表现；体育锻炼习惯是体育参与需要的经常性表现；而体育活动态度则是体育参与需要的认知、情感和行为的综合表现。

二、体育参与动力调节系统的功能

体育参与系统的重要功能在于它对体育参与的效果有着直接影响。影响体育活动效果的因素多种多样，但主要的影响因素是体育参与的动力调节系统。表现在体育参与的动力调节系统具有以下几个功能：

（一）选择行为的定向功能

在体育活动中，人选择什么样的运动项目，采取什么样的锻炼行为，一定会受到体育参与动力调节系统的影响。一方面，人们会根据自己的年龄、性别、健康状况等因素来选择体育活动的方式和手段；另一方面，人们还会根据自己对不同体育活动的态度、兴趣、爱好等个体动力因素，选择一定的体育活动和行为。

（二）激发行为的始动功能

只有体育参与动力的推动下，体育参与行为才能产生。人们产生了体育参与的需要与愿望，萌发了体育参与的动机，才会促使他们产生体育活动的初始行为。

（三）促进行为的强化功能

体育参与的动力调节系统够激发人们体育参与热情，提高克服困难的勇气和信心，强化人们的体育行为，增强人们的意志努力，提高体育参与的效果。

（四）持久行为的维持功能

体育参与的关键在于持之以恒，而体育参与的动力调节系统可为行为的持久性提供动力保证。当人们有了强烈的体育参与需要、强大的运动参与的动机，就为产生体育参与行为提供了心理动力；当人们在体育活动过程中形成了浓厚的体育兴趣，稳定体育态度和体育习惯就会自觉地坚持体育锻炼，并享受体育锻炼给自己带来的愉快。

第二节　体育参与动机

一、体育运动动机概述

（一）体育动机的定义

学生的一切活动总是由一定的动机引起的。动机是推动一个人参与某种活动的心理动因或内部动力。所谓运动动机是指推动、停止或中断学生参加体育学习和体育锻炼的内部心理动因。它对体育学习和身体锻炼起着定向、始发、调节、强化和维持的作用。

（二）体育动机的种类

按照不同的分类方法，可以将体育动机分为不同的类别。

1. 内部动机和外部动机

根据动机的来源可以将动机分为内部动机和外部动机。即来源于客观外部原因的动机称为外部动机；来源于主观内部原因的动机称为内部动机。

通常外部动机以社会性需要为基础，人们通过某种活动获得相应的外部奖励或避免受到惩罚以满足自己的社会性需要；而内部动机以生物性需要为基础，通过积极参加某种活动，应对各种挑战，从中展示自己的能力，实现自己的价值，体验到莫大的快乐和自我效能感。

总体来说，个体参加体育运动的动机完全可能是由内部动机和外部动机共同推动的。这两种动机对体育运动活动都是有意义的。外部动机既可以加强内部动机，也可以削弱内部动机。而且从种意义上说，内部动机或许更具有重要作用。因为，研究表明：

（1）内部动机更能使人奔向目标，其动力的持续作用时间更长。

（2）一般地说，任务越复杂内部动机越起作用，反之相反。

（3）外部奖励既有可能加强内部动机，也可能破坏内部动机。外部奖励要想强化内部动机必须注意：首先，外部奖励要公平、公正地突出个人能力方面的信息，而非社会控制方面的信息。其次，要让受奖励的人认为外部奖励并不是最终的奖赏，而获得成功带来的成就感、喜悦感才是最终的奖赏。其原因在于，在控制信息方面，当人们利用内部动机去支配任务的时候，所对应的是控制感，而当人们接受外部奖励而参加活动就会导致自我控制感下降。此外，在内部动机推动下的行为是一个人发挥内在才能的需要及自觉地应对环境的需要所引起的，所以其动力的持久作用更明显。

2. 直接动机和间接动机

这是按活动兴趣的指向特点来分类的。以直接兴趣为基础，指向活动过程本身的动机称为直接动机；以间接兴趣为基础，指向活动的结果的动机称为间接动机。例如，体育学习中有的学生并不喜欢体育活动，他们来上体育课包括进行课余锻炼只是为了获得体育学分。这种动机就属于间接动机。学生体育学习的动机往往由直接动机和间接动机共同驱动，只是不同个体两种动机成分比例不同。

3. 生物性动机和社会性动机

这是根据需要的种类和对象来考虑动机的分类的。以生物性需要为基础的动机称为生物性动机，如因饥饿、口渴而引起的动机；以社会性需要为基础的动机称为社会性动机，如成就动机、交往动机。同时，根据活动所追求的对象可以分为物质性动机和精神性动机。这种分类注意需要与动机的关系，认为需要的性质决定动机的性质。

4. 近景性动机和远景性动机

所谓远景性动机是指动机行为与长远性目标相联系的一类动机；所谓近景性动机是指动机行为与近期目标相联系的一类动机。例如，学生在确定等候课程时，有的是考虑今后走上社会、踏上工作岗位的需要，有的只是考虑眼下是否容易通过考试，他们的择课动机便属远景性动机和近景性动机范畴。远景性动机和近景性动机具有相对性，在一定条件，两者可以相互转化。远景目标可分为许多近景目标，近景目标要服从远景目标。“千里之行，始于足下”是对远景性动机和近景性动机辩证关系的生动描述。

（三）引发体育动机的条件

体育动机在体育参与的需要基础上产生，并受到外界诱因的影响。内在需要和外界诱因是引起动机的重要因素。

1. 体育参与需要

需要是有机体感到某种缺乏而力求获得满足的心理倾向，它是有机体自身和外部生活条件的要求在头脑中的反应。需要让人产生欲望和驱力，并引起动机活动的产生。

需要按其起源可以分为自然性需要和社会性需要；按需要的事物属性可以分物质性需要和精神性需要。在对学生与运动员以及成年人的调查中发现，他们参与体育活动包括生理的、心理的以及社会性三方面的需要。在生理方面，绝大多数人参加体育运动是为了保持身体健康、增加身体活力、增强体力、提高耐力、促进生长发育、帮助预防疾病等；在心理方面，人们往往为了满足自身对体育活动的喜爱、掌握一定的运动技能、振奋精神、丰富情绪体验、锻炼意志力、塑造个性、发展认知能力等；从社会性需要来看，体育活动的参加者试图通过体育活动结交更多的朋友、扩大社会交往、提高竞争与合作意识、增强集体凝聚力、提高社会适应能力等。

2. 体育参与诱因

诱因是驱使有机体产生一定行为的外部因素。与它相对应的概念是内驱力。内驱力和诱因都是形成动机的因素。存在于机体内部的动机因素是内驱力，存在于机体外部的动机因素是诱因。诱因按其性质可分为两类：个体因趋向或取得它而得到满足时，这种诱因（如食物）称为正诱因；个体因逃离或躲避它而得到满足时，这种诱因（如电击）称为负诱因。体育参与诱因是指激起参与体育行为的外部原因，是能够引起个体参加体育活动的动机，并能满足个体需求的外在刺激。

能够引起个体参加体育活动的诱因有很多。例如，看到平整舒适的足球场，会产生想踢足球的想法；听到运动员击打乒乓球发出有节奏的声音，会使人产生打球的欲望；面对清澈、漂亮的游泳池，会激发人跳下去游泳的动机……甚至环境中一个小球、石块都可能激起儿童的运动欲望。此外，体育课中老师的鼓励、表扬甚至批评等精神刺激也可以成为学生参加体育活动的诱因。

二、运动动机与运动表现之间的关系

运动动机与运动操作表现之间并不是线性关系。动机水平与运动行为效果之间的关系可以用倒“U”形曲线来表示（见图 5-3），并且最佳动机水平会因任务的性质不同而不同。当面对单纯突出力量、速度、耐力素质而技术难度较低的任务时（如跑步，打拳击等），最佳动机水平要求较高；当面对难度较高的、对动作技术精准程度要求较高的任务时（如射击、体操），相应的最佳唤醒水平要求较低；而当面对既要求一定的速度、力量又要求动作技术的稳定、有适当的控制，即中等难度任务时（如网球，足球），最佳动机水平也相对要求处于中等水平。

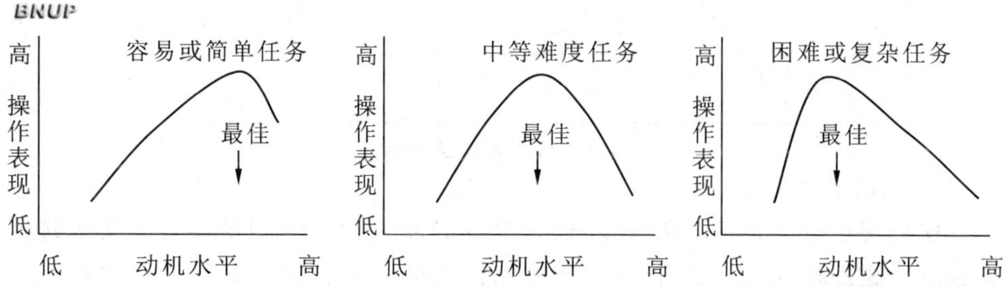

图 5-3　耶克斯—多德森定律

除了上述解释，对具有不同的个性特征的个体及拥有不同技术熟练程度的个体，最佳动机水平的要求也是不同的。一般而言，对技术熟练程度不同的个体来说，技术水平越高而对应的动机水平也可相应提高；技术水平越低，则最佳动机水平也相应要求较低。对不同个性特征的人来说，有的人善于在高压力、高动机水平下发挥技术水平，有的人则相反。

所以，教师和教练员在体育教学和运动训练、竞赛中，对学生和运动员的动机水平要适当调控，要求根据运动项目的特点、参与者的个性特征及其技术熟练程度等因素来培养与激发运动员或学生的运动动机，使其达到最佳的水平，以期达到最佳的训练、比赛效果或学习效果。

三、关于动机的基本理论

1. 动机的本能论

本能是有机体由遗传获得的、与生俱来的、不学而能的行为方式，对有机体的生存与延续有重要意义。James 等认为，人类与动物的行为动因之间有很大的相似性，即人类与动物的行为都是由本能引起的。

尽管本能论在解释人类行为方面存在一定的缺陷，但在分析儿童少年的活动原因上还是有较大应用价值的。好动、好玩、好奇、好胜是少年儿童的“本能”这与小动物的好玩、爱“闹”行为是一致的。

2. 动机的行为论

行为主义认为，促使了某种行为的动机产生，换句话说，学习动机是学习行为受到外部强化的结果。在学习过程中，受到强化的学生，将会进一步增强学习动机；相反，未受到强化的学生就会减弱学习动机。

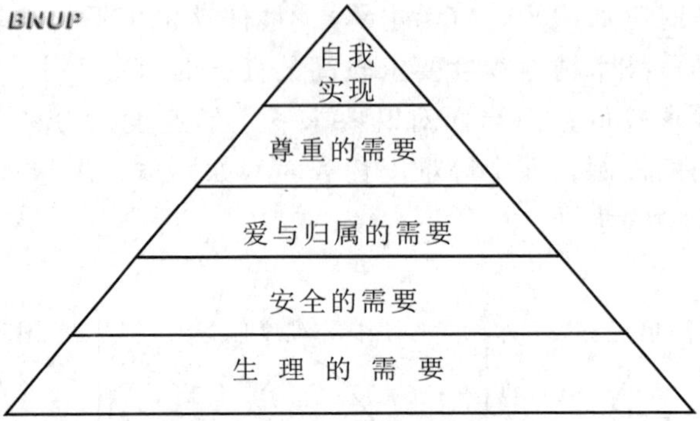

图 5-4　马斯洛的需要层次

3. 动机的人本论

这一理论以 Maslow 和 Rogers 等学者的需要论、潜能论和自我实现理论为基础。该理论认为，人是一个一体化、有组织的整体，其行为动机与社会文化因素之间有着本质的联系；不仅应关注人的生理需要，还应重视更高层次的需要，即便是人的基本需要，也不是某种单纯的生理需要，而是这个“人”的需要。

4. 动机的社会学习理论

Bandura 提出，有关动机的论述包括观察学习和自我效能等观点。他认为人类可以通过认知过程，主动地学习榜样的行为。个体除了通过直接学习获得直接经验外，更多的时候是通过对他人行为及其获得的积极强化结果的观察来获得间接经验。

观察学习理论提示体育教育工作者，学生在体育活动中的观察是随时随地都可能发生的，因而体育运动中的榜样作用要随时随地地体现出来。

自我效能（Self－Efficacy）是班杜拉（Bandura，1977）提出的一个与动机有关的概念。自我效能是指一个人对自己是否能够完成一项任务所持有的信心和期望，以及自己能够成功地完成一项任务所具备潜能的认识。自我效能理论认为，个体在目标追求过程中面临某项任务时，对完成该项任务的动机的强弱，将取决于个体对自我效能的评估。自我效能是个体对自己能够完成某一行为、任务的实际能力的推测，也可以说是个体对自己行为能力的主观评价。

研究发现自我效能对人的行为的影响主要以下几个方面（李晓文，1991）：

（1）影响人的行为选择。人们总是避开超出自己能力的活动，而投入到能胜任的活动。

（2）影响在困难状况下的坚持性。

（3）影响面临任务的准备和努力程度。

（4）影响人们在预期或实际处理问题时的思维方法和情绪反应。

根据班杜拉的观点，至少有四个因素在影响着自我效能的高低：

第一，行为成就。即直接经验在起着重要作用。个体过去所经历的成功或失败将会影响效能期望。

第二，替代经验。即间接经验影响着自我效能高低。个体通过观察他人的成败，尤其是跟自己水平相当的人的成败经历会影响自我效能感。

第三，言语劝说。你所尊敬和信任的人对你能力的信任和推崇会提高自我效能。

第四，情绪唤醒。高水平的生理唤醒可导致高度焦虑与紧张，并降低自我效能。

有些研究表明，通过观看有助于提高自我效能的录像片、鼓励性的自我暗示、表象等均可提高自我效能。而且，通过提高自我效能来提高运动动机和运动成绩已经被一些研究证实。同样，在体育运动中得到提高的自我效能也可以迁移到其他情境中，提高人们生活的自信心。

5. 目标定向理论

不同的学者对目标定向给出的界定不同。我国学者将目标定向界定为，成就目标定向是一种重要的动机变量，它是指个体参与某一种活动时所依据的成就目标取向。它不是具体要达到的行为数量标准，而个体心目中追求的成就取向。

成就目标定向通常被分为任务目标定向（任务参与型或任务投入型）和自我目标定向（自我参与型，自我投入型）两种。体育活动中有的学生以任务本身为中心，对自己表现出来的能力的知觉是以自己个人为参照系统的，不同他人做比较。这就是任务定向。可以预测，这种任务定向有助于培养和提高学生的主观能力感。而有的学生在体育活动中更关注个人的能力水平，即对自己是否能表现出高出别人的能力做出评估。因此，这种自我定向更有可能会使用人产生能力不足之感，这就是自我定向。

表 5-1　任务目标定向与自我目标定向的区别

	自我目标定向（自我参与型）	任务目标定向（任务参与型）
关注焦点	以自我参照作为能力的评价标准，不太在意与别人的比较和别人的评价，关注自己在参与过程中能否学到新技能或提高能力	以超越、战胜他人为参与目的，注意力集中在自我能力知觉、他人对自我能力的评价、社会比较等
对能力或智力的认知	认为能力是发展的变化的，是可以通过努力在后天得到培养和提高的	认为能力是固定不变的，无法通过努力来提高。追求有利评价，回避消极评价

续表

	自我目标定向（自我参与型）	任务目标定向（任务参与型）
情感	在努力时会产生愉悦感。与任务目标定向相反，自我目标定向的个体厌倦低努力的成功。面对失败，焦虑程度适中	面对失败时，其自尊心受到严重威胁。这种威胁可能首先导致高焦虑和羞耻感
归因	努力与策略	能力
行为特征	敢于面对有挑战性的任务，并有较好的坚持性	回避有挑战性的任务，倾向成功可能性大的任务，面对困难坚持性差

可见，恰当的目标定向（尤其在体育教学中）和目标设置可使学生以良好的心态面对挑战，一步一步地提高体育运动能力，从而达到更高的目标。

6. 归因理论

归因理论是由多种不同的理论观点和实验成果所集合成的，是体育运动动机研究领域的一个重要课题。所谓归因是指个体对自己或他人行为结果的原因进行分析、解释和推测的认知过程。归因的方式对个体未来的行为动机、情感和行为期望有一定的影响。

归因理论包含了多种理论，其中海德（Heider，1958）的朴素认识论、凯利（Kelley，1967）归因推理的一维模型、维纳（Weiner，1972，1986）的三维归因模最为重要，但与成就动机有关的理论则主要是维纳的动机与情绪的归因理论（attribution theory of motivation and emotion）。

海德认为，行为产生的原因可以分为内部的（如动机、能力等）和环境的（如任务难度、运气等），或者两者都有（见图 5-5）。

维纳和他的同事以海德的朴素认识论为基础，拓展了成就动机（Atkinson & Raynor）和控制源（Rotter，1966）的概念提出了归因的三维度为内外源、稳定性、可控性；归因的因素为能力、努力、任务难度、运气、身心状况、其他因素（见图 5-6）。

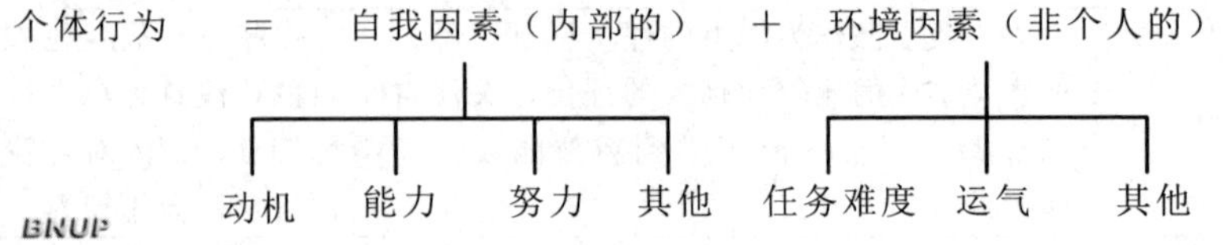

图 5-5　海德的归因模式

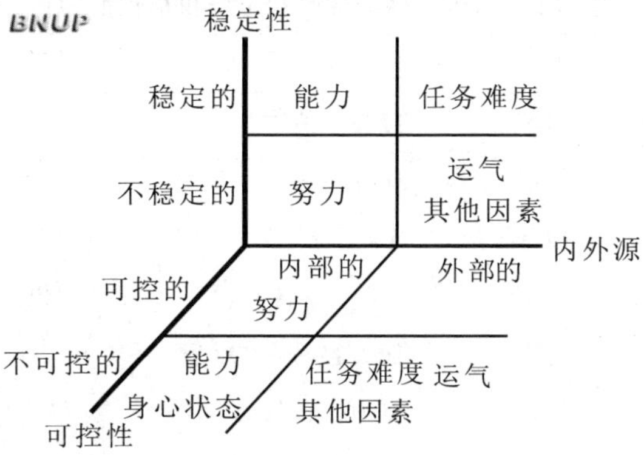

图 5-6　维纳三维度归因模型

维纳认为，不管归因于任何维度都将对个体的情绪、工作积极性及对未来任务的期望产生影响。

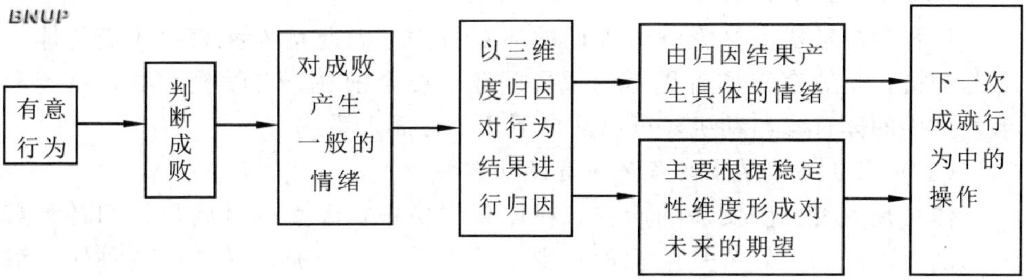

图 5-7　归因与情绪、期望

（1）归因与期望的关系。

归因与期望方面，维纳提出了一条基本的心理学定律“在一次结果之后对成功期望的改变是受对事件原因的稳定性的看法影响的”。这一定律包含三条含义：

第一，如果事件结果被归为一个稳定的原因，那么对未来的结果会有更高的信心，或更高的期望。

第二，如果事件结果被归为一个不稳定的因素，那对将来结果的信心和期望不会改变，或者会预见将来会有所不同。

第三，归因为稳定原因的结果将比归因为不稳定因素的结果有更多可能性得到重视。

（2）归因与情绪体验、工作积极性。

维纳（Weiner，1981）的研究表明，人们把成功或失败归于何种因素，对情绪体验和工作积极性有着重要影响（见表 5-2）。

表 5-2 归因与情绪体验和工作积极性的关系

行为结果	归因维度	归因因素	情绪反应	工作积极性
成功	内部	努力，能力	满意，自豪	
	外部	任务容易，运气好	意外，感激	
失败	内部		内疚，无助	
	外部		气愤，敌意	
成功	稳定	任务容易，能力强		提高
	不稳定	努力，运气好		提高或降低
失败	稳定	任务难，能力差		降低
	不稳定	努力不够，运气不好		提高

（张力为，毛志雄．2003：85）

三、体育运动动机的培养与激发

体育参与动机直接影响着人们的体育行为，因此培养和激发人们的体育参与动机，是体育工作者思考的重要问题。结合前述，在学校领域，培养和激发学生的体育参与动机，可以从以下几个方面入手：

（一）充分满足学生的各种体育活动需要

体育是人类文明发展的产物。在体育情境中，天然具有满足人们各种需要的因素。好动、好奇是儿童和青少年的天性，它们驱动其尝试各种体育活动，并使儿童、青少年在体育活动中得到满足。体育也是一种社会活动，体育活动集体可以给学生带来归属感，促进其交往，满足学生各种社会性需要。体育活动的魅力更在于它的鲜明的挑战性和趣味性。在体育活动中，学生可以充分满足追求乐趣的需要，也可提升自己的才能，展现自我，实现自我价值感的寻求。

（二）提高学生的内部动机

提高学生体育参与动机的直接方法是激发学生进行体育活动的内部动机，即让学生充分体验到体育活动过程本身的乐趣。因而在体育教学中，利用不同的教学方式方法，突出体育活动的体验性、技巧性、竞争性、集体性等特点，满足学生在体育活动中感受乐趣、寻求刺激、宣泄的需求，使他们深深体会体育活动过程的愉快，从而提高学生的内部动机。

（三）激发学生的外部动机

体育活动并不总是能够满足学生的需要，学生在挑战和内外部困难面前，动机可能会发生方向的偏离和强度的弱化。这时，教师可利用表扬、批评或奖励、惩罚等外部手段来激励或刺激学生参加体育活动。但在激发学生参与体育活动的外部动机时，教师要考虑到学生的年龄和性别特征等特点，不能让外部动因削弱了学生的内部动机，使学生从为了获得乐趣参与体育活动转变成为了获得教师的奖励和避免惩罚而参与体育运动。

（四）合理的目标定向

体育教师应该根据学生的体育能力和技能水平，为他们设置恰当的目标，以指引学生的注意和行为，激发学生的进取精神，提高学生的努力程度和坚持性，促使学生为实现目标而采取有效地体育学习和身体锻炼的策略。比如，体育活动的奖励要多样化，不应以客观的胜负作为奖励的唯一标准，可设计简易的自评方式，使学生了解自己的进步情形，降低失败的心理挫败感，增加能力的感知。此外，体育活动常常以竞赛方式进行，而且有胜负之分。当失败时，学生感到不如人，或当表现不好或被他人取笑，如果学生觉得自己无法掌握某一个技能或觉得成功并非自己所能控制，他们可能会为了避免失败而不愿尝试。因此，教师在安排体育活动时可以帮助学生设定合理的目标（如闯关），以增加成功的可能性，例如，告诉学生判断成功或失败的标准、设计所有学生都有获胜机会的活动或比赛以及依技能高低安排比赛或活动等。

体育运动中目标设置中的 SMART 原则，S 表示“Specific”，即明确性；M 代表“Measurable”，即可以衡量性；A 代表“Acceptable”，即可接受性；R 代表“Realistic”，即实际性；T 代表“Time”，即时限性。一般来讲，要设置明确的、可测量的、难度适中（可接受，有挑战性）、长短结合的共定目标（共定目标可增强学生对目标的认同感和责任感）最为有效。

（五）加强对学生的归因指导

体育活动是典型的成就情境，技能操作的好坏和比赛的胜负随时都在发生，归因比较频繁。学生对自己学习过程所产生的行为结果原因的恰当解释对加强学生学习的内部动机有着重要意义。研究表明，正确的归因是教育的结果。如果归因教育不得当将会导致学生的学习动机被削弱，并影响学生后续学习的情绪、自信心和对未来活动任务的预期。

归因教育可以从以下两方面进行：一是注意归因的全面、客观。即从归因维度和归因因素全方面地客观地进行分析；二是引导学生多从内部可控因素——努力方面归因。以避免自信心下降，维持足够的学习动机水平和期望水平。

（六）合理利用反馈

反馈是通过对技能操作或学习结果的评定、评价及自我知觉使学生了解自己的学习情况，并对后继行为进行调节的过程。根据不同分类方法，反馈可以分为：

1. 及时反馈和延时反馈。技能形成的初期更适合使用及时反馈，并要求有足够的反馈次数与频率，而技能形成的协调、完善阶段则更适合采用延时反馈，并可适当减少反馈的数量及频率。

2. 积极反馈和消极反馈。有些研究者也称其为建设性反馈和非建设性反馈。即从反馈信息的内容对后续学生产生影响的性质上来看，有些反馈内容针对性强对学生学习技术动作、掌握运动技能有帮助和促进，有些则没有帮助甚至起反作用（如反复强“再做好一点，再努力一些”等）。

3. 内部反馈和外部反馈。反馈有外部行为结果的知觉也有内部肌肉、关节运动刺激的反馈。在学习的初期，学习者主要通过外部行为结果的反馈来调节、改进技能。有些技能学生自己容易看到结果并识别正主，而有些动作结果的正确性不易辨别的时候就必须依赖于都是的指导来及时提供反馈信息。

从技能的学习和保持过程来说，带有反馈的练习是十分重要的。因此，教师必须加强对学生练习的指导，对学生完成动作的情况及时地给予评价，以避免学生盲目、机械地重复练习，增强学生学习的积极性。

第三节 体育兴趣

一、体育兴趣的定义

体育兴趣是力求人们积极认识和优先从事体育活动的心理倾向。体育兴趣是人们参加体育活动的基本动力之一。

体育兴趣影响着学生体育活动的方向、强度和持续时间（次数），它能把学生积极愉快的情感和注意与具体的体育活动紧密地联系起来，促使他们对体育活动倾注时间和精力。一旦学生对体育运动有了兴趣，就会主动对与体育运动有关的事情和信息表现出特别的关注，并积极主动地参与到体育运动中来。

例如，对篮球运动有兴趣的学生，会对各级篮球比赛、篮球明星、篮球服装等与篮球有关的事物给予关注，倾向于了解篮球的相关信息，课余时间也优先选择进行篮球比赛与活动等。由此可见，体育兴趣是学生乐于参加体育活动的主观意向的表现，是学生体育活动主动性、自觉性和积极性的标志。

二、体育兴趣的品质

（一）体育兴趣的广度

体育兴趣的广度是指体育兴趣的广阔程度。体育兴趣广泛的人，除了会经常注意所感兴趣的体育项目本身以外，还会去了解与其相关的各类信息，从而大大增进对该体育项目的认识。相反，如果一名学生的体育兴趣狭窄，他就只会围绕体育项目本身进行操练，不会多方面地进行深入学习。

（二）体育兴趣的深度

体育兴趣的深度是指体育兴趣浓厚程度。人不可能对所有的体育活动都抱有浓厚的兴趣，而是对某些体育活动特别感兴趣。体育兴趣的深度体现了某类中心体育活动对人的深刻影响。

（三）体育兴趣的稳定性

体育兴趣的稳定性是指体育兴趣持续时间的长短。体育兴趣的持续时间越长表明稳定性越强，持续时间越短则稳定性越弱。稳定的体育兴趣可以让学生持续地坚持体育活动，形成强有力的推动力，而不受其他因素的影响；反之，如果体育兴趣不稳定，体育学习就难以坚持下去，无法达到理想的目标。

（四）体育兴趣的效能

体育兴趣的效能是指体育兴趣对体育活动的推动所产生的效果大小。体育兴趣的效能水平可分为积极的和消极的两种。积极的体育兴趣促使人自觉、主动地参与自己感兴趣的体育活动，常常给人以巨大的动力。而消极的体育兴趣则是一种被动的兴趣，使人处于静观状态，缺少参与体育活动的动力，因而难以获得实际的效果。

三、体育兴趣的分类

体育兴趣一般可分为直接兴趣和间接兴趣。

直接兴趣是指由体育活动本身的特点所引起的兴趣，如对参与体育活动、观看体育比赛等方面的兴趣。一般来说，新奇的事物以及与运动需要直接相符的运动项目比较容易引起直接兴趣。例如，有的人对打排球有兴趣，是他对排球活动本身有浓厚的兴趣，是排球的技术或打法吸引了他，这种兴趣就是直接兴趣。由于活动本身能满足人的需要，因而直接兴趣能促使人们产生愉快感。

间接兴趣是指由体育活动的目的或结果所引起的兴趣，如保持体型、强身健体等。由于人们对产生间接兴趣的体育活动本身并没有需要，因而它不一定能使人产生愉快感。例如，同是对打篮球感兴趣的人，有的满足于参与篮球运动的过程，有的则追求的是篮球运动带来的健身效果。前者是对篮球运动的直接兴趣，后者则是对篮球运动的间接兴趣。

四、学生体育兴趣的培养

在体育教学中培养学生的体育兴趣，可以让学生自觉参与运动、欣赏运动，奠定其终身体育的基础，并达成身心和谐发展的目标。而学生体育兴趣的培养，需要体育教师充分认识到体育兴趣的重要性，把一切有利于提高和激发学生体育兴趣的教学内容、方法和组织形式都纳入到体育课程之中。

（一）增加学生的成就感

学生在求知欲的基础上努力参与并取得技能进步时，会对成功的表现产生积极体验，并对体育活动产生更深的情感。而只有在学习获得成功时，才会出现相应的学习兴趣。因此，要想使学生产生体育兴趣，就必须设法使他们获得成就感。

（二）创造愉快的体验

在学校体育教学中贯彻快乐教学的宗旨，是要学生在体育活动的过程中体验到愉悦，由此促进体育兴趣的产生。教师要以充沛的情感，专注的精神，优美的动作，生动的语言，娴熟的技巧，组织得法的体育游戏，和蔼可亲的态度来感染学生，建立起体育教学过程中师生之情，用“乐教”影响学生“乐学”，防止由于体育活动内容的苦、累、脏及其他因素造成学生“惧学”的消极心理。

（三）设置适当教学的目标

学生参加体育活动属于有目的行为，因此，我们可以通过目标设置给予学生新鲜感和挑战感，借以激发更高的学习动机和兴趣。不切合实际的目标，只能为学生带来“挫败感”，折损学生的成就感与信心。因而在体育教学中，教师应避免一开始为学生设定太高或不可能达成的目标，使得目标反而成为打击学生的最大障碍。

（四）创设情境、营造气氛

学生上体育课，是在教师直接设计或间接控制的情境中进行的。情境应具有诱发动机和兴趣的功能，使学生能在潜移默化中学习到必备的体育技能。例如，在练习篮球步伐时，两人一组进行一个防一个躲的游戏，学生在不知不觉中练习了脚步移动，然后把移动步伐融入篮球练习中，学生的兴趣一下子就提高起来。研究也发现在教学中，同学之间相互帮助、相互促进、相互交流、相互鼓励的气氛，有利于提高学习的兴趣和效率。

（五）不断创新求变

一节体育课如果教学组织得好，学生的积极性和兴趣会有很大的提高，即使是一些枯燥的教学课，也能激发学生的兴趣。体育教学中，在教材内容和大纲要求不变的情况下变化教学方法，使活动具有新颖性，能充分满足学生求新好奇的心理。活动之初不知结果，可引起探索结果的意向和期待心理；适当的组织竞赛，制造问题情境等，也可诱发认识内在动力。

（六）多用鼓励的言语

在体育教学中应提升学生自尊，发展学生的体育兴趣并且鼓励其主动参与身体活动。在学生完成动作后，老师的表情和鼓励性语言能使学生发自内心的高兴。教师的善意指点与期待，也会使学生产生继续练习的意愿；反之，如果以负面的话语刺激学生，不但无法激励学生努力，还可能造成学生的心理压力，使学生对体育活动产生抗拒与排斥。

（七）及时的反馈

教师在了解到学生的活动情况后，及时分析学生的现状与体育教学目标之间的差距，及时调整教学计划与教学方法，发出新的信息，指导学生进一步学习，由此使学生体验运动的快乐感和喜悦感，可以激发学生参与运动的自觉性和主动性。

（八）教学趣味化

通过趣味化，提高学生对体育教学的兴趣，是体育教学中十分重要的问题。体育教学的趣味化可以诱发学生的内在学习动机，营造学生活泼学习的气氛，有利于增进学习的积极性。尤其小学生好动、爱新鲜，厌烦过多的重复练习，因此，教学手段要多样化，才能提高学生的兴趣。体育课的教学过程中，学生往往由于较长时间练习某一个动作而感到枯燥，教师可采用游戏法和比赛法激发学生的兴趣，活跃课堂气氛。此外，还应做到生动的讲解和准确的动作示范，教学方法力求多样化、趣味化，使体育课上得生动活泼。

（九）融洽的师生关系

要利用体育教学人际交往频率高的特点，让学生体验到老师的认同、悦纳，同伴之间友好、关心的感情。教师应善于调控学生的情绪变化，使他们保持愉快、积极上进的心境，这对教学中师生之间的感情交流和信息传递有着重要的意义。

（十）加强理论知识的教学

在体育教学中，系统的理论知识可以提高学生对体育实践的理解能力、接受能力，能够更快地掌握运动技巧，进而增强学生对体育运动的欣赏能力，激发学生的学习兴趣。体育理论知识的提高既增强了学习兴趣，也发展了技巧，增强了体质。

第四节　体育态度

一、体育态度的定义

态度是个体对待人或事物较一贯、较固定的心理倾向。人在社会生活中，不仅会对他人及各种事物产生认知活动，而且也会在认知的基础上对人和各种事物抱有某种积极、肯定的或消极、否定的反应倾向。这种反应倾向是一种内在的心理准备状态，它一旦变得比较持久和稳定，就成为态度。

例如，一个足球迷，他在收听新闻、观看电视、借阅书刊、购物以及在参加活动的时候总是倾向于选择有关足球的信息和积极参加足球活动；而对足球持有不同态度的人对足球总会表现出不同的反应倾向。

体育态度是属于态度概念内的，它是指个体对体育活动所持有的评价、体验和行为倾向的综合表现。

二、体育态度的结构

体育态度的结构包括认知成分、情感成分和意向成分三个方面。认知成分是指个体对态度对象的知觉、理解、信念和评价。比如对体育活动的认知倾向、肯定评价和价值认可等；情感成分是个体在态度对象的评价基础上产生的情绪情感体验，如由评价产生的喜爱、愤怒、冷漠等情感色彩；意向成分是个体对态度对象意欲表现出来的行为，是由认识和情感成分所决定的，成为体育行为引发的动力、驱力。

可见，体育态度应包括人们对体育活动目的、意义、价值的理解和评价，对体育活动的情感体验以及体育活动的行为倾向。一般来说，三个成分是协调一致的，但三个成分之间的相互联系程度是不同的。其中，情感在态度中占有重要的地位。

三、体育态度的特点

体育态度与人们所形成的各种态度一样，都是个体在后天的社会实践中，由一定的直接经验和间接经验而习得，而不是与生俱来的。体育态度是指我们对不同体育项目、观看比赛或是本人参与的态度。因此，体育态度指向一定的具体事物，有明确的对象性。体育态度具有相对稳定性，它在形成过程中，需要一定的时间，而形成后会导致体育活动的发生和维持。

此外，态度只是一种心理倾向，并非指行为本身。而体育价值观是体育态度的认知基础。个体对体育活动意义的认识不同就会持有不同的体育态度，所以，以体育价值观为指导，提高个体对体育意义的认识是形成良好体育态度的关键。

四、体育态度的形成与转变

（一）体育态度的形成

体育态度的形成是一个连续的、渐进的、由量变到质变的过程。它受多种因素的影响和制约，如环境因素、个性特点、社会群体与文化背景的影响。

（二）不良体育态度的转变

根据凯尔曼提出的态度转变的三个阶段理论，不良体育态度的转变过程应包括以下三个阶段：

1. 服从阶段

这是指学生为避免惩罚或得到奖励，而从表面上接受社会、学校的体育规定、要求，听从体育教师的说教，在行为表现上与他人保持一致的阶段。

2. 认同阶段

在此阶段中，学生逐渐自愿地接受他人的体育观点和群体规范，使自己的体育态度与社会、学校和体育教师的要求逐步接近的阶段。态度价值观不再是表面的改变，也不是被迫，这一阶段已经与所要形成的态度价值观相接近，但没有同自己全部价值体系相融合。

3. 内化阶段

这一阶段是指学生真正从内心深处相信和接受他人的体育观点、信念，并把这些新的观点、信念纳入到自己的价值体系之中，比较稳固，也不太容易改变。彻底地转变自己的体育态度的阶段。

第五节　体育习惯

一、体育习惯的定义

习惯是由于重复或练习而巩固下来的成为需要的自动化的行为方式。可见，习惯是人们在相对较长的时间内逐渐养成的，习惯一旦养成就不易改变；而且，习惯一旦养成，就会变为自动化的动作需要。

因此，体育习惯是特定的情境刺激（场地、时间、器械、指导者等）和个体体育参与活动之间经常练习和重复而形成的稳固联系。

二、体育习惯的特点

（一）后天性

体育习惯是通过后天习得而成的，它也会受教育和社会风尚的影响。

（二）稳固性

从生理学角度分析，体育习惯实质上就是稳固的条件反射，是经常体育活动逐渐形成为习惯。从而，在每次活动之前，会产生生理、心理反应，即运动生理学所说的“起跑前状态”。因此，习惯比直接兴趣要稳固多了。如，已养成了体育锻炼习惯的人，有时即使他的生活环境或条件发生了变化，他往往仍会坚持或主动改变锻炼内容与运动负荷，持之以恒的坚持体育锻炼。

（三）指向性

体育习惯与一个人对体育活动的需要有关。因此，它有明确的指向性特点。

（四）省力性

从心理学角度讲，习惯是不需要意志努力和监督的自动化行为模式。古语曰“少成则若性也，习惯若自然也”，即民间俗话说“习惯成自然”。也就是说，养成体育锻炼习惯之后，每次体育锻炼都是很自然的行为，不需用意志加强要求自己去体育锻炼。

三、体育习惯的培养

（一）从小培养

习惯从小培养，比较容易获得成功。根据习惯的后天性和稳固性，学生的体育习惯可从小学低年级就开始培养。在培养良好体育习惯之初，要晓之以理、动之以情，鼓励学生朝着既定的目标进发。

（二）技能指导

体育习惯是一定条件与一定体育技能自动转化行为方式的连接，所以，体育技能是表现体育习惯的方式。事实证明，体育技能掌握较好的学生，体育兴趣越大，显示出更大的活动欲望，体育习惯易于形成。因此，通过技能指导的途径培养体育习惯远比培养了体育习惯再提高体育技能更现实。

（三）坚持实践

培养学生的体育习惯，要从学生的年龄和心理特征出发，让学生准确掌握正确动作要领，坚持练习，培养和巩固学生的体育习惯。

（四）不断强化

习惯是一种得到巩固的行为方式。凡属良好习惯的形成，都有一个长期的发展过程，即有一个把信念变成习性，把思想化为行动的过程。中小学生对于教师提出的养成锻炼习惯的种种要求，容易接受，也容易忘掉，不易坚持。要养成体育锻炼习惯，必须经过刻苦的磨练。为此，教师要指导学生学会并经常运用内在强化。当学生体育锻炼习惯初步形成后，要根据他们的实际，不断地提出新要求，使其逐步得到巩固。

（五）环境熏陶

体育环境对人的熏陶是潜移默化的，而且也是十分深刻的。体育环境包含硬件与软件两个方面。硬件指的是体育场地设施与运动器材等。例如，创建的学校快乐体育园地，对中小学生就具有强烈的吸引力与熏陶作用。软件指的是学校体育的氛围。学校体育以其鲜明的导向性，广泛的参与性，内在的凝聚性，强烈的时代性以及独特的调适和规范性，在素质教育中居重要地位。学校体育本着健康第一，提高学生综合素质为主旨，以强身健体为目的，结合课内外活动特点，开展广泛的、形式多样的各种体育活动。与此同时，还要加大体育宣传的力度，更好地发挥学校广播站、电教室、宣传栏、黑板报、墙报的作用，形成宣传网络，强化学校体育育人氛围。

本章小结

1. 体育参与动力系统由体育需要、体育参与动机、体育兴趣、体育态度和体育习惯组成。

2. 体育参与动机是指推动人们参与体育活动的内部动力。体育参与动机对人们的体育活动行为起着动力和定向的作用。

3. 体育兴趣人们力求积极认识和优先从事体育活动的心理倾向。体育兴趣是人们参加体育活动的基本动力之一。

4. 体育态度是指个体对体育活动所持有的评价、体验和行为倾向的综合表现。不良体育态度的转变过程包括服从、认同和内化三个阶段。

5. 体育习惯是特定的情境刺激（场地、时间、器械、指导者等）和个体体育参与活动之间经练习和重复而形成的稳固联系。它具有后天性、稳固性、指向性和省力性的特点。

思考题

1. 学生参与体育活动的动机因素有哪些？
2. 如何培养和激发学生的体育参与动机？
3. 试述体育兴趣的培养。
4. 以实例分析积极体育态度形成的条件。
5. 简述体育习惯的培养方法。

参考文献

1. 祝蓓里，季浏．体育心理学．第 1 版．北京：高等教育出版社，2000.
2. 刘淑慧．体育心理学．第 1 版．北京：高等教育出版社，2005.
3. 李薇，李进．体育心理学．第 3 版．桂林：广西师范大学出版社，2006.
4. 马启伟．体育心理学．第 1 版．北京：高等教育出版社，1996.
5. 体育院校成人教育协作组《体育心理学》教材编写组．体育心理学．第 1 版．北京：人民体育出版社，1999.

第六章　运动技能学习心理

本章内容简介、基本学习要求

【本章内容简介】

学习是现代社会中最基本的一项技能，运动技能的学习同语言学习、理论知识的学习一样，都是心理学研究的重要问题。掌握运动技能学习理论、形成过程、形成途径以及运动技能学习中的迁移是运动学习的内容。

【基本学习要求】

通过本章的学习运动技能学习心理的相关理论，通过学习理论的认识和了解，认识和掌握运动技能形成的心理过程，了解影响运动技能形成的因素、形成途径，并进一步深化对运动技能迁移的相关知识的认识。

现代社会不仅要求公民具有丰富的知识，高度发展的智慧能力，还要求他们掌握熟练的运动技能（Motor Skill）①。因此，在学校人才培养的过程中，学校教育的目标不仅要培养善于“动脑”，也要善于“动手”的学生，以适应现代社会的需要，本章将着重讨论运动技能学习这一问题。

第一节　技能学习理论

运动技能的学习同语言学习、理论知识的学习一样，都是心理学研究的重要问题。有关感觉（或知觉）运动的学习的研究早在19世纪后半叶就开始进行了。初期的研究以练习曲线为中心，有开头努力、结尾努力、高山适应等问题的研究，在这中间被列为研究课题的有投球、打字方法、计分卡片分类、照相分析和射箭等。后来，在相关研究的基础上，体育领域（尤其是在体育教育和训练）也开始了对各种运动技能的学习问题的研究。

① Motor Skill，有时也可以译为动作技能，本章中的运动技能与动作技能同义。

一、学习与学习理论

（一）学习的内涵

在中国，学习一词，是把“学”和“习”复合而组成的词。最先把这两个字连在一起讲的是孔子。孔子说：“学而时习之，不亦说（yuè）乎？”意思是，学了之后及时、经常地进行温习和实习，不是一件很愉快的事情吗？很明显，学习这一复合名词，就是出自孔子的这一名言。按照孔子和其他中国古代教育家的看法，“习”就是闻、见与模仿，是获得信息、技能，主要是指接受感官信息（图像信息、声音信息及触觉，味觉等信息）与书本知识，有时还包括思想的含义。“学”是自学或有人教你学。“习”是巩固知识、技能的行为，一般有三种含义：温习、实习、练习。“学”偏重于思想意识的理论领域，“习”偏重于行动实习的实践方面。学习就是获得知识，形成技能，获得适应环境改变环境的能力的过程。实质上就是学、思、习、行的总称，也就是说学习主体为了适应新环境和提高适应水平，依据先前的经验改变行动形态的过程。

但是，仅仅有新行为的形成，还不能说完成了学习，因为学习还包含着保持已形成的新行为这个方面。所以，学习过程是新行为的获得和巩固这一有别而见相反的两种过程协调的结果。行为的巩固必须依靠练习，所以，学习必然包含着练习的问题。

在心理学上，学习问题的提出是同记忆或遗忘等相关问题紧密联系在一起的。最初的学习主要集中在于记忆或练习词或数字。但是，到现在的学习已经不是单纯的记忆或遗忘问题了。学习的含义变得更为广泛，不仅包括有诸如偏见、偏爱等态度的学习、人交际的技能的学习，还包括身体肌肉跳动和表情以及怪癖的姿态等的学习。从心理学角度来看，学习是指学习者因经验而引起的行为、能力和心理倾向的比较持久的变化。[①] 学习是指学习者在教育者的指导下，有目的、有计划、有组织获得知识，形成技能，培养才智的过程。通常意义上我们将人类的学习理解为狭义的学习，而动物和人类后天的活动是广义的学习活动。

---

① 在现代西方心理学的研究，运用不同的方法，对学习活动的不同侧面进行了深入研究，发现了动物与人类学习的部分规律，大大深化了人们对学习的认识。但若用教育学的视野来审视心理学的学习定义，就会觉得这样的定义一方面太宽；另一方面又太窄。之所以太宽，是因为教育研究的对象是人，人的学习活动同动物的学习行为显然存在着本质区别，因此，从教育角度研究学习，必须把研究的对象缩小，确立为仅仅研究人所特有的学习活动；之所以太窄，是因为从心理学角度研究学习，关注的主要是个体学习活动的心理机能，而学习主体的社会文化背景，学习对象的社会历史演变，学习活动所受到的各种社会激励或制约因素等，都被排除在心理学对学习的研究之外，而这些显然都是教育学角度研究学习所必须关注的重大课题。

（二）学习理论

任何学科都有自己的理论基础，学习理论试图探索和揭示学习的本质与规律，为学习活动提供认识论和方法论的指导。由于各个心理学派都试图从某一视角对学习做出自己的说明和解释，并且为此构建起了自己的事实、实验和依据，都在一定范围力图揭示了学习的本质、过程和规律，都对建立完善学习理论做出了自己的贡献。因此，不同的学习理论对学习和教育实践产生了不同的影响，对教学路线起了重要的引导作用。

同样，在体育课或运动训练过程中的运动技能学习，同样受到学习理论的影响。为了获得比较正确的认识论和方法论的指导，我们有必要对相关的学习理论进行简要的回顾和分析。根据各派的基本观点，一般将20世纪以来的学习理论概括为两大对立的派别：一是强调外在因素决定论的行为主义理论；二是强调内在因素决定论的认知理论。

1. 行为主义理论

（1）桑代克的联结主义学习论。

桑代克（E. L. Thorndike，1874—1949），美国著名心理学家，动物心理学实验的创始人之一，第一个系统地论述教育心理学的心理学家。桑代克明确指出："学习即联结，心即是一个人的联结系统，这些系统下自二十六个英文字母，上至科学或哲学，其本身都是联结造成的。"他认为，学习的实质就在于形成情境与反应之间的联结。联结的公式是：$S—R$。在刺激与反应之间的联结是直接的，并不需要中介作用。学习的过程一种渐进的、盲目的、尝试错误的过程。在此过程中随着错误反应的逐渐减少和正确反应的逐渐增加，而最终在刺激和反应之间形成牢固的联结。也有人将其称之为尝试错误论，简称"试误论"。

桑代克最初研究学习问题是从各种动物实验开始，他采用迷津和迷笼，研究了小鸡、猫、狗等动物的学习活动，观察动物是如何学会走出迷津或逃出迷笼的，并在这些动物实验的基础之上建立起了自己的学习理论。其中最著名的就是饿猫打开迷笼的实验。他设计过一种迷笼，动物必须在笼内做完三种不同的反应，即按压机关、抓绳索和拉环之后，笼门才能自动打开。然后他再仔细观察猫是怎样学会开迷笼的。他看到，猫被放入笼后，总是表现出明显不安，并企图逃出监禁。它想从空隙中钻出来，抓咬笼内的板条或铁丝，伸出爪子抓那些可以抓到的东西。当它使某件东西松动或摇晃时，就继续努力去做。它并不十分注意笼外的食物，而是在笼内乱抓，似乎本能地想逃出迷笼。猫不断地挣扎，可以连续十分钟、八分钟地抓、咬、按、钻。在这种冲动式挣扎中，猫可以通过各种尝试，偶然一下子抓住绳索，触及按钮或拉动拉环，从而使门打开。这样反复实验，就可以发现，猫在笼中逐渐地减少和排除了那些不成功的冲动，而成功的动作反应则被愉快地牢记。直到多次尝试以后，猫一进笼，就会以一种确定的方式去触按钮，抓绳，拉环并顺利逃出笼外。因此他得出结论：学习是一种渐进的、盲目的、尝试与错误的过程，随着错误反应逐渐减少，正确反应逐渐增加、终于形成固定的刺激反应，即刺激反应之间形成联结。

那么，在许多反应中，为什么只是特定的反应与某种情境的联系增强，其他无关联系却减弱呢？为了说明这个问题，桑代克在《动物的智慧》一书中做了详细的阐述。桑代克认为联结的加强或削弱取决于三种因素：一是"重复"；二是"效果"；三是"准备"。这是他对影响学习的因素的解释，他根据联结与这三种因素之间的关系提出了三条主要的学习规律。

第一，准备律（Law of Readiness）。桑代克认为联结的加强或消弱取决于学习者的心理准备。饿猫在学习前有满足肚子的需要或心理准备，为了得到食物，它要设法逃脱，反应就快，即刺激与反应之间的联结就容易形成；如果它早已吃饱，对食物不需要或者没有满足肚子需要的心理准备，它就会安静地待在笼子里，反应就慢，即刺激与反应之间的联结就比较慢建立。这种观点已普遍为许多心理学家所认同，他们认为有机体方面的准备状态是影响学习的一个重要因素。准备律是反应者的内部心理状态，一切反应是由个人的内部状况和外部情境所共同决定的。因此，学习不是消极地接受知识，而是一种活动。学习者必须要有某种需要，体现为兴趣和欲望。此外，良好的心理准备还应包括对该情境反应所必不可少的素养和能力准备。

第二，练习律（Law of Exercise）。桑代克认为，重复和练习使 $S—R$ 之间的联结加强，成绩就好；反之，不重复、不练习则使 $S—R$ 之间的联结削弱。他把练习律又分为应用律和失用律。应用律："一个已形成的可以改变的联结，若加以应用，就会使这个联结增强。"失用律："一个已形成的可以改变的联结，如不应用，就会使这个联结减弱。"①

第三，效果律（Law of Effet）。桑代克根据自己对学习过程的前期研究结果，认为"在情境与反应之间建立可以改变的联结，并发或伴随着满意的情绪时，联结的力量就增强；在建立可变的联结时，并发或伴随着烦恼，联结的力量就削弱"。也就是说，如果 $S—R$ 之间的联结受到奖励，这种联结就会加强；如果 $S—R$ 之间的联结受到惩罚，这种联结就会削弱。但是在 1930 年以后，桑代克通过实验发现，获得满意状态时，反应才会加强，而受到惩

① 1930 年后，桑代克经过严格的实验，修正了自己对练习的看法，认为只靠重复练习是不能加强联结的，缺乏练习也不见得会大幅度地减弱联结。于是，桑代克在 1930 年以后放弃了整个练习律。

罚时反应则几乎不被削弱。据此，他把前期研究提出的效果律修正为，奖与惩的效果不是相等或相反的，在某些条件下，奖励比惩罚更为有效。因此，他不再强调惩罚对学习的直接影响，而只承认惩罚对学习的间接作用。

桑代克的联结说在体育运动技能形成过程中有一定的意义。如运动技能学习过程中要合理组织教学训练，严格控制客观刺激量，并检查反应效果。刺激量（*S*）—反应量（*R*)为体育教学的研究提供了客观的测量指标。但需要指出的是，桑代克用生物学的观点把人的学习的基本形式看成是与动物一样的一种“尝试错误”的过程，是不正确、不科学的。人的“尝试”是积极主动的，是一种基本的分析和综合的过程，与动物对自然的适应过程有着质的区别。把人的学习归于动物的“尝试与错误”，就否认了意识在人的学习中的作用。运动技能的学习过程是要通过不断地反复练习，但它并不像桑代克所认为的那样，学习的成功完全取决于机械的重复和训练。这一点同样忽视了人的理智作用。

(2) 斯金纳的操作条件反射说。

伯尔赫斯·弗雷德里克·斯金纳（Burrhus Frederic Skinner，1904—1990)，美国心理学家，新行为主义的主要代表。他的操作条件反射理论，是由观察动物在他发明的实验装置——斯金纳箱[①]中的操作行为而引起的。他设计的一种实验装置是在箱内装一个小杠杆，小杠杆与传送食物的机械装置相连接，杠杆一被压动，一粒食物丸就滚进食盘中。把饥饿了的白鼠放到箱中，白鼠自由活动，当它偶然间踏上杠杆时，就有一粒食物丸滚入食盘，白鼠便吃到食物。它一旦再按压杠杆，就又吃到食物，经若干次的强化，这种条件反射就形成了。

斯金纳认为，行为可分两类：应答性（Respondent）行为和操作性（Operant）行为。前者是由已知刺激所引起的反应；后者则没有可觉察的刺激，而是由有机体本身发出的自发的反应，亦称自发性行为。他把条件反射也分为两种类型：刺激型条件反射和反应型条件反射。

斯金纳认为，当一个操作之后接着强化刺激时，那么操作强度就增加，这里的练习虽然重要，但关键的变量却是强化。练习只是为进一步强化提供机会。在他看来，行为之所以发生变化，是由于强化的作用，控制强化物就是控制行为。他把他的学习理论和具体研究，比较广泛地运用到教学中去，并产生很大影响。

---

① 所谓“斯金纳箱”就是一个高约1尺的长方形箱子。它一面是单相玻璃，用来观察动物而不惊扰它。箱内有照明小灯，并有一根连接着食物台的杠杆或踏板，当动物按压杆时，它可以得到食物。里面的记录装置可以把动物的按压反应记录下来。

但是，斯金纳把意识排除在科学之外，把意识和行为等同起来，否认意识是客观世界的反映；不承认人类学习具有特别属性，把人的学习同动物的学习等同看待，把从动物实验所得到的规律简单地用来解决人的学习问题，同桑代克一样，他也否认人的学习的意识特点，因而受到了许多人的批评。如果我们抛开他的生物学化的、机械主义的观点，他所强调的强化理论，对体育运动技能学习有一定的意义。教师对于体育成绩不断进步的学生及技能掌握较好的学生给予言语上的表扬，表情上的肯定或物质上的奖励等，使学生从中受到鼓舞，进一步促使他努力地掌握技术动作，提高体育能力，这正是强化的结果。

（3）班杜拉的观察学习理论。

班杜拉（Albert Bandura，1925—），美国行为主义心理学家，观察学习理论，也称“社会学习理论”的创始人。他认为来源于直接经验的一切学习现象实际上都可以依赖观察学习而发生，其中替代性强化是影响学习的一个重要因素。人类的大多数行为是通过观察而习得的，正因为人类具有观察学习的能力，学习才不至于像尝试学习那样非常缓慢，吃力地付出较大代价地一点一点地掌握复杂行为，而是能较快地习得很大的综合的行为模式。“尝试错误”或通过某一种反应，而使这种反应发生的概率增加，或通过某一种反应，而使这种反应发生的概率减少等都是根据行为反应造成的正负结果所进行的学习。

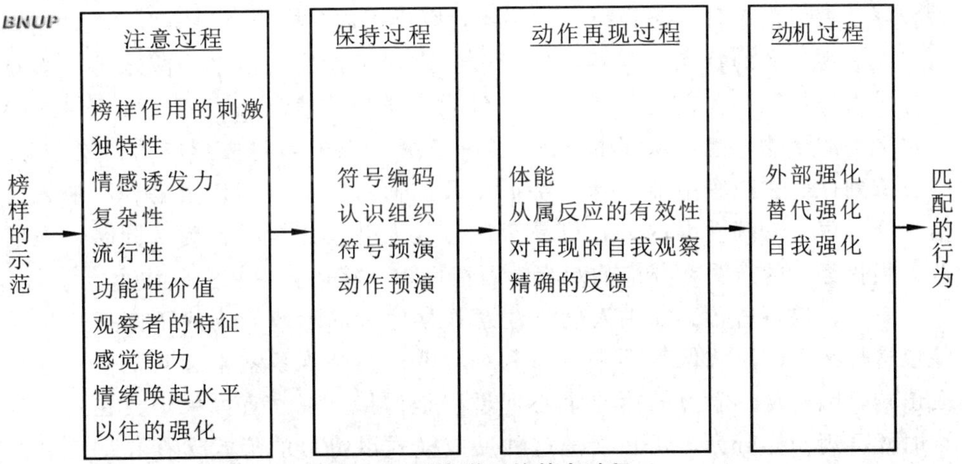

图 6-1　观察学习的基本过程

人们通过观察他人的行为（或称“榜样”）的行为（这种行为对于观察学习者来说是新的行为），可获得榜样行为的符号性表征，并可以此引导观察者在今后做出与之相似的行为过程。班杜拉认为，这一过程受到注意、保持、动作再现和动机四个子过程（见图 6-1）的影响。注意过程调节着观察者对示范活动的探索和知觉；保持过程使得学习者把瞬间的经验转变为符号概念，形成示范活动的内部表征；动作再现过程以内部表征为指导，把原有的行为成分组合成信念的反应模式；动机过程则决定哪种经由观察习得的行为得以表现。因此，班杜拉认为观察学习在人类学习中占有十分重要的地位。

观察学习取决于四种相互联系的子过程，这些过程主要表现为：

第一，注意过程。注意过程是观察学习的首要阶段。如果人们对榜样行为的重要特征不加注意，就无法通过观察进行学习。班杜拉认为，注意过程决定着在大量的榜样影响中选择什么作为观察的对象，并决定着从正在进行的榜样活动中抽取哪些信息。影响注意过程的因素主要有以下三种。

一是榜样行为的特性。榜样行为的显著性、复杂性、普遍性和实用价值等影响着观察学习的速度和水平。一般而言，独特而简单的活动容易成为观察的对象。榜样行为越流行，越容易被模仿，如各种大众传播媒介中的榜样行为极易成为“时尚”，尤其是电视明星的行为更容易成为学习的对象。同时，人们对于敌对的、攻击性的行为远较亲社会行为易于模仿，榜样行为被奖励比被惩罚更能引起模仿的倾向。

二是榜样的特征。在年龄、性别、兴趣爱好、社会背景等方面与观察者越相似的榜样，越易引起人们的注意。同时，人们倾向于注意那些受人尊敬、地位较高、能力较强、拥有权力且具有吸引力的榜样，而社会地位较低、能力较弱、权力很小且缺乏吸引力的榜样，则难以成为模仿的对象。

三是观察者的特点。观察者本身的信息加工能力、情绪唤醒水平、知觉定势、人格特征和先前经验等也影响到观察学习。信息加工能力强、情绪唤醒水平高的个体，能从观察中学到更多的东西。观察者过去形成的知觉定势，会影响到他们在观察中抽取什么特征以及如何对所见所闻作出解释。缺乏自信、低自尊、依赖性强的人，更易于注意他人并模仿榜样行为。同时，先前获得强化经验的行为在当前的观察学习情境中，将比较容易受到注意。

第二，保持过程。如果人们只注意观察他人的示范行为而不能把这种示范以符号编码的形式保存下来，那么对示范行为的观察就不会对他们产生多大影响，因此观察学习的第二个心理过程是保持。观察者如果想要在以后什么时候再现榜样行为，就必须把这种反应模式以符号的形式保存在记忆系统中。这样，以后个体才能根据言语符号来唤醒表象，并指导自己的行动。

班杜拉认为，示范信息的保持主要依赖于两种符号系统，即表象系统和言语系统。在儿童发展早期，视觉表象在观察学习中起着重要作用；在他们的言语技能发展到一定阶段时，言语编码就成为了主要的信息保存形式。同时，动作的演练也可作为一种重要的记忆支柱。有些通过观察而习得的行为，由于社会禁令或缺乏机会，不能用外显的手段轻易地形成，此时如能在头脑中进行心理演练（象征性复述），也可大大提高熟练程度，增强保持时间。除了符号编码外，复述在帮助记忆上起重大作用。人们通过内心复述，或者实际做那些示范动作（运动性复述），使象征性表象保持得更好。

第三，动作复制过程。观察学习的第三个子过程是把符号性表征转换成适当的行为。这一过程常受复制时自我观察和纠正反馈的制约，因为复制的行为动作并非是准确无误的，还需要给予调整和纠正。在一些自己能够观察到的行为中，可以通过自我观察来纠正或调整动作。在学习复杂技能时一个常见问题是操作者无法全面观察自已的反应，他们只能依赖模糊的动作线索或观察者的口述来得到一些行为再现情况的信息，如游泳和打高尔夫球，则需要他人（如体育教师、教练）提供反馈信息来进行纠正或改进。

第四，动机过程。任何人都无法复演所学过的所有动作，因此，班杜拉把习得和行为表现相区分，认为行为表现是由动机变量控制的。动机过程包括外部强化、替代强化和自我强化。首先，如果按照榜样行为去行动会导致有价值的结果，而不会导致无奖励或惩罚的后果，人们倾向于表现这一行为。这是一种外部强化。其次，观察到榜样行为的后果，与自己直接体验到的后果是以同样的方式影响观察者的行为表现的，即学习者的行为表现是受替代强化影响的。事实上，在通过观察而习得的无数反应中，看到他人获得积极效果的行为，比看到他人得到消极结果的行为，更容易表现出来。最后，人们对自己的行为所产生的评价反应，也会调节他们将表现出哪些习得行为。他们倾向于做出自我满意的行为，拒绝那些个人厌恶的东西，这实际上是一种自我强化。自我强化实质上是指人们能够自发地预测自己行为的结果，并依靠信息反馈进行自我评价和调节。班杜拉特别强调替代强化及自我强化的作用，这无疑是强调学习中的认知性和学习者的主观能动性。

班杜拉的观察学习论与传统的行为主义观点不同。它不回避人的行为的内部原因、不否认认知功能是人的行为的一个决定性因素。因此，观察学习论被称为认知行为主义。观察学习论揭示了人类和动物的一种极为普遍的学习形式。不仅在语言知识的教学方面，更重要的是在行为习惯和运动技能学习过程中有很重要的指导作用和参考价值。上述的四个基本过程完全可以用来解释运动技能学习的过程：学生或运动员首先通过观察学习动作，教师要认真做好示范，并突出技能的主要特征，吸引学生的注意；提供准确的言语解释，使学生建立良好的表象系统和符号编码；而后转换为动作，使原有的视觉表象通过复制从而得到再现。

在学习动机方面，班杜拉注意到三种强化因素对学习的影响，即外部强化、替代强化和自我强化，而替代强化是班杜拉的理论中相当重要的概念。替代强化是运动技能学习过程中长期被忽略的问题。教师与教练员的示范固然是十分重要的，然而这种示范却是有限的，通常教师在新课的开始进行1～2次的示范。那么，学生凭什么样的表象强化自己的学习呢？除了在记忆中保持的视觉表象起作用外，还有同伴的动作，既被教师肯定了的行为动作而使观察者受到的强化，这就是班杜拉所谓的替代强化。由此而知，这种替代强化也是由外部强化转化而来的，它起着促进技能学习的作用。作为教师来说，及时的表扬、批评、鼓励在学生的学习过程中是很必要的，对具体操作的人来说是外在强化，而对于观察者来说是替代强化。因此，替代强化的作用是不容忽视的。

2. 认知理论

（1）苛勒的顿悟学习理论。

苛勒（Wolfgang，Kohler，1887—1967）德国著名的心理学家，格式塔心理学[①]的创始人之一。顿悟学习理论是苛勒于1913～1917年间在西班牙加那群岛的腾涅立夫岛上通过对黑猩猩的大量学习实验而提出的。在以黑猩猩为被试的实验中，苛勒给黑猩猩设置了许多问题情境。其中有将香蕉挂在装黑猩猩的笼顶上，笼内有两个木箱，黑猩猩在任何一个木箱上都够不着香蕉，只有将两个木箱叠在一起，然后站在上边的木箱上才能取到香蕉。还有一种情境是将香蕉放在笼外，笼内有两根短竹竿，用任何一根竹竿都够不着香蕉，只有将两根竹竿连接起来，才能够到香蕉。在多种类似的情境中，苛勒发现黑猩猩在设法拿到香蕉时，不是像桑代克描述的那样进行尝试错误活动，而是对情境给予良好的观察，然后表现出对解决问题情境的领悟（Insight）。黑猩猩把两个木箱叠起来，站到木箱顶上拿到香蕉；或者把两根竹竿接起来得到香蕉。根据这种实验结果，苛勒把黑猩猩的这种表现称为"顿悟"[②]。苛勒断言动物的学习是一种突然的顿悟和理解，他认为在感知、理解、认识问题

① 格式塔心理学是西方现代心理学的主要流派之一，其创始人是魏特海默、苛勒和考夫卡。根据其原意也称为完形心理学，完形即整体的意思，格式塔是德文"整体"的译音，因此，格塔式学派又称为完形学派。它强调经验和行为的整体性，反对当时流行的构造主义元素学说和行为主义"刺激一反应"公式，认为整体不等于部分之和，意识不等于感觉元素的集合，行为不等于反射弧的循环。魏特海默早年从事似动现象和人类知觉的研究，最早提出格式塔心理学的基本观点。格式塔心理学家们认为学习是一种积极主动的过程而不是盲目的、被动的过程。格式塔心理学的学习顿悟说对桑代克的尝试错误的学习联结说提出了尖锐的批评，认为桑代克所设置的问题情境是不明确的，因而导致了盲目的尝试错误学习。如果设置的问题情境是明确的，就会导致顿悟的学习，至少脊椎动物的学习是有目的的。格式塔心理学还认为，刺激与反应之间的联系不是机械的、直接的，而是以意识为中介的。

时，洞察力对学习有其重要意义，认为动物的学习不是尝试错误的学习，而是“顿悟”式学习。

然而，他强调有机体与环境的相互作用及有机体的能动作用，看到了人的智慧中的理解作用，以及把学习看作是认识与再认识的活动。因此，它比行为主义更少机械性，更符合人的有意识的学习特点。体育运动技能学习过程同智能学习存在着不同之处，尽管运动技能学习主要是属于运动知识和技能动作的范围，但在学习过程中仍然依靠人的认识过程的组织作用、观察事物的能力、积极思维的能力、运动技能形成的手段，但在练习中，不积极思考动作原理，发生错误原因之所在，机械地、盲目地练习必然把运动技能学习降低为动物的“试错”过程。

（2）托尔曼的认知论。

托尔曼（Edward Chase Tolman，1886—1959）是美国著名的心理学家，是新行为主义的代表，也是认知心理学的先驱。托尔曼在早期就成为了行为主义者，但是他的理论与华生的行为主义、格式塔心理学、麦独孤的策动心理学、吴伟士的动力心理学等都有复杂的联系。同时他又坚持行为主义的立场，吸收了其他各派心理学的概念，建立了目的行为主义，后来改为符号学习论（Sign Learning Theory），由于强调其理论的认知性，所以它又被称为认知行为主义（Cognitive Behaviorism）。托尔曼首先提出了中间变量的概念。他认为学习并不像行为主义理论主张的只是 $S—R$ 的简单联结，而是 $S—O—R$，O 代表有机体的内部变化。

（接上页注）19 世纪末，以冯特（W. Wundt）为代表的心理学家倡导了构造主义心理学，提出了格式塔心理学家称之为“束捆假设”（bundle hypothesis）的元素说，认为复杂的知觉是简单感觉的束缚，意识经验是各种简单元素的群集。正如 R. S. 伍德沃斯（R. S. Woodworth）所说，1912 年对于心理学的旧理论来说，是一个烦恼的年头：行为主义在美国对构造主义发起猛烈抨击，与此同时，格式塔心理学在德国对构造主义进行讨伐。开始时，这两种运动都反对构造主义的元素学说，后来，两者逐渐互相对立起来。它们的根本分歧在于：前者完全拒绝讨论意识，甚至不承认意识的存在；后者则承认意识的价值，只不过不同意把意识分解为元素。

格式塔心理学采取了胡塞尔的现象学观点，主张心理学研究现象的经验，也就是非心非物的中立经验。在观察现象的经验时要保持现象的本来面目，不能将它分析为感觉元素，并认为现象的经验是整体的或完形的（格式塔），所以称格式塔心理学。由于这个体系初期的主要研究是在柏林大学实验室内完成的，故有时又称为柏林学派。

② 苛勒用格式塔心理学的观点给予解释，认为所谓顿悟就是对问题情境的突然理解。黑猩猩通过对情境的良好观察，看出（也就是认识到或理解了）箱子对取得香蕉的关系，懂得了把箱子叠起来能站在上面取得香蕉。这就是顿悟，它导致了迅速的学习，使动物突然地理解了目的物和取得目的物的途径或诸条件的关系。顿悟的过程就是相应的格式塔的组织（或构造）过程或形成内部格式塔的主动活动过程，也就是学习过程。

托尔曼认为，行为产生的原因主要有物理的和生理的两类，分别称之为环境变量和个别差异变量。环境变量包括：补给时间表（M）、目标对象的适度性（G）、刺激物的类型及其所提供的方式（S）、所要求的运动反应类型（R）、先行的或后继的迷津单元模式（P）。个别差异变量包括：遗传特征（H）、年龄（A）、先前所受的训练（T）、特殊的激素和药物所维持的生理状态（E）。有机体的行为随着这些环境变量和个别差异变量的变化而变化。但是托尔曼认为这些变量（或自变量）与行为变量（或因变量）之间的关系并不像华生等行为主义者所说的刺激——反应（S—R）那么简单，他要求注意有机体的内部因素在行为中的作用，要从整体上对行为进行心理分析。在这个基础上，托尔曼提出了中介变量（Intervening Variable），即介于刺激与反应之间因外在刺激而引起的内在变化过程。中介变量是行为的实际决定因子。因此，必须把 S—R 理解为 S—O—R，中介变量就是在 O（有机体）内正在进行的活动，只有弄清中介变量，才能回答一定刺激情境为何会引起一定反应的问题。

托尔曼早期认为中介变量有两种，即需求变量和认知变量。前者本质上就是动机，包括饥渴、性欲、安全、休息等需求，后者指对情境、目标的认知，包括动作、技能等。后来，他受格式塔学派的影响，把原先提出的两种中介变量进行了修改，认为有三种主要的中介变量：①需要系统（Need System），指生理需要和内驱力等；②行为空间（Behavior Space），指机体在某一时刻内感知到的，具有不同地点、距离和方向的客体；③信念价值动机（Belief—Value Motivation），指选择某种目的物在满足需要中的相对力量。托尔曼重视学习的中介过程，既认知过程的研究，强调学习的认知性和目的性，对运动技能的学习研究有着十分重要的意义。长期以来，体育界存在着一种观点，认为练习是技能形成的主要手段，什么样的练习及训练方法就会导致什么样的练习结果。控制了训练手段就等于控制训练效果，而学生、运动员的内在机制没有被充分的重视和利用。或者说，不明确了解学生运动员内在特点的不同、不愿深入细致地制订出个人特点的练习方案，是不利于技能学习的。

托尔曼的学习理论中另一个重要内容就是潜伏学习，潜伏学习是指有机体在没有强化的条件下，学习也会发生，只不过其行为不是很明显，是“潜伏性”的。一旦受到强化，就具备了操作的动机，这种结果就会明显的通过操作而表现出来。意即有机体在学习过程中，每一步都在学习，只是某一阶段其学习效果表现不明显，其学习处于潜伏状态。“潜伏学习”的现象提示我们，在教学中不仅要注意学生学习的外显行为状态和表面现象，而且要注意了解学生潜伏的学习积极性和认知探究倾向。要充分利用和发挥学生学习的潜在积极性，配合适当的鼓励和强化手段，调动学生最大的学习热情，提高教学效率和学习效果。

二、运动技能与运动技能学习

（一）运动技能的内涵

在学界，不同的学者对运动技能作了不同的界定。例如，克伦巴赫（J. Cronbach，1977）认为："最好是把技能定义为习得的，能相当精确执行且对其组成的动作（Component Acts）很少或不需要有意识地注意的一种操作。"沃尔福克（A. E. Woolfolk）等则认为"完成动作所需要的一系列身体运动的知识和进行那些运动的能力"。加涅认为，"运动技能是协调运动的能力"，"运动技能实际上有两个成分：一是描述如何进行运动的规则；二是因练习与反馈而逐渐变得精确和连贯的实际肌肉运动"。

尽管心理学家对动作技能的定义不尽相同，但他们都认为，动作技能是一种习得的能力，而不认为眨眼之类的不随意动作是一种运动技能。运动技能包含有动作成分，但并不是说动作就是运动技能，运动技能包含着较强的知识性特征。动作是人体的一种空间造型以及驱动这种空间造型的内部冲动。只有当人们利用一组动作去完成一项具体任务或解决一个问题时，如利用一组身体动作去表现情感（舞蹈）或组装一个机器部件，人们这时的活动能力才被称作运动技能，也就是说运动技能是一种有意识、有目的的活动能力。因此，我们认为，运动技能是人类一种习得的能力，是人类有意识、有目的地利用身体动作去完成一项任务的能力。包括大脑皮质调节下不同肌肉群间的协调性，即指在空间内正确运用肌肉工作的能力。个体越是经济、有效、合理地利用身体动作完成任务，其运动技能的水平就越高，其能力就越强。运动技能的形成和发展受许多因素的影响，如教学训练的方法、运动员的训练程度、学习目的性和自觉积极性，以及身体健康程度。

（二）运动技能的构成

所有的运动技能都包含心理过程和运动技能过程，不同的运动技能的两个过程的强弱和方向是不同的。运动技能往往包含了复杂的心理过程，运动技能都包含以下几个心理过程：感知相应的环境特点；决定做什么，在哪里及何时做；产生有组织的肌肉活动，并实施行动。

运动技能的操作过程可以分为三个部分：

（1）姿态成分。即整个技能的物化形态，是动作的支撑，如射击运动员的手臂需要有稳定的平台支撑以提高射击的准确性。

（2）身体的移动成分。移动身体朝向或到达技能实施的位置，如体操运动员推杠腾跃后再去抓杠等。

(3) 操作成分。与其他成分结合在一起互相协调完成运动技能，产生动作，如复杂电子游戏中的手指和手腕的动作协调。

（三）运动技能的分类

运动技能可以依据不同的标准，可以进行具体分类。目前，通常可以从以下几个维度进行分类：

1. 封闭性与开放性运动技能

根据技能操作中环境背景的稳定性特征将运动技能分为封闭性和开放性运动技能。开放性运动技能是指在操作目标、支撑平台和其他人始终处于运动状态条件下进行的技能。要想成功地完成这类技能，操作者必须根据环境的变化适时地对自身动作进行相应的调整，个体完成动作的时机和采取的动作主要由相关的环境背景决定，如篮球运动中的传球、排球的拦网、足球的抢截球。封闭性运动技能的完成主要依赖内部的、由本体感受器输入的反馈信息来调节时，封闭性运动技能的环境背景特征是稳定的，也就是说环境背景特征在技能操作过程中不会发生位置上的变化。进行这类技能的练习时，环境特征和技能的程序基本是固定的，个体可以有充分的时间去完成技能，很少使用快速加工方式进行技能控制，而多采用本体感受器所传入的反馈来调节动作。学习这种动作技能关键在于反复练习，直到达到标准的模式和自动化程度为止，如体操、游泳、急行远跳、掷铁饼等。

2. 连续性和非连续性技能

根据动作操作过程中的连贯程度可将动作分为连续性、非连续性技能。连续性技能是指以连续、不间断的一系列动作方式完成的技能，如跑步、竞走、滑冰等。非连续性技能是指完成这种技能的实践相对短暂，动作以非周期式的形式完成，各环节之间无重复，如跳高、投篮等。

3. 低策略性技能和高策略性技能

根据动作执行时所需的认知策略多少而划分为低策略性技能和高策略性技能。低策略性技能是指动作操作成功的决定因素是动作本身的质量，对该做什么动作的知觉和决策作用几乎可以忽略。例如，举重、游泳、体操等。高策略性技能，这类技能的本身并不重要，重要的是在某种情况下做何种动作，即决策做什么动作是最关键的。例如，在羽毛球运动中扣杀、网球中发球、排球中的扣球等。

三、关于运动技能学习的理论

尽管对操作技能形成的研究可以追溯到19世纪50年代，但有关操作技能形成的综合性的理论直到20世纪70年代才提出，并由此引起了广泛的关注与更深入的研究，对其后运动技能学习研究领域有着深远影响的理论是亚当斯（Adams，1971）的闭合回路理论（Closed－Loop Theory）和斯密特（Schmidt，1975，1988）的图式理论（Schema Theory）。这两个理论都是以“通过学习将形成记忆表象”这一假设为基础的。

（一）亚当斯的闭合回路理论

亚当斯的闭合回路理论建立于大量实验研究的基础之上。该理论认为：运动技能学习是在一个闭合回路系统内进行的（见图 6-2），刺激先输入到比较器，经过比较器加工后的信息传至执行系统，然后通过效应器输出运动结果。动作完成后，运动结果经由反馈链传至比较器进行比较后存储，从而形成刺激与反应的一一对应连接关系。在这种一一对应连接关系形成的过程中就产生了运动技能学习。

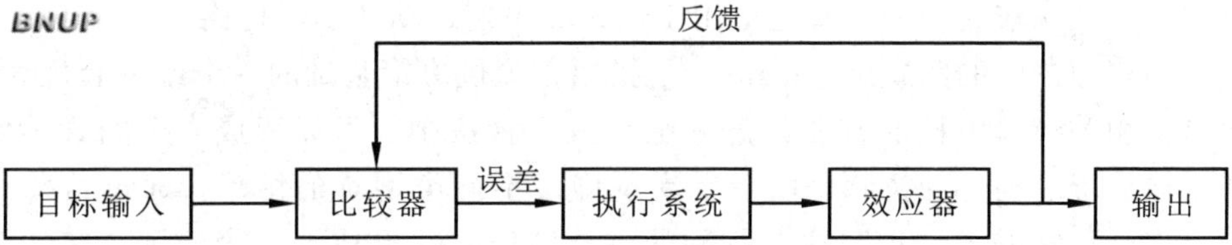

图 6-2　闭合回路控制系统

亚当斯在闭合回路理论中强调，运动是通过比较肢体反馈信息与正确运动参照机制得以实现的，而通过学习形成正确运动的参照机制，用于评价已完成运动，是至关重要的。亚当斯将这种参照机制称为知觉痕迹（Perceptual Trace），这是一种对于过去运动的记忆，可以随着练习逐步加深和完善。知觉痕迹对于确定当前的运动进程具有重要的意义，通过比较运动反馈与知觉痕迹的差异，操作者可以知道在哪里停止肢体运动以及在下一次运动中如何调整。如果匹配得很好，就发出停止运动的命令；如果在比较中发现了误差，就发出调整运动的命令。这种比较和校准过程的完成情况取决于当时知觉痕迹发展的完善和准确程度。知觉痕迹根据来自机体自身感觉系统的反馈信息及来自外界的反馈信息，来调整运动进程。知觉痕迹因练习和恰当的结果反馈而得以加强。

亚当斯在闭合回路理论中还试图解释学习者自身觉察错误能力的形成，提出了“记忆痕迹”的概念。与知觉痕迹确定肢体空间位置的作用不同，记忆痕迹促发或发动肢体的运动。记忆痕迹先于知觉痕迹的调用，进行反应的选择和促发。亚当斯将记忆痕迹描述为“适当的运动程序”，也就是说，这种痕迹发送促发运动所必需的所有信息，不需要反馈，该痕迹也随着练习而增强。

亚当斯闭合回路理论提出后，研究者们对其进行了验证和检验。这些研究推动了运动技能学习领域的发展，同时还显示亚当斯的闭合回路理论主要适用于较慢速（运动时间在120～150毫秒或以上）的简单运动，在解释其他运动，尤其是快速运动时则存在一定的局限性。有研究报道，快速运动和慢速运动在错误觉察机制的发展和形成上存在很大的差异，而亚当斯并没有区分快速和慢速运动之间的差异。同时，闭合回路理论也不能合理解释人们如何以精确的方式做出一个以前从未操作过的反应。

（二）斯密特的图式理论

斯密特通过实验研究指出了亚当斯闭合回路理论局限于简单的、慢速的、肢体定位运动，不能普遍适用于其他类型的运动技能。为了解决上述问题，斯密特提出了另一种运动技能学习的理论——图式理论。他强调了闭合回路理论所忽视的开放回路控制过程，同时借鉴了亚当斯和其他理论的内容，力图构建一个比较完善的、普遍适用于快速和慢速运动的学习理论。

图式理论中的图式（Schema）是指用于提供决策基础的一个或一套规律。通过从相关经验中抽取重要信息并综合成一种法则，可以形成一个图式。例如，你关于“狗”的概念是由于看到过许多不同类型狗的结果。通过这些经历，你已经掌握了“狗”这一物种的主要特征，并形成了一套法则，使你能够在面对所呈现的动物时产生反应，认定这一动物——“狗”。从前你可能从未看到过这种狗，但你仍然能辨认出它是狗。这样的一套抽象法则就是图式。

图式理论认为，操作者可以从每次的运动经历中抽象出四个方面的信息，并将这些重要的信息组成一套法则：一是与反应有关的最初条件的信息，如机体所在的位置、作出反应的环境条件等，这些信息都是在反应作出之前的一些信息；二是作出某一反应所需的信息，它们是对运动的具体的要求，如方向、速度、力量等；三是运动前后通过各种感觉系统所得到的反馈信息；四是反应结果本身的信息，这是通过对比实际操作结果与预想结果而产生的。随着不断地练习，这些抽象的信息可综合成用于控制反应的图式。

图式理论还认为，运动图式由回忆图式和再认图式构成，每一图式有其自己的作用。再现图式（Recall Schema）负责确定所需要的反应，该图式将具体的反应指令加到运动程序中，并使运动得以执行。再认图式（Recognition Schema）本身是一个运动程序。再认图式使操作者通过对比实际感觉反馈信息与预期感觉反馈信息，进而评价最初运动的正确性，然后作出运动矫正。图式理论的一个主要特征是它为预测在新的反应情境中的成功操作提供了一条途径。

图式理论可以解释个体对新异反应的成功操作，因为运动反应图式是一套抽象的规则，通过联结新异情境的反应要求与运动图式中的一般规则可以做到这一点。此外，斯密特的图式理论认为，对于快的、弹道动作来说（如挥拍击球或抛球），实际上实施动作时并没有足够的时间使用反馈做出必要的运动调节，反馈—校准命令闭合回路并不能有效地运作，此时整个运动由开放回路系统控制。

第二节　运动技能形成过程

一、形成运动技能的心理系统

（一）运动技能形成的系统

形成运动技能的心理系统是由三个子系统组成的，即反应系统、控制系统和反馈系统。反应系统是接受身体内外有关动作信息，建立起一种调节或训练动作的“印象区”，它对接受动作信息以至最后形成运动技能来说是起中介作用的。它主要是由感觉器官、感觉中枢以及内导神经等组成。感觉器官的神经细胞定向接收有关动作的信息，将信息转换为神经冲动的形式；内导神经是传递动作信息的通道；感觉中枢的主要功能是形成有关动作的印象区。反应系统运行的主导方向是从外周到中枢，对于有关动作的信息，感受器接收并转换为神经冲动经内导神经通路至感觉中枢形成动作印象，加以记忆储存。这里主要是指我们平时所说的，通过教师示范、讲解，形成动作的视觉表象。

控制系统是以反应系统为前提，依据动作印象区，有意识地控制自身效应器的。它主要由控制中枢、外导神经通路以及效应器等组成。控制中枢发出运动指令，以神经冲动的方式经外导神经通路传输到效应器，产生相应动作。另外，控制中枢还要调控感受器，使反应系统的运行更具有主观能动性。

反馈系统耦联于反应系统和控制系统之间，对于学生或运动员的自知自控有重要意义。反馈系统包括本体感受器（肌肉、肌膜、关节等）和感官受控器（指可控制感官的肌肉等）两部分。本体感受器主要是将效应器动作时产生的动觉冲动的信息返回传入，以便进一步地调控动作，使之趋于精确化。感官受控器主要接收控制中枢发出调节感官的运动指令，并调控感受器，以便进一步精确地感知有关动作的信息。这两部分有机结合，共同参与对运动的调控。

有关动作的信息。这两部分有机结合，共同参与对运动的调控。

从图 6-3 中可知由动作信息直到再现动作形成两个环路。

反应环路：感受器——感觉中枢——控制中枢——感官受控器——感受器。

控制环路：控制中枢——效应器——本体感受器——感觉中枢——控制中枢。

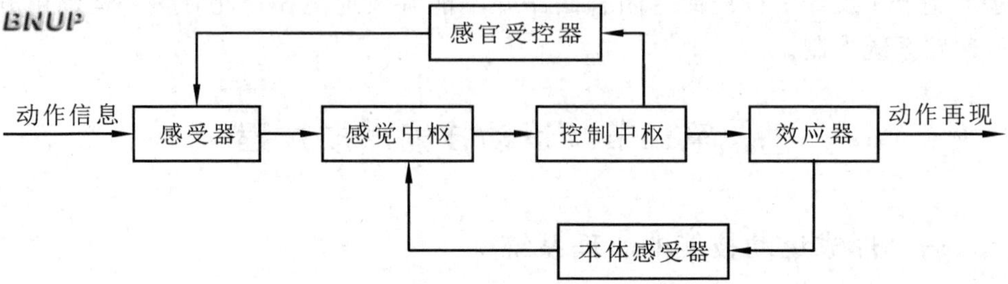

图 6-3　形成运动技能的心理系统模式

当效应器按照控制中枢的指令进行动作时，心理系统输出的是再现的动作信息，其中有部分再现动作信息经本体感受器返回输入至反应系统形成动觉表象。这种动作反馈产生的表象同反应系统形成的视觉表象进行对照、评判，继而产生动作误差信息。控制系统则依据反应系统的动作误差信息，作出修订、变换，进一步调控效应器，使再现动作趋于精确化。

（二）运动知识的掌握过程

一般知识的掌握经历感知、理解、巩固和运动等过程，而运动知识的掌握过程则主要包括运动感知形成、运动表象建立和动作概念掌握等阶段。

1. 运动感知

运动感知是由运动感觉和运动知觉构成的。运动感觉是指大脑对肌肉收缩程度和四肢、躯干为止变化的反应，而运动知觉是指大脑对当前运动的物体或自身动作的空间位移和位移速度的反应。

从反应的对象，运动知觉包括两个方面：一是意识对外界物体或他人运动知觉，由对运动物体的运动方向、高度、距离、幅度等感觉因素组成，通过视觉、听觉、触觉和肌肉等感官有分析地联合活动来实现；二是对自身运动的知觉，由自身动作方向、用力大小、用力时间、速度、幅度、节奏等感觉因素组成。

2. 运动表象

运动表象是指在运动感觉、运动知觉的基础上，在头脑中重现出来的动作形象，它反映动作在一定时间、空间和力量方面的特点，如对身体的位置、动作的幅度、方向、速度的表象。在运动技能学习的初级阶段，视觉表象起主要作用，而后视觉表象与动觉表象相结合，逐步形成运动表象。视觉表象是指我们看到过的动作在头脑中的重现，如教师的动作示范等。动觉表象是指在运动时，肌肉本身以及关节表面所形成感觉的重现。运动技能的学习，只有通过这二者的结合，最终形成综合的运动表象，才能迅速而正确地掌握动作。

3. 动作概念

所谓概念，是人脑对客观事物或现象的本质特征以及事物或现象之间有规律的联系的反映。运动表象反映的是动作的具体特点或外表形式，而动作概念反映的则是动作的实质、要领和规则，反映的是完成动作所必须服从的规律。概念是人们思维的基本形式，是用语言词来表示的，只有语言词才能更深刻、更正确、更完全地反映客观事物。因此，概念的理解与掌握在技能学习过程中起到了使运动表象更加准确、清晰、完善的作用，使学生的学习更加具有目的性、方向性和自觉性。

二、运动技能形成的过程

运动技能的形成有多种研究理论，分别从不同的角度对运动技能的学习进行了阐释和说明，如认知派的整体结构理论、动力定型的纯生理学理论。

心理学家 P. M. 费茨（Ntts）等将运动技能的形成分为三个阶段：动作的认知阶段、动作的联系阶段和动作的完善阶段。运动技能形成是渐变的过程，不能从一个阶段突然转到另外一个阶段，当动作达到自动阶段，学习者就可以熟练地完成动作。我国曾一直沿用苏联运动生理学家巴甫洛夫高级神经活动学说为基础的“泛化过程——分化过程——巩固过程”理论。从运动技能学习的开始到结束是一个有机整体过程，并没有一个明显的阶段划分界线。

（一）认知定向阶段

在运动技能学习的认知阶段，主要是学习者的内在思维过程，主要包括激发学习动作、感知动作的运动表象和联想与探索等。其生理机制是唤起大脑皮质的相关区域，是内在思维的联想过程。在教学中，教师要激发学生学习动作的动机，学生要把感知到的运动表象与自己以往的经验联系起来，以加强所学动作感性认识和已有经验的联系。

在运动技能学习的初期，大脑皮质内抑制尚未确立，大脑皮质中的兴奋与抑制都呈现扩散状态，使条件反射暂时联系不稳定；注意范围比较狭窄；知觉的准确性较低；动作之间的联系不协调，特别是肌肉的紧张与放松配合不好；多余的动作较多，整个动作显得忙乱紧张，完成的动作在空间、时间上都不精确；能初步利用结果的反馈信息，但只能利用非常明显的线索；意识的参与较多。在此阶段，学习者主要是通过视觉观察示范动作并进行模仿练习，较多地利用视觉来控制动作。因此，动觉的感受性较差，对于动作的控制力不强，难以发现自己动作的缺点和错误。在此过程中，抓住运动技术动作的主要环节和学生掌握动作中存在的主要问题进行教学，不应过多强调动作细节，而应以正确的示范和简练的讲解帮助学生掌握动作。

（二）动作联结阶段

经过一定的练习之后，能比较顺利地和连贯地完成完整动作技术，逐步建立了动力定型，大脑皮质的兴奋和抑制在时间和空间上更加集中和精确。注意的范围有所扩大；多余动作逐渐消除，动作的准确性提高；识别错误动作的能力提高；在动作之间的衔接协调后，逐步形成了运动技能。在此阶段，学习者的注意主要指向技能的细节，通过思维分析，概括动作的本质特征，逐步完善地意识到整个动作，把若干个别动作结合成为整体。此时视知觉起重要作用，肌肉运动感觉逐渐清晰明确，可以根据肌肉运动感觉来分析判断。

在技能改进过程中，教师应特别注意错误动作的纠正，让学生体会动作的细节，促进分化抑制进一步发展，使动作更趋准确。在技能巩固过程中，教师应对学生提出进一步要求，如果有条件，可以指导学生进行技术理论学习，更有利于动力定型的巩固和动作质量的提高，促使动作达到自动化程度。在运动技能的动力定型由建立到巩固的过程中，要反复练习，不断提高动作质量，精益求精。

（三）协调完善阶段

在这个阶段，学习者的动作已在大脑中建立起巩固的动力定型，神经过程的兴奋与抑制更加集中与精确，掌握的一系列动作已经形成了完整的有机系统，各动作都能以连锁的形式表现出来，自动化程度扩大，意识只对个别动作起调节作用。此时，学习者的注意范围扩大，主要用于对环境变化信息的加工上，对动作本身的注意很少；视觉控制作用减弱，动觉控制作用加强，能及时发现和纠正错误的动作。

第三节　运动技能形成的途径

一、影响运动技能形成的主要因素

（一）影响运动技能学习的内部因素

1. 经验与成熟度

通常情况下，个体学习动作技能的能力与水平随着年龄和经验的不断增加而提高。个体掌握的运动技能经验与成熟度在相当程度上影响着其技能掌握的效果。这与学习个体不断丰富的知识经验和相应的生理成熟水平有着紧密的联系。知识经验是运动技能学习的重要条件，生理成熟是学习运动技能的基础。一般而言，学习者知识经验越丰富，生理水平越高，运动技能的学习效果越好。成熟与经验存在着相互作用，它们对动作技能学习的影响也是相互的。例如，游泳、舞蹈等比较复杂的动作技能学习，从小开始学习为好，但是要因项目的差异而定，需要遵从个体身心发展的规律进行练习，从运动生理的角度来看，过早地进行专项技能训练的理念不利于个体的发展。

2. 智力

智力和运动技能之间有着紧密联系是不可否认的事实，在运动技能的学习中，不同类型的技能类型与智力的相关度不一样。对于复杂的、高策略性运动技能（多为小肌肉群动作技能），学习绩效与智力之间的相关程度较高，即智力水平越高，学习成绩越好。例如，羽毛球和乒乓球等球速较快的项目，技能对抗中的情境判断与决策较复杂，需要加工的因素较多，要求个体必须在最短的时间内做出最佳的判断，要求思维转换速度较快，从而能快速地进行动作应答。而对于简单的、低策略性的大肌肉群动作技能的学习，练习绩效与智力之间的相关性则较低。例如，铅球、铁饼和跳远等项目，运动绩效主要依靠练习者的绝对实力，决策和判断等智力因素对练习绩效的影响不大。

3. 个性

个体在运动技能的习得过程中，个性差异也对其习得过程有着突出的影响。这些有关的个性因素有主要包括：实现目标的动机、意志力、对刺激的抵抗力、保持稳定的能力、控制能力、吃苦耐劳的能力、自信心等。

关于个性与动作技能学习的关系，研究较多的是关于运动员的个性与运动项目的选择和学习绩效关系问题。现在一般认为，外向型的人动机水平较高，易形成社会动机，在运动场上更容易和迅速地掌握运动技能，在众人面前做动作的心理压力小，但较难形成条件反射，适于进行力量大的活动；而内向性格的人，其兴奋与抑制过程消退慢且持续的时间长，内部变动小，更能承受困难的任务，强调准确性，适于进行单调而精细准确的练习活动，运动技能形成速度可能不如外向性格，但成绩可能比外向性格的要稳定。所以一般认为，内向型性格的人往往较适宜从事射击、射箭、中长跑等项目，而外向型的人则多适宜于集体体育活动。需要进一步指出的是个性与运动技能学习的影响是相互的，人的性格特征影响技能的学习效果，而运动技能的学习又可以改造和培养人的性格。

4. 运动能力

由于运动能力的差异而导致技能学习绩效的差异是不言而喻的。运动能力的个体差异，首先体现在身体发育上的差异，突出表现在年龄与性别间的差异；其次是同年龄和同性别的个体间的运动能力差异。身体发育的个体差异包括身体形态和肌肉力量两个方面。其中，身体素质上的差异是引发运动差异重要因素，所谓“身体素质是人体各器官系统的功能在肌肉工作中的综合反应。通常把人体在肌肉活动中所表现出来的力量、速度、耐力灵敏和柔韧等机能能力统称为身体素质”。[①] 良好的身体素质是学习掌握运动技能、提高运动成绩以及进行其他专业训练的基础。

5. 动机

人的一切行为都是有目的的，都是受到一定的目的所支配的，这种支配人的行为的目的就是动机。动机是促使学生积极学习动作技能的内在驱动力，对学习者持久学习起到积极的促进作用。动机产于内环境（生理、心理需要）和外环境共同作用背景下，对个体产生刺激并引发动机状态，并在此基础上产生动机行为，如果达到其满意状态，则动机获得满足，一旦不满意可能再次激发新的动机。动机水平处于最佳时，获得效果是最佳，动机水平过高或者过低，取得的效果都不可能是最佳结果。

当然，影响运动技能学习的个人因素还有很多。如情绪状态和意志品质等。消极地练习、缺乏自信和抱负水平，练习的成绩就不会有很大提高。所以在运动技能学习的过程中要重视个体的差异性，在教学或训练中应贯彻“区别对待”“因材施教”的原则，以期获取最大的学习绩效。

（二）影响动作技能学习的外部因素

1. 技能的指导与示范

在技能学习的初期，练习者的动作尚未形成，利用形象而生动的讲解与技能演示将所学内容与学生已有经验联系起来，从概念或框架性指导到实际运用，使学生逐步形成对运动技能的全面认识。指导学生理解学习任务，既涉及对学习任务本身的界定以及说明或演示学习任务的性质，也涉及指导学习者积极利用以往相关的经验，让现时的学习与以往的经验相联系。指导者还应明确作业所应达到的目标，使学习者对自己的作业有一个明确的期望和目标。一般来说，有明确的期望和目标的学习较无明确期望、目标模糊的学习有效。在指导中，要注意目标的可行性和期望的现实性。有些学生往往偏向于过高估计自己的能力而提出不切实际的目标，而有些学生则对自己的能力估计不足，提出过低的目标。目标和期望的提出既要考虑到任务的难易，也应熟悉学生的实际情况。指导者可以将有些复杂的学习任务的目标分解成一系列具体目标，分步达成。

示范是将动作技能演示出来以便学生能够观察到动作的成分。示范通常是由榜样来进行的。在进行示范时，是示范专家完美无缺的动作表现还是示

---

① CALLAGHAN P，EVES，FRANK F，et a1. Appying the trailstheoreticalmodel of change to ecercise in young Chinese people [J]. journal of health psychology. 2002. 7（3）：pp. 267-282.

范初学者学习的过程并不十分重要，因为关键的是示范必须展示技能的重要特征，将示范与言语指导结合起来，将更有利于运动技能的学习。通过观察和模仿别人的动作对于技能学习是必不可少的，但是人的短时记忆容量有限，并且易受干扰，所以指导必须简明，切中要点，重点突出。

科学的指导与示范对获得运动技能的作用显而易见。准确的示范是影响运动技能学习的直接决定因素，通常可以借助视听教学进行示范，如图片、影片、幻灯、计算机模拟。在示范的时机选取上，一般选择在学习者实际操作之前进行观察示范动作是一种较好的方式。同时，在示范时候结合讲解，或指出错误、进行现场评价，取得的效果往往是最佳的。

2. 练习

影响运动技能获得的另一个重要外部因素就是个体的练习。在反馈作用的参与下，反复多次地进行一种动作，是动作技能学习形成的基本条件。同一批运动员学习同样的运动技能，其最后的效果不同，有的人学得快，有的人学得慢。除了有个人因素的制约以外，练习行为及其方式方法对技能的获得将起到至关重要的作用。指导与示范只能形成技能的外部表象，完成技能的肌肉间的内部联系只有采用科学的练习方法，按照学习规律合理安排练习时间，通过反复练习以形成清晰而完整的内部表象来实现。

3. 反馈

反馈是通过对技能操作或学习结果的评定、评价及自我知觉使学生了解自己学习的情况，并对后继行为进行调节的过程。练习不是动作的简单重复，让学习者从他们的动作或动作的结果中及时得到反馈，能够促进运动技能的学习。没有反馈与指导的学习只能是一种盲目的学习，即使花费再多时间练习，也很难形成正确的运动技能。因此，提供信息的反馈是动作技能学习最重要的外部条件之一。

二、运动技能学习中的练习

（一）运动技能的练习的内涵及分类

练习是指有意识、有计划、有系统地以改进运动方法和提高学习效果为目的的重复性活动。练习是运动技能形成的基本途径和有效方法。但是单纯的重复不是有效的成功的练习，因为它缺乏明确的目的、动力和方法规格、标准，所以达不到理想的效果。具体来看，练习可以分为以下几类：

1. 集中练习和间时练习

研究发现，为了使学习者有效率地掌握学习材料，有两种方法可以利用：让学习者在学习期间不休息而反复练习，称为集中练习。在各次练习之间安排一定的间隔时间，称为间时练习（亦可称为分布练习）。不论是早期的研究或是近期的研究，文字学习或各种动作技能学习，大多数都得出了同样的结论：间时练习优于集中练习。

2. 单纯重复与尝试回忆的练习

教师可以指导学生把全部练习时间分成一定的比例，部分用于重复练习，部分用于尝试回忆。这种方法比起那种单纯地反复练习的方法更为有效。我国体育工作者曾运用尝试回忆法与单纯练习相结合于武术教学中，证明效果是显著的。

3. 及时反馈的练习

反馈是运动技能学习进步过程中的一重大因素。只有通过反馈的练习才能使合乎要求的动作受到强化，不合乎要求的动作受不到强化，才能辨别哪个动作是正确的，哪个动作是不正确的。

反馈有外部的行为结果的知觉和内部的肌肉运动刺激所提供的信息。在动作学习的初期，学习者主要依靠自己行为结果的知觉来改进技能。某些运动技能的结果容易察觉，如投篮是否命中，排球是否过网等。而更多的运动技能初学者是不易知晓结果的，特别是初学者对自己的动作过程或姿势是否正确不易察觉，这时教师可及时提供真实与客观信息反馈信息。当然，也可通过录像或其他手段，记录动作的结果并记录动作的过程，让学习者自己观察自己。在技能学习的后期，当基础动作或技术要领已基本掌握，反馈的信息主要来自内部，协调、平衡、节奏等感觉只能靠自己体会，所以这时应强调主动练习和发现经验。也就是说，练习的初期，及时反馈是十分必要的，而且要有足够的反馈次数。当技能已经熟练掌握后，反馈就不一定必要。

4. 整体练习与局部练习

整体练习是指完整地、集中统一地学习某种运动技能。局部练习是把运动技能分解为各部分动作，分别进行练习的方法。如分别练习跳高中的助跑、起跳、过杆等动作。运动技能的整体与局部是相对的。通常一套完整的动作技能可以分解为同时或按先后次序出现的局部技能。如游泳包括腿的打水和手臂的划水，二者是同时进行的，还包括转头和换气，而转头和换气则是在手臂划水之后进行的。究竟把某个运动技能分成几个部分逐个地进行练习，然后再把各部分结合成为一个整体来练习效果好，还是一开始就作为整体练习效果好呢？已有的研究还不能准确地回答这个问题。目前能够明确的是：应根据运动技能的特点和学生的特点做出不同的安排。如果运动技能各环节、各部分动作之间相互联系密切且较为简单，适合采用整体练习。如果该运动技能学习时需要具备较高的心理协调性以及方向判断能力等，也就是说较为复杂时，则采用局部练习更为有效。

(二) 技能练习的一般规律

运动技能的形成过程中，由于练习内容的性质和难易不同，练习方法不同，以及练习的能力、知识、经验、动机和意志努力程度的不同，练习进步的情况也不尽相同，表现在练习曲线上既有共同的趋势，又有个别差异。具体来看，技能训练呈现出五种共同趋势。

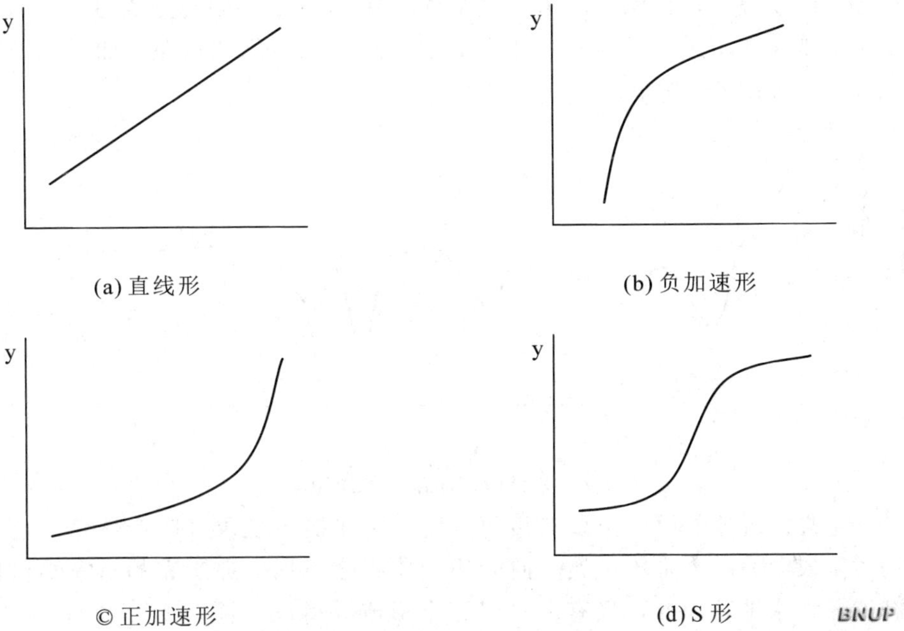

图 6-5 四种练习曲线图 (y 表示练习绩效)

第一，练习的进步速度呈现先快后慢。在多数运动技能的学习过程中，练习初期进步速度较快，以后就逐步缓慢，呈现出负加速的发展趋势［见图 6-5 (b)］。这种现象多见于比较单一的技术动作，如跑、跳远、跳高等。在开始练习时可以利用旧有的经验和方法，教师往往把复杂的任务进行分解练习，加之学生的练习兴趣较浓，情绪上较为饱满，学习认真。但是，练习到后期可以利用的经验越来越少，整体技能的动作程序可能与单个动作有所不同，而动作之间又需建立复杂的协调关系，需要新建的神经联系越来越多，这时技能的任何进步都需要付出较大的努力，再加上练习的枯燥和积极性的降低，所以成绩的提高逐渐缓慢。

第二，练习的进步先慢后快。在某些运动技能的学习中，会出现练习初期的进步比较缓慢，以后逐渐加快，呈现正加速［见图 6-5 (c)］，如练习游泳、滑冰运动等，造成这种现象的原因可能是这类技能与个体的过去经验和方法相差甚远，可以利用的运动程序有限，练习者必须建立新的神经联系，还要克服其他动作程序的干扰。因此，开始进步缓慢，一旦掌握了基本的技能程序，进步速度就会明显加快。

第三，练习进步先后比较一致。练习曲线呈直线，说明随着时间的推移，绩效水平成比例增长，练习的进步幅度比较一致［见图 6-5（a）］。

第四，高原现象。在个体练习的成绩的进步并非一直上升，而是会出现暂时停顿的现象，这种现象被称为“高原现象”。其重要表现是练习曲线在某一水平出现停滞不前，甚至有些下降，但经过一段时间的调整，曲线又开始继续上升，如图 6-6 所示。

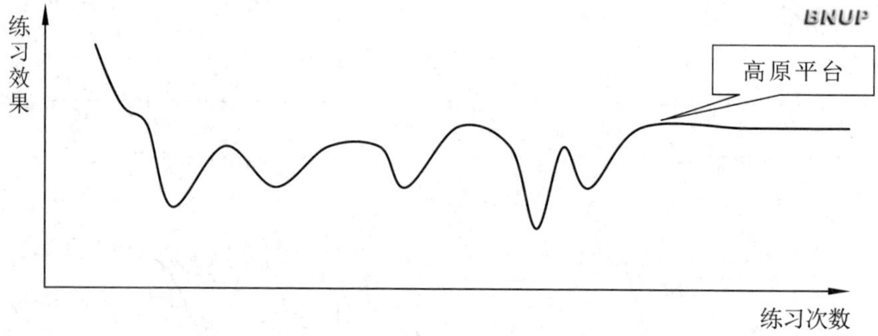

图 6-6 技能学习中的“高原现象”

产生高原现象的原因主要有以下几种：一是高原现象表明个体正从技能的一个阶段向另一个阶段过渡，此阶段个体将会发展任务所需的新策略以提高技能操作水平，因此，只有新策略完全形成并得以实施，技能水平才会有所提高；二是有些技能的提高需要身体素质作保证，技能水平发展到一定阶段在要继续发展，必须将原有身体素质进一步提高，技能水平才可以继续发展；三是随着练习的进行，练习者的兴趣降低，情绪厌倦，身体出现疲劳或疾病等，也会影响到个体技能的发展；四是复杂技能可能比较简单技能更容易出现高原现象。在复杂技能学习过程中，单个动作的连接以及整体技能的程序较为复杂，分解练习中的单个动作的执行时机、力度在整体技能中都有不同的要求，整体练习中的策略调整可能出现高原现象。

高原现象较多出现在复杂技能的形成过程中，但并不是任何动作技能的形成过程都会出现：如果动作技能结构较为简单，又没有主观原因的影响，就不会出现高原现象。

第五，练习的起伏现象。在实际的技能学习过程中，影响练习绩效的主观因素有练习者的兴趣、动机、情绪、态度等；客观因素有练习环境、练习设备、练习内容、教师和教练的指导方法等。这些因素都会直接或间接地影响到练习的效果。因此，实际的练习过程中取得效果不具有明显的规律性，更多时候都是呈现出时上时下［见图 6-5（d）］，是一个从起伏到稳定一致的过程。

（三）有效练习的条件

运动技能的形成需要通过练习来形成，但是并非所有的练习都能达到改进和提高运动技能的目的。练习效率的提高受许多因素和条件制约，有效、合理地练习应注意下述条件：

1. 明确练习目的和要求

每种技能的练习，都有特定的目的和要求，只有让学生明确练习的目的和要求才能产生积极性，并能按照要求自觉地进行练习，才能收到良好的练习效果；反之，练习的效果变差并且容易养成机械模仿动作的不良习惯。在练习中，练习目标难度适中是确保练习效果的重要基础。在具体的练习过程中，需要遵循进行适度“过度练习”，这就要求练习者需要了解到某一操作水平时所需要的基本练习次数，并在此基础上增加一定量的练习，以求练习效果的最佳。同时，对于那些只能够在一个特定时期进行的练习，而此后又不马上进行操作的一些技能学习来说，过度学习更为有效。

2. 掌握正确的练习方法

练习的效果直接取决于练习方法的正确与否。只有掌握了正确的练习方法才能避免盲目的尝试过程，尽可能排除“尝试错误”。同时，还要采用正确的多种多样的练习方法，方法科学，正确才能行之有效，方式方法多种多样才能使学生感到练习的兴趣，收到良好的练习效果。在练习过程中，根据运动技能的实际需要，可以选择不同的练习方法。如，把要学习的运动技能做一个整体重复加以训练的称之为整体练习；将一套完整的动作技能分解成同时或者按照先后次序出现的若干部分，每次进行其中的一部分的训练，最后获得完整的动作技能称之为部分训练；另外还有模拟训练、心理训练与实际训练。

3. 了解每次练习的结果

每次练习之后，或几次练习之后，要及时让学生了解练习的结果，并对结果进行分析，把正确的动作和错误动作及造成的原因加以比较和分析。这种及时反馈的练习，使学生及时了解自己练习的结果，有利于巩固正确的动作，纠正错误的动作。通过反馈，学生可以辨别动作的正误，知道自己的动作是否达到要求。如果学生不了解自己的练习结果，就不能很好地调整自己的动作，因此也就谈不上有效地控制自己的动作。

4. 掌握正确的练习进度与时间分配

运动技能的形成与保持，需要足够的练习次数或练习时间。但练习的次数不是越多越好，练习的时间也不是越长越好。练习的进度快慢适度和次数分配得适当，才能收到较好的练习效果。按照练习规律，开始时要慢一些，把掌握技能做到合乎规定的要求，以后再逐步加快进度。在开始阶段，每次练习的时间不宜过长，但每次练习之间的时间间隔可以短一些；随着技能的进一步掌握，每次练习的时间可以适当的延长，而每次练习之间的时距相隔也可以适当的长些，由于具体项目不同，练习的密度，时间分配需根据具体情况而定。技能越难，练习内容就越困难，练习的次数和练习的总时间就越多。

三、运动技能学习中反馈

（一）运动技能的反馈的内涵

反馈是控制系统把信息送出去又把它的作用结果返送回来，并对系统的再输出发生影响的过程。运动技能反馈是指学生在学习技能的过程中，把来自运动器官的效应信息，经过感受器传导到大脑神经中枢，获得有关动作结果的信息过程。运动技能的反馈，不是简单动作效应的机械反传导，而是包含有言语信息的心理反馈机制，是一种有意识地进行自觉练习的过程。

学生通过反馈所获得的动作效应信息来自两个方面。一是对动作结果的了解，如学生练习投篮时，通过视觉获得球是否投进篮圈的信息；二是对动作本身的知识了解，如投篮练习时，教师提供的有关投篮时应该伸臂、压腕、拨指的语言指导。如果学生不能看到球是否投进篮圈或者不能作出正确的投篮动作，就不能有效地改进投篮技术。由此可见，反馈是运动技能形成过程中不断改进技术的必要环节之一。

反馈不仅具有提供信息的价值，而且具有强化和激发动机，提高学生练习积极性的功能。在体育教学中利用多种形式和手段的反馈，指导学生从自我动作的反馈中找到改进动作的线索，可以有效地调整学生学习技术动作的偏差，提高教学效果。

（二）运动技能反馈的分类

按照反馈信息的来源，反馈可分为内在的反馈和人为的反馈。所谓内在的反馈，指信息由运动本身提供的反馈。所谓人为的反馈，是指信息由教师提供或通过一定的外部条件而提供的反馈。研究表明，这两种反馈对于运动技能的形成都十分重要。为改进学生的动作技术，教师往往同时采用这两种反馈。

按照反馈信息的时机，反馈又可分为同步反馈和延时反馈两种。所谓同步反馈，是指在完成动作过程中提供的反馈。有研究表明，同步信息反馈只有其练习的时间超过 0.5 秒时才能发挥作用，对短于 0.5 秒的练习则不宜使用同步信息，否则学生无法调节自己的动作。所谓延时反馈，是指动作完成之后间隔一定的时间提供的反馈。研究表明，对于初学者来说，反馈信息延缓得愈久，获得动作技能的速度愈慢。如果能恰当而又及时地对学生每次的动作练习给予反馈，则能将学生产生下次的动作方向、力量、幅度和速度引导到正确的方向，从而较快地提高练习效果。

（三）反馈在运动技能学习中的运用

反馈在运动技能的学习中具有重要的影响，要发挥其积极作用，需要从注意从以下几个方面加以重视和把握。

第一，信息反馈要及时。有研究表明：学生在完成练习后的25秒内，对练习的记忆可保持70％～80％；超过25秒记忆率便迅速下降。因此在体育教学中，不管采用何种形式的反馈，一定要及时。当学生动作出现错误或表现异常时，教师要及时提供矫正信息，重新讲解或重点示范，使其通过反馈尽快改进动作；当学生动作完成正确时，也要及时发出肯定性的信息，这对加速学生正确动作的动力定型和提高学生练习积极性都有重要的作用。及时反馈时，教师的指令性信息应当简明扼要抓住关键，避免过于繁杂。

第二，注意多次反馈。运动技能形成的规律要求在体育教学中学生对动作技能的学习和掌握必须通过多次的反馈、调节。同时，不能只注重技术模仿阶段的反馈，而忽视应用阶段的反馈。体育教学过程中的反馈应重点注意：学生对旧技能的连接点和新技能的生长点的把握情况；对新动作要领的理解和新知识的思维过程如何；运用新旧技能的方法和步骤是否妥当；对新旧技能联系和区别的掌握程度等。

第三，运用有效反馈、限制不适当反馈。反馈的信息对于提高学生的运动技能是有利的和建设性的，称为有效反馈。如学生练习投篮时没有投中，教师对他说“你又没有投中”，这是一种无效反馈，因为没有投中的事实，学生通过视觉早已了解，这种信息反馈对学生改进投篮技术没有什么帮助。如教师对他说“你投篮时球出手太低，应该加大投篮出手时的伸臂幅度”，这就是有效反馈。

除运用有效反馈外，还要有意识地限制某些不利于学生运动技术进步的不适当反馈。如初学投篮技术时就要有意识地避免让学生过早投篮。因为在初学投篮时，往往投篮动作不正确或不规范，却有中篮的可能。此时，虽然教师在旁边指出学生的动作错误，但投篮命中率这种内在信息的反馈效果一般强于教师语言评价的外部信息反馈。久而久之，就会使学生的错误动作定型。因此，避免某些不适当信息反馈的干扰，对于正确掌握运动技术动作的教学环节，尤其要引起重视。

第四，指导学生自我反馈。要指导学生对自己所做动作进行分析、评价和自我调整。首先应当使学生形成正确的动作表象和动作概念，以便使之能用标准动作来对照自己所完成的动作；其次要向学生提供有关正确动作的身体感觉信息，使学生能与自己身体动作感觉相对照；最后教师可采用提问的方式让学生对自己所做动作进行分析和评定，并设法纠正错误动作。这样能提高学生对自我动作的反馈能力，对于改进和提高运动技能具有重要意义。

第四节　运动技能的迁移

一、运动技能迁移的概念和意义

个体已经掌握和形成的一种或者多种运动技能会对后续运动技能的学习产生影响，这种影响既可以是积极的，也可以是消极的。这种已有运动技能对新技能形成的影响称为迁移（Transfer）。这种影响有正面的、负面的，或者中性。过去学习的经验或获得的运动技能，对学习新知识、新技术，形成新习惯有时有促进作用，有时有妨碍作用。

已有运动技能利于新技能的形成或学习，称为运动技能的正迁移（Positive Transfer），也称为良性迁移或阳性迁移。如运动员在学习了篮球的基本技术后，往往能很快地掌握篮球的基本技术和战术。已有运动技能不利于新技能的形成或学习，称为运动技能的负迁移（Negative Transfer），有时也称为技能的干扰（Interference）或阴性迁移。如会骑三轮车的个体，在学习骑自行车时会出现困难。学会打乒乓球后，再学习打网球，往往会出现手腕旋转不能相对固定、依靠手腕动作调节击球点和落点的现象。以前获得的经验对体育新技能的形成和学习没有任何影响的，称为零迁移。

运动技能的迁移问题是运动技能学习的基本理论问题。理解运动技能迁移现象学方法的运用，都是不可缺少的。掌握运动技能迁移的规律，对于提高学习的效果和促进学生的身心发展具有重要的意义。

二、运动技能迁移产生的原因

（一）正迁移产生的原因

桑代克提出共同要素理论来解释迁移效果，他认为迁移的产生是由于技能之间或技能操作情境间有许多共同成分。对于桑代克来讲，共同成分意义很广泛，既可以是技能操作的一般特征，如反应目的或与操作相关的态度，也可以是操作技能的某具体成分，甚至是与相关身体动作共同分享脑细胞活动的心理过程。后来，欧思古德（Osgood）修正了桑代克的观点，他指出迁移的数量和方向与两个任务在刺激、反应方面的相似性相关，即技能之间或操作情境之间具有相似性就可以产生迁移，并且两种技能或操作情境间的相似程度越高，两者之间的正迁移数量就越多。如与板球发球技术相比，排球发球与网球发球技术之间的相似程度更高，所以排球与网球发球技术之间可能产生的正迁移量将更多。同样，与实际比赛情境高度相似的练习条件也将产生较高的正迁移。

另外一种解释正迁移的假说——加工需求相似性理论认为，正迁移产生的原因是两种技能或操作情境认知加工特征的相似性，而不是操作技能的身体成分或两种操作情境特性的相似性。尽管技能操作的身体成分和情境特征的相似性可以解释一些迁移效果，但是有许多迁移效果却不能用这种观点解释。例如，在新情境中操作一个新异反应，按照共同要素说的观点，此时技能以及技能操作情境之间的相似性很小，将不会产生正迁移。然而，过去经验或经历可能会产生更好的新异反应迁移绩效。这种有益的先前经历并不一定要求技能高度相似，更重要的是这两种技能认知加工过程的相似性。库勒和罗蒂尔（Kolers & RoediRer，1984）、戴墨斯和威肯斯（Damos & Wickens，1980）等人进行的实验研究都对加工需求相似性理论提供了有力的支持。

（二）负迁移产生的原因

长期以来，人们认为负迁移很少出现，但是在实际教学和训练情境中，教师或教练认识产生负迁移原因、影响因素以及如何应对仍具有非常重要的意义。

那么，我们如何解释负迁移效果呢？最合理的解释似乎是当对旧的刺激作出新反应时，往往会发生负迁移效果。马基尔（Magill，1993）、斯波拉（Siipo1a，1941）、萨摩尔斯（Summers，1975）的研究显示，对旧刺激作出反应时，反应空间位置的变化以及反应时机特征的变化，都会产生负迁移效果。同时，这些研究还提示，负迁移通常是暂时的，因任务而异，可以很快地克服这种负迁移效果。我们在日常生活中常常有负迁移的经历，例如，在一台不熟悉的计算机上打字，有些键的位置（如空格或回车键）与你习惯的位置不同，开始找这些键会比较困难，容易出现错误。问题并不在于你的肢体控制，而是这些键的空间位置发生了改变，这就是负迁移。但是，经过一段时间的练习后，你会发现已经习惯了这些键的新位置，出现的错误数量也随之减少。

在技能教授过程中，教师必须意识到当学生需要对旧刺激作出新反应时，练习初期的错误数量会比较多，甚至出现反应困难的现象。此时，教师应将个体的注意指向引发负迁移的任务特征或反应特征的变化上，他们对这些特征的关注以及练习的继续会促进负迁移的克服过程。

三、影响运动技能迁移的因素

影响运动技能迁移的因素是多种多样的，具体来看主要有以下几个主要的因素：

第一，两种运动技能之间同构水平。任何一种运动技能都具有在时间上的先后动作顺序和一定的空间结构。两种运动技能之间在时间——空间结构方面相同或相似程度是影响迁移的重要因素。学习者掌握了一项运动技能后，这项运动技能关键技术环节就储存在大脑中，当又学习新的运动技能时，其产生的新运动技能与原来大脑记忆内留下的原有技能发生接触，原有的技能被激活，并参与建立新运动技能，与其神经通路相联系，新旧运动技能在时空结构方面的相同或相似程度就会改变或者扩大原有的神经通路，从而对新运动技能发生影响。如果先学习的运动技能与后学习运动技能的动作高度相似，可以获得最大限度的运动技能正迁移，如果先学习的运动技能与后学习运动技能的动作两者不相似，就会对后学习的运动技能产生负迁移或干扰。

第二，两种运动技能学习时间的间隔。两种运动技能学习之间的时间间隔越长，运动技能正迁移越少。而关于负迁移的影响就复杂多了，假如练习与测验之间的间隔不太长，负迁移将随着时间间隔的延长而逐渐减少，经过一段时间，负迁移消失，随后出现正迁移，再随着时间间隔的延长，这种正迁移逐渐降为零。研究表明，时间间隔不仅对运动技能的迁移量有影响，而且对迁移的性质有重要影响。

第三，已有运动技能的熟练程度。运动技能的迁移是把已有的运动技能学习经验具体化，并向新的运动技能运用的过程。因此，已有运动技能学习经验的多少和水平就会影响到迁移的效果。通过运动技能学习掌握更多的运动技术，积累更多的运动技能学习经验，对于新运动技能学习就会起到积极的促进作用。先学习的正确动作的次数越多，学习的练习量越大，正确技能越巩固，获得技能的阳性迁移量就越大。如果先学习的错误动作重复次数越多，练习的量越大。错误技能越巩固，获得技能的阴性迁移量就越大。由此可见，掌握基础动作学习是非常重要的，否则会影响后面的学习效果。

第四，运动技能学习的顺序安排。在复杂运动技能学习中，整套动作学习需要分解若干部分进行分解练习。在练习时间相同的条件下，先部分后整体的练习效果要明显优于先整体、后部分的训练效果。在某些项目中，先进行部分训练，再进行整体训练，不但不能促进整体技能的提高，反而会阻碍运动技能的提高。

第五，运动技能学习的科学指导。在运动技能学习中，科学的指导对运动技能的迁移有重要影响。指导者要对学习的内容做出科学的安排，通过讲解示范，使学生建立完整的动作表象，并使学生把所学的技术动作与已有的知识和运动经验联系起来。更重要的是要使学习者掌握科学的学习方法，在学习过程中也要结合自己在实际过程中总结出一套符合自己特点的科学学习方法。其中首要的是要动脑思考，也就是说不仅要进行身体练习，将所学技术动作和以往的知识经验相联系，包括共同之处与不同之处，这样才能使运动技能的学习在以往经验的基础上拓宽、扩展，有利于新学技术动作的掌握，提高运动技能学习效果。

本章小结

1. 运动技能是人类一种习得的能力，是人类有意识、有目的地利用身体动作去完成一项任务的能力。

2. 运动技能的形成主要有认知动作和学习大致协调地完成动作阶段、学习精细协调地完成动作阶段、灵活运用所学运动技能阶段。

3. 运动技能的学习主要通过练习和反馈两种途径来实现。运动技能形成之后会对新的技能产生影响，形成运动技能的迁移过程。

>>> 思考题

1. 简述运动技能的内涵及其构成。
2. 简述运动技能形成过程的主要阶段与途径。
3. 简述运动技能迁移内涵及其产生的原因。

>>> 参考文献

1. 季浏．体育心理学．北京：高等教育出版社，2006.
2. 马启伟．体育心理学．北京：高等教育出版社，1996.
3. 祝蓓里，季浏．体育心理学．北京：高等教育出版社，2000.
4. 张力为，任未多．体育心理学研究进展．北京：高等教育出版社，2000.
5. Cox. 运动心理学，张力为等译．北京：清华大学出版社，2002.
6. Magill. 运动技能心理学习与控制．北京：中国轻工业出版社，2006.
7. 李薇，李进．体育心理学．桂林：广西师范大学出版社，2000.
8. 刘淑慧．体育心理学．北京：高等教育出版社，2005.
9. 祝蓓里．运动心理学原理与应用．上海：华东化工学院出版社，1992.
10. 季浏，符明秋．当代运动心理学．重庆：西南师范大学出版社，1994.
11. 季浏，朱学雷．体育社会心理学．上海：华东理工大学出版社，1996.
12. 季浏．体育锻炼与心理健康．上海：华东师范大学出版社，2006.
13. 季浏．体育运动心理学导论．北京：北京体育大学出版社，2006.

第七章　体育比赛心理

本章内容简介、基本学习要求

【本章内容简介】

1. 体育比赛的心理特点。
2. 体育比赛中自信心理论研究与实践应用。
3. 目标设置的理论及其发展。
4. 唤醒与运动成绩的关系的相关理论以及唤醒的调节等。

【基本学习要求】

通过本章的学习要求掌握体育比赛的主要特点；了解自信相关的问题，即如何理解、测量和培养自信；理解运动员比赛目标设定的理论；清楚唤醒水平的重要性，它是影响运动员最佳竞技状态的一个重要因素；了解倒U曲线理论、最佳功能区理论、逆变理论、多维焦虑理论、突变理论等多理论假设，并能比较这些理论的异同；掌握调节运动员的唤醒状态的方法。

第一节　体育比赛心理概述

体育比赛是体育运动的一个重要组成部分，是发展体育运动的有效手段，也是激发人们斗志和进取精神的重要推动力量。通过体育比赛，发扬更高、更快、更强，向人类极限冲刺的竞技精神，促进新技术和体育产业发展，从而使体育比赛达到新的高度。随着体育运动的发展，今日的运动场上，已经大大不同于往日的拼体力，运动员之间的差距越来越小。所以，每一次比赛，几乎是运动员体力、技术、心理和文化道德水平等全面综合的较量。在比赛过程中，由于成败条件的迅速变化，对抗复杂性，剧烈性以及高、难技术的要求，所有这些都对运动员的顽强斗志、必胜信心、稳定的心理状态以及应对环境的智力、能力、适应性等提出很高的要求。

一、心理因素是影响比赛成绩的一个非常重要的因素

在真正重大比赛场上，尤其国际大赛，不仅是运动员身体素质、技术、战术的竞争，更主要的是心理素质的较量。越是重大的比赛，往往参赛运动

员之间在身体素质和技术水平方面的差距越小，比赛的胜负往往取决于他们的心理优势，心理因素是比赛取胜的关键因素。

国际上许多高水平运动员在描述自己比赛和心理状态时说：他们在获得最佳运动员成绩时，总是伴随着理想的心理状态，在失败时也总是与欠佳的心理状态相联系。可见，不同的心理状态，对运动能力的发挥和运动成绩的取得，具有极为重要的作用。这就是著名最佳竞技状态学说。即运动员在许多心理指标上达到最佳，这样运动员的比赛发挥就是最好。

运动员在比赛中心理上有许多典型表现形态，在这些不同的形态中，存在许多共同特点，研究和掌握运动员比赛中的心理特点，对于提高运动员心理能力具有十分重要的意义。其主要特点有如下几个方面：

1. 高度的紧张性

运动成绩是在激烈紧张的竞争中决出的。在比赛中，运动员的身心处于高度紧张，这种高度紧张可能贯穿比赛的始终。对于运动员临场所表现出来的紧张，有生理层面，也有心理层面；有积极意义，也有消极意义。这种由客观刺激引起的生理、心理反应是运动员调动身体和心理能量的过程。据国外研究证明，参加奥运会的运动员约有 50％临场时都出现不同程度的紧张，表现方式也不一样，有些运动员临场前因为紧张感到胃痛，或者容易感冒，有些运动员上场前身体僵硬，呼吸困难等。可见，紧张是一种正常的心理现象，而且这种紧张是可以调整的，如从心理学家的角度，可以通过提高运动员的自信心，改变刺激物的作用来加以调整，运用某种方式降低运动员的唤醒水平，使其调整到最佳的唤醒水平上。运动员赛前出现一定程度的紧张是符合身心活动规律的，并且适度的紧张可以使动作协调有力，集中注意……有利于运动员比赛发挥；但过度紧张会出现恐惧、拘束、多汗、运动不协调等现象，这不利于运动员比赛发挥。所以说，过度紧张是运动员正常发挥的大敌，需要调整。从运动训练学的角度，主要方法是加强平时适应性训练、模拟比赛和多参加比赛，使其适应在紧张条件下发挥正常的心理机能，加强自我调节能力，通过第二信号系统作用，稳定自己的情绪，调节自己的心理状态。

2. 强烈的竞争性

竞争，是体育运动员本身固有的属性，体育比赛的结果都是通过竞争决出的，百米跑比的是速度；举重角逐的是力量；体操比的是难、稳、美、新等。竞争作为体育比赛的基本形态，是运动员必须经受的严峻考验。体育比赛的竞争，根据其性质的不同可分为个人竞争、集体竞争及综合竞争。根据其表现形式不同又可分为直接竞争和间接竞争。

心理学家做过这样的比喻：运动员竞争出来的成绩是由体能状态、心理状态及技战术状态三个因素共同支撑起来的三角锥顶点。运动员在比赛中任何一个因素的减弱都会使成绩即刻化为乌有。因此，运动员只有建立起心、技、体三者和谐均衡的发展，才能取得最佳成绩。三角锥的高度是与心、技、体的质量和强度相对应，可以认为在相同体力条件下，技术优越者可取胜；如果技术相等条件下，那么可用体力压倒对手；如果技术和体力都差不多，最后能决定优胜的是心理的力量。

3. 潜能开发性

现代竞技体育的发展，已经到了一个非常高的水平，培养适应重大比赛的运动员，是一项复杂艰巨的系统工程。由于体育比赛难度日益提高，奖杯经常易手，纪录不断刷新，所以竞赛场上体育明星不存在“终身制”，新陈代谢规律在比赛中体现得最为明显。因此，要求运动员在心、技、体方面不断提高，不断发掘自己的潜能。运动技能的形成和发展，没有运动员的感知觉、意志、思维、注意等心理因素的参与是不可想象的。所以潜能的开发从日常的训练时就已经开始，一个运动员只有不断开发自己的潜能，积累到一定的厚度，才能在重大比赛时厚积薄发，使身体能力得以展现。人们常说，运动员的拼搏精神是赛场取胜的重要因素，而拼搏精神又来自运动员的奋斗目标，必胜信心，顽强的斗志和稳定的心理状态及智力、能力等方面的发展。

二、体育比赛过程

体育比赛过程可以分为赛前、赛中和赛后几个阶段。在各阶段中，心理状态会发生一系统变化。为了更清楚理解体育比赛过程的变化，有必要对现有的体育比赛的一般规律进行了解，即决定体育比赛过程中的运动员表现的心理规律。从现有的研究成果来看，体育比赛过程中的心理规律很多，这里面按照重要性，主要介绍自信心、目标、唤醒理论。

第二节　运动自信心

一、运动自信的概述

(一) 运动自信的概念

运动员有两种最重要的精神财富，一个是成就动机；另一个就是自信。自信似乎是一个无须下定义的词，表示个体对想要达到目标的把握程度。所有教练员、运动员都知道自信的重要性，它能帮助弱手战胜强敌，帮助强手取得胜利。与自信相类似的概念是自我效能，它表示个体对完成当前任务的自我感知。对于自信，我们应该了解自信的概念理论是怎样发展的，即心理专家尝试根据其概念发展的内涵和外延进行测量工具的开发，以便于人们应用。

（二）运动自信的测量

1. 运动自信量表

现有能用于测量运动员自信的量表并不多，这里介绍两种，一种是国外学者（Vealey，1986）编制的；另一种是国内学者（张力为，2000）编制的。

运动自信量表经历了一个简短的发展历史。1986 年，运动心理学家研究运动中的自信问题所采用传统的三种方法，包括 Bandura（1977）的自我效能理论、Harter（1978）的知觉能力概念模型，以及表现期望。它们在不同程度上忽视了运动情境的特殊性，因此，相应测量方法的预测效度并不理想。

1986 年，Vealey 借鉴人格研究中关于人格特质和人格状态的区分，把运动自信心分为运动特质自信和运动状态自信。运动特质自信是指个体通常对其具有的能力在竞技运动中获取成功的信念和确信程度；运动状态自信是指个体在某一时刻对其具有的能力，在竞技运动中获取成功的信念和确信程度。他根据自己的理论模型，研制了《运动特质自信量表》（SC-trait 或 TSCI）和《运动状态自信量表》（SC-state 或 SSCI）。

2001 年，香港浸会大学的 Fung，Ng 和 Cheung（2001）把《运动特质自信量表》和《运动状态自信量表》翻译成中文，对中国的运动员进行了跨文化研究，并运用验证性因素分析对这两个量表进行了检验。结果显示：不论是 Vealey（1986）的原始量表，还是 Fung 等人（2001）的翻译量表，其信度和效度经过多次检验，均达到可接受的标准，说明其可以作为进一步研究和应用的工具。《运动特质自信量表》和《运动状态自信量表》均包括 13 个条目，都采用 9 点 Likert 量表，表示从低自信（1 点）到高自信（9 点）之间的变化过程。《运动特质自信量表》要求在比赛前 24 小时对运动员进行测量。《运动状态自信量表》要求在个人信心最强的项目比赛前 1～1.5 小时对运动员进行测量。

2. 赛前情绪量表—**T**

Martens（1977）在 1977 年便研制了测量运动特质焦虑的《运动竞赛焦虑测验》。后来，Martens 等人又提出多维焦虑理论（Martens，Burton，Vealey，Bump，&Smith，1982；Martens，Vealey，& Burton，1990），将运动状态焦虑分为状态自信、躯体焦虑和认知焦虑 3 个维度，并预测状态自信与运动成绩成负相关，认知焦虑与运动成绩成正相关，躯体焦虑与运动成绩成倒“U”形关系。他们还根据这一理论研制出《竞赛状态焦虑量表-2》。

国内学者张力为（2001）认为，多维焦虑理论以及上述两个量表有忽视社会期待焦虑的倾向。而运动员在赛前经历的社会期待焦虑，往往对其比赛发挥产生着重要影响。因此，根据运动员成就动机和运动情绪的社会定向特征，张力为（2001）提出了一个赛前情绪的5因素模型，该模型将赛前情绪作为二级因素，支配着特质自信、躯体特质焦虑、个人失败特质焦虑和社会期待特质焦虑4个一级因素。他还根据赛前情绪的5因素模型，研制了《赛前情绪量表-T》及其简表。为减少运动员答题时间和答题负担，必要时可采用简表进行赛前情绪的测量。完成全表约需6分钟，完成简表约需3分钟。该量表具有方便、可靠和有效的特点。《赛前情绪量表-T》的信度和效度经过多次检验，均达到了可接受的标准。

第三节　唤醒理论与唤醒水平调节

一、唤醒理论

（一）倒“U”曲线理论

倒“U”成曲线理论是解释唤醒与运动表现关系的最著名的理论假设之一。这一理论假设源自耶克斯－多德森定律（Yerkes & Dodson）。耶克斯和他的学生多德森在研究大白鼠完成各种难度的任务时发现，大白鼠在完成需要精细知觉辨别和复杂联结的操作任务时，在较弱的刺激下容易获得；而对于相对简单的任务则需要强烈的刺激。赫布用倒“U”成曲线来描述唤醒与操作绩效间的关系。

在体育运动领域，倒“U”成形假说认为：当运动员处在较低的唤醒水平时，其操作表现较差；随着个体的唤醒水平升高，其操作表现也逐步提高，直至达到最好的操作表现。但当唤醒水平进一步升高时，其操作表现不仅不随着提高，反而会逐步下降。即过低或过高的唤醒水平都不利于完成动作，只有在中等强度的唤醒水平，操作表现才最好（见图7-1）。

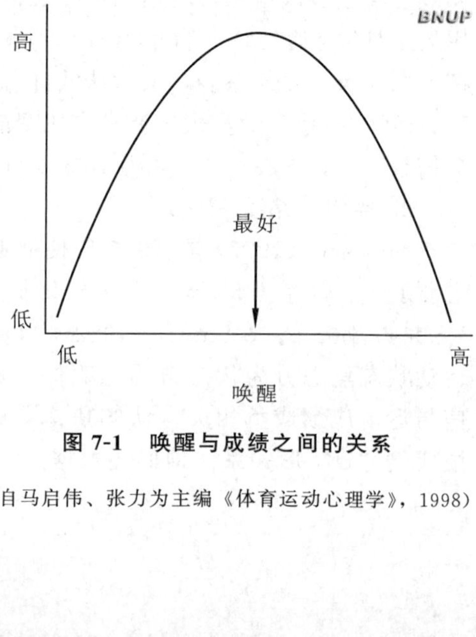

图7-1　唤醒与成绩之间的关系

（引自马启伟、张力为主编《体育运动心理学》，1998）

倒“U”成形假说预测运动员在体育运动中可能会由于过于紧张而不能有效地发挥水平。在大赛前，教练员或领队一般都要在赛前进行心理动员。虽然这种动员会提高运动员的唤醒水平，但根据倒“U”成曲线假说，在运动员已经承受了较大压力的情况下，这种动员往往会使运动员的唤醒水平过高而发挥失常。

唤醒水平与操作表现间的倒“U”成曲线关系会受到个体的技能水平、任务难度等因素的影响。不同的运动项目、不同难度的任务和不同水平的运动员等可能要求有不同的唤醒水平才能发挥出最好成绩。

如射击这类运动项目，对精细动作和动作稳定性要求很高。其唤醒的最佳水平就比对精细动作和动作稳定性要求不那么高的摔跤等运动项目的唤醒水平低些。对同一运动，场上不同位置的运动员，其最佳唤醒水平也不一样。甚至同一运动员在完成不同的任务时，其最佳唤醒水平也不相同。例如，一个篮球运动员在抢断球时所要求的最佳唤醒水平就要高于他在罚球时的最佳唤醒水平。图 7-2 显示了不同运动项目或不同任务的倒“U”成曲线。

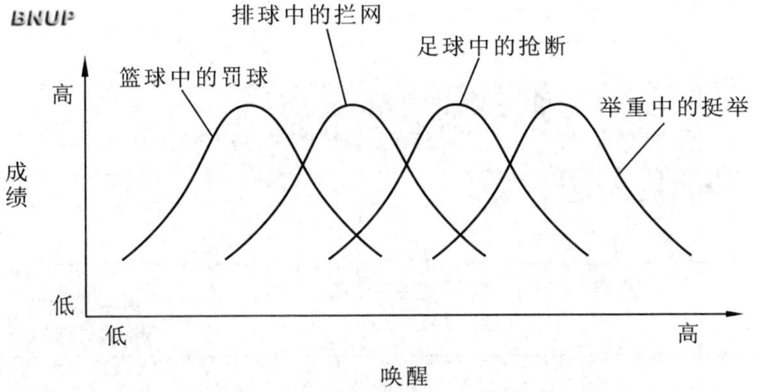

图 7-2　各类运动技能的最佳唤醒水平比较

（引自马启伟、张力为主编《体育运动心理学》，1998）

此外，技能水平的不同会决定其最佳唤醒水平会有明显的不同。对于一个刚从事运动的运动员来说，其最适宜的唤醒水平比同样情况下的中级或高级运动员的最适宜水平要低一些。在步枪射击竞赛中，当射击选手对这项运动不熟悉时，高度的兴奋可能会使人分心而干扰成绩，使其难于维持在一个固定的目标上。然而，对于一个更有经验的射击选手来说，同样水平的唤醒可能会使其注意力更加集中而有利于射击水平的发挥。图 7-3 显示这种关系。

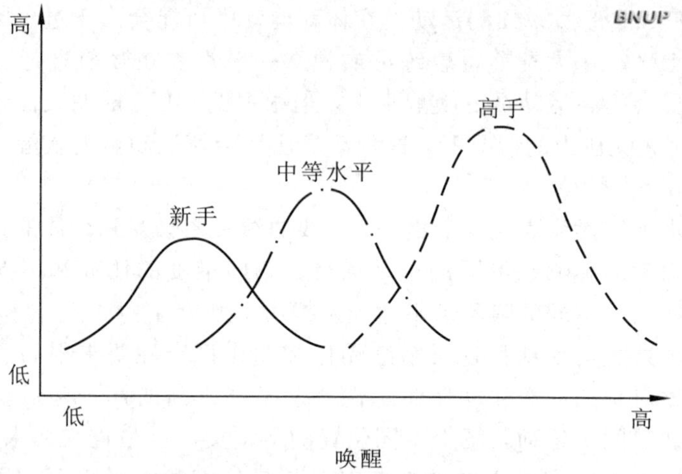

图 7-3 不同技能水平选手的最佳唤醒水平比较

（引自马启伟、张力为主编《体育运动心理学》，1998）

（二）最佳功能区理论

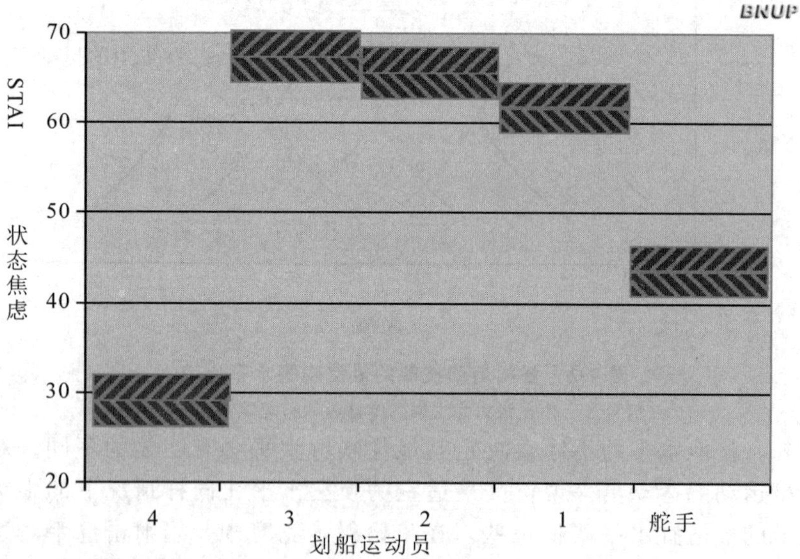

图 7-4 5 个高水平女子划船运动员的 IZOF（Hanin，2003）

最佳功能区理论是由苏联心理学家汉宁（Hanin，1975）提出来的。它与传统的倒“U”成曲线理论假设所有的人都在中等焦虑水平时表现最好的结论不一致。汉宁发现，不同的运动员在比赛中发挥得好时，他（她）们的赛前焦虑水平并不是完全一样的，具有个体差异。每个运动员都有一个自己的最佳焦虑水平区间。有的运动员的最佳区间可能是较高的焦虑水平，有的可能是中等焦虑水平，还有的可能是较低焦虑水平。无论个体的这个区间如何，只要他（她）的赛前焦虑水平位于这个区间内，他（她）在比赛中就能发挥好；反之，如果他（她）的赛前焦虑水平位于这个区间外，他（她）在比赛中就发挥不好。因此，汉宁便将这个区间称为“个人的最佳功能区”（简称 IZOF）。

图 7-4 是 5 个高水平女子划船运动员的个人最佳功能区示意图。从图中可知，与运动员最佳运动表现相联系的状态焦虑水平不是某一具体的最佳值，而是一个范围，即最佳功能区。不同运动员的最佳功能区不完全一样，每个运动员都有一个属于他（她）自己的理想最佳功能区。有的运动员的 IZOF 可能很高，有的运动员可能较低，有人可能处于两者之间。

IZOF 模型最初是一个关于状态焦虑强度对运动员运动表现影响的经验模型，这一模型在不同文化、不同运动项目、不同年龄和性别的运动员间得到了广泛的研究并证明了其有效性。现在，汉宁更倾向于将其作为竞技状态的研究模型。汉宁认为 IZOF 模型不仅适用于赛前状态焦虑，而且可推广到与运动表现有关的所有社会－生物－心理状态。他指出“IZOF 模型旨在描述、预测、解释和调节与运动表现有关的影响个人或团体活动的所有社会－生物－心理状态”。他同时认为，在当前应主要研究运动员的主观情绪体验，如情绪、情感、心境和感情等。

（三）逆变理论

逆变理论的基本观点是由斯密斯（Smith）和埃普特（Apter）提出来的。逆变理论强调人类行为的复杂性、易变性和矛盾性，认为个体根据其动机状态会在不同的心理状态间进行经常性的逆变。逆变理论提出了一种认识动机与人格、整合动机与情绪的现象学分析方法，非常适合于研究竞技运动中的心理学问题。科尔认为，逆变理论可作为指导运动员最佳心理状态调节的一种合适的理论结构。

“元动机状态”（Meta-motivational State）是逆变理论的一个核心概念。它决定着个体当前的情绪体验，影响后续的活动动机。这种元动机状态源自心愿或价值观等基本的心理活动，并与个体的情绪相联系，从而以个人特有的方式看待周围的一切。元动机是与动机有关的一个概念，但它并不是动机本身。逆变理论认为元动机状态是成对的，包括 4 对元动机状态：有功利目的的—超功利目的的（Telic/Paratelic），掌握的—同情心的（Mastery/Sympathy），否定论的—从众的（Negativism/Conformity），自我中心的—非自我中心的（Autic/Alloic）。埃普特认为，这 4 对元动机状态的逆变虽然可能是平行的，但通常只有一对更为显著。唤醒的逆变理论模型主要关注的是有功利目的的－超功利目的的这对元动机状态。这也是体育运动心理学领域中研究者所感兴趣的研究内容。

有功利目的的元动机状态（也称严肃状态）是一种严肃认真的心理状态，处于这一状态中的个体认为自己正在进行肩负着某种使命的活动，活动目的的实现超过了活动本身的意义。超功利目的的元动机状态（也称嬉戏状态）与有功利目的的动机状态正好相反，它是一种嬉戏状态，活动的价值就在能从活动本身获得快乐。例如，当你填写信用卡申请表时，你可能就处于一种有功利目的的元动机状态；而当你观看小品表演时，你可能就处于一种超功利目的的元动机状态。

逆变理论认为，唤醒的逆变理论模型不同于驱力理论的半峰模型，也不同于最佳唤醒理论的单峰模型，而是一种双峰模型（见图 7-5）。个体处于高唤醒时既可能是愉快的，也可能是不愉快的；个体处于低唤醒时也同样如此。无论是在高唤醒时还是在低唤醒时，个体的愉悦感都是由其元动机状态决定的。在严肃的状态下，个体在较高唤醒时是焦虑的，在较低唤醒时是放松的；在嬉戏状态下，个体在较高唤醒时是兴奋的，在较低唤醒时是厌倦的。

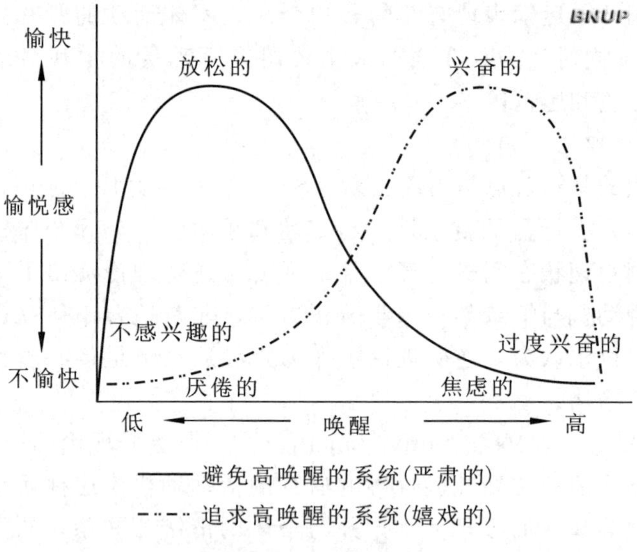

图 7-5　唤醒的逆变理论模型（Apter，1982）

由于个体的元动机状态会产生逆变，因此，个体对相同唤醒水平的心理体验可能并不相同。以下 3 个因素可能会导致这种逆变：（1）突发事件；（2）挫折；（3）饱和。

（四）多维焦虑理论

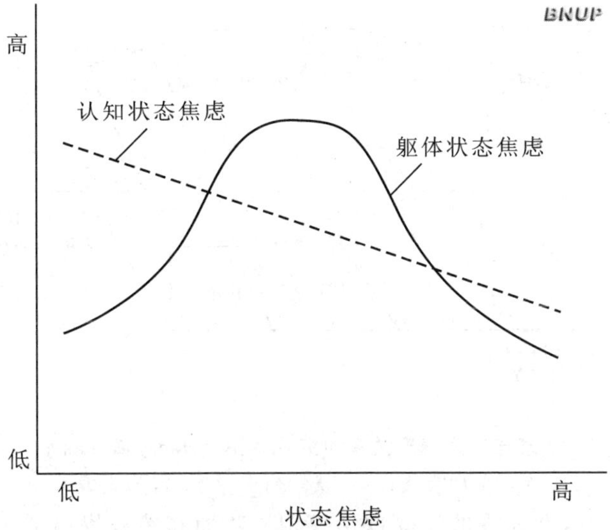

图 7-6　多维焦虑理论假设

（引自马启伟、张力为主编《体育运动心理学》，1998）

马腾斯将测验焦虑的多维理论移植到体育运动心理学领域，提出了竞赛焦虑的多维性。马腾斯认为竞赛焦虑可分为认知焦虑与躯体焦虑。多维焦虑理论认为这两种不同性质的焦虑对运动表现的影响是不同的。多维焦虑理论有两个基本的假设：第一，认知焦虑和运动表现间存在着一种负的线性关系；第二，躯体焦虑与运动表现间的关系符合倒“U”成曲线（见图 7-6）。

多维焦虑理论假设，认知焦虑和躯体焦虑对运动表现的影响是相互独立的。这样在解释中等认知焦虑和中等躯体焦虑对运动表现的影响时，就会出现不一致甚至矛盾的结论。事实上，认知焦虑和躯体焦虑间存在着一定的相关，它们并不是焦虑的两个独立的成分。

（五）突变理论

多维焦虑理论将焦虑分为认知焦虑和躯体焦虑。研究发现倒“U”成曲线理论并不能很好地解释焦虑与运动表现的关系。因为认知焦虑和躯体焦虑对运动表现的影响并不一样，虽然躯体焦虑对运动表现的影响仍符合倒“U”成曲线假设，但认知焦虑与运动表现是线性关系。为了综合解释焦虑与运动表现的关系，哈迪（Hardy）和费兹（Fazey）等人提出了突变理论模型（见图 7-7）。

突变理论认为，生理唤醒与运动表现的关系是成倒“U”成形，但只是在运动员不感到担忧或认知焦虑水平较低时。如果认知焦虑水平较高，那么唤醒水平一旦超过最佳唤醒水平点，运动成绩就会迅速下降，产生一种突变（或灾变）。

运动表现取决于生理唤醒与认知焦虑的相互作用。根据认知焦虑的水平不同，唤醒对运动表现的影响可能会完全不同。

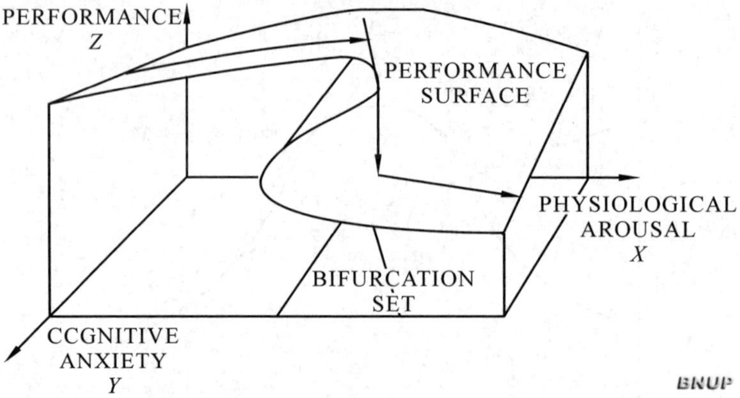

图 7-7　焦虑与行为表现关系的突变模型（Hardy & Fazey，1987）

（X：生理唤醒；Y：认知焦虑；Z：行为表现）

基于焦虑与运动表现的突变理论模型，哈迪和费兹提出了 4 个推论：

（1）当认知焦虑较高时，生理唤醒对运动表现的影响基本上都是负性的。

（2）伴随着高认知焦虑的出现会产生一种滞后现象，即在相同的生理唤醒水平下会产生两种不同行为表现。一种是减少生理唤醒的作用；而另一种则会加强生理唤醒的作用。在高生理唤醒的条件下，认知焦虑与操作表现成负相关；在低生理唤醒条件下，认知焦虑与操作表现成正相关。

（3）在高认知焦虑的条件下，正常的行为表现不太可能出现。在高认知焦虑的条件下，行为会有好坏不同的表现，而不会像低认知焦虑条件下的行为表现都是一个模式。

（4）应用多种统计方法或统计分析系统，将现实中的数据应用于突变模型是可行的。

突变模型为了克服多维焦虑理论的不足，提出了用三个维度来解释唤醒水平与运动表现的关系。但这一模型的有效性仍需检验。例如，突变模型关于在低生理唤醒、高认知焦虑的条件下运动员的竞赛表现较好的假设，在研究中就没有得到验证。而且研究者指出在这个研究中存在着研究样本较少等方法问题，可能影响研究结论的准确性。

二、心理唤醒及其测量

（一）心理唤醒与生理唤醒

唤醒是一个被广泛使用的概念。在心理学领域中，唤醒与情绪、动机和注意等心理现象联系十分紧密，甚至有学者认为情绪和动机与皮层的唤醒是等同的。唤醒与人的行动绩效紧密相关。如果没有适宜的唤醒，人的行动就难以顺利地进行。而且，唤醒也会影响个体的心理加工活动。赫布（Hebb）认为，刺激具有线索功能和唤醒功能，如果个体的大脑皮层没有被唤醒，刺激的线索功能就不起作用。因此，分析人的唤醒有助于更好地认识人的行为。科尔（Kerr）认为唤醒是个体在特定时间里所体验到的兴奋程度和动机强度。达菲（Duffy）认为唤醒属于行为强度、维度，是贮存在有机体组织中的潜在能量的释放。马滕斯（Martens）认为它是一种活力、生命力，是心理功能强度的表现。

传统的唤醒概念就是指生理唤醒，主要指的是大脑和身体的生理激活水平。人的唤醒是一个连续体，不同的行为与不同水平的唤醒相关。与低唤醒水平相关的是昏迷和睡眠，随着唤醒水平的提高，出现觉醒、警觉和应激。昏迷位于唤醒连续体的低水平一端，应激位于唤醒连续体的高水平一端，其间还存在着各种不同的唤醒水平。在研究唤醒与人的行为关系时，人们认识到对于人类被试不仅有生理唤醒，而且也有心理唤醒。随着唤醒研究的发展，特别是从以动物为唤醒研究的主要对象发展到以人为唤醒研究的主要对象，唤醒的心理或认知因素也越来越为学者所重视，并提出了心理唤醒或认知唤醒的概念。由于受生理唤醒概念的影响，心理唤醒一开始就只被当做个体激活在强度上的变化。它是个体对自己的身心激活状态的一种主观体验和认知评价。心理唤醒与生理唤醒是既相互联系又相互区别的。生理唤醒是心理唤醒的基础和重要唤醒源。但心理唤醒并非生理唤醒在心理上的简单反应。生理唤醒主要与个体的物质能量代谢相联系，其唤醒水平的高低由物质能量的代谢水平决定。心理唤醒主要与个体的心理状态相联系，受多方面的因素影响，如生理、认知、情绪等。心理唤醒不仅有强度高低之别，而且心理唤醒还有方向之分。例如，人的狂喜状态可能使个体处于高唤醒水平，而个体在暴怒时也会处于高唤醒水平。

（二）心理唤醒的测量

由于心理唤醒涉及人的认知评价和主观体验，因此测量心理唤醒一般采用自陈式心理测验。竞赛状态焦虑测验主要测量的运动员的负性唤醒状态，运动员心理唤醒量表则是一个更加综合的心理唤醒测验。当然心理唤醒现在已经发展到与生理唤醒相结合的测量方法，如运用生物反馈的方法进行测量，测量指标主要指皮肤导电性、皮温等，这些测量方法比较客观、灵敏，是应用心理工作者采用的主要方法，但因其测量仪器成本昂贵，一般人难以采用。这里主要介绍主观性测量方法。

1. 竞赛状态焦虑测验

竞赛状态焦虑问卷（简称 CSAI-2 问卷）是由美国学者马腾斯等人以多维

的竞赛状态焦虑理论为指导而编制成的测量运动员的状态焦虑问卷，是一种专门测定运动竞赛情境下的多维状态焦虑问卷。CSAI-2 是体育运动领域中使用最多的状态焦虑测量工具之一。CSAI-2 是一个自陈式测量工具，包括 3 个量表，共 27 个测题。它可以测量运动员的认知状态焦虑、躯体状态焦虑和自信心。在马腾斯看来，由于在压力情境下含有与唤醒有关的各种因素，因此，认知状态焦虑与躯体状态焦虑不仅都有强度上的不同，而且都是指向于消极方向的，即都是与消极的情绪相联系的。所以，高度的认知状态焦虑和躯体状态焦虑都会使人体验到不愉快。自信心，是指在竞赛时或竞赛前、后运动员对自己的运动行为能否取得成功的信念。在 CSAI-2 中，认知状态焦虑的题目用的是否定性的措辞，而自信心的题目用的是肯定性的措辞，以使认知状态焦虑与自信心处在同一个认知评价连续体中相对立的两端。为了使 CSAI-2 在中国能较好地应用，国内学者祝蓓里曾对 CSAI-2 进行了修订。

2. 运动员心理唤醒量表

运动员心理唤醒是运动员对自己身心唤醒状态的主观认知和评价。运动员的心理唤醒不仅具有一定的强度，而且还具有方向或性质上的变化，可以区分为正性的心理唤醒和负性的心理唤醒。

运动员心理唤醒量表（MASA）是由漆昌柱等人编制的一个自陈式量表，可以个别施测，也可以集体施测。该量表包括正性心理唤醒、负性心理唤醒和心理唤醒强度的 3 个分量表。经检验，该测验具有较好的结构效度。运动员心理唤醒量表是一个自陈式量表，可以个别施测，也可集体施测。该测验没有严格的时间限制，一般在 10 分钟内可以完成测验。测试完成后，先根据记分键计算出各分量表的原始分数。然后，根据常模转化表将原始分数转化成量表分数（T 分数）。

三、唤醒水平的调节方法

（一）放松训练

放松训练是通过一定的方法与程序，通过肌肉的放松而达到心理平静、安宁，调节中枢神经系统的兴奋水平，从而消除身心紧张的一种心理训练方法。运动员可以采用放松训练来调节最佳唤醒水平，消除负性的高唤醒，并在需要时为提高唤醒水平做好准备。放松训练的具体方法很多，如渐进放松训练、表象放松训练、生物反馈放松训练、自生法放松训练、自我引导放松训练等。

（二）表象训练

表象训练可用来调节运动员的最佳唤醒水平。佩维奥（Paivio）认为，表象训练对运动行为的影响是通过表象训练的认知功能与动机功能这两方面实现的。而动机功能又可进一步细分为广泛的唤醒功能和具体的目标定向反应功能两方面。广泛的动机功能是指通过表象训练达到生理激活或情绪唤醒，如通过表象训练消除紧张焦虑、达到心理安宁、平静，或者通过表象训练变焦虑为积极能量因素、实现心理激活。

（三）认知调节

采用认知调节的方法也可以调节运动员的唤醒状态。认知调节的方法很多，主要有以下调节策略：

暗示：给予运动员诸如“爆炸”“太阳”“爆破”或“力量”之类口头暗示，可以提高运动员的唤醒水平。将言语暗示与表象相结合时，这种能量暗示的效果更为显著。

精神鼓励：国旗、国歌之类的环境暗示都是重要的唤醒源。运动员为国争光，为团队争荣誉的使命感会极大地提高其唤醒水平。但要注意，精神鼓励也是一把双刃剑。不恰当的精神鼓励可能使动力变压力，产生不良的效果。

（四）身体调节

热身练习可以提高运动员的唤醒水平。当运动员休息一段时间再继续练习时，其动作质量不如休息之前。研究发现，热身练习及动作表象可以提高唤醒水平，减轻或消除准备活动衰减现象。

第四节　比赛目标和心理定向

一、目标设置

（一）目标设置的概念及其基本维度

目标设置理论最初是由美国心理学家洛克（Locke）提出来的，目标设置理论已经广泛应用于社会生活的各个领域，同样也适用于运动心理训练领域。目标设置可以从以下方面影响运动员的心理：将注意力和行为引向活动任务的重要方面；调动积极性，提高训练质量；促使运动员为完成目标而设计和执行新的策略；解除枯燥感，提高挑战欲和成就动机；在进步缓慢时，目标能够提高运动员的坚持性。值得注意的是，在运动训练中，成功的目标设置有助于增强运动员的自信心，激发运动员运动参与动机。相反，不合理的目标设置会降低运动员的自信水平，增加运动员的认知焦虑，并由此而减少努力程度。因此，掌握成功目标设置的策略与方法是非常必要的。目标的基本维度有以下几个方面：

1. 短期目标和长期目标

许多运动员只知道设置长期的目标，即获胜，而不知道设置短期的目标。

实际上，短期目标比长期目标更有效，这是因为短期目标可以帮助运动员有更多的机会评价成绩、改进方法。同时，短期目标可以提高运动员的自我效能和内部动机水平，增加成就感，从而更加努力地去完成最终目标。短期目标的效果比长期目标的效果优越，主要体现在短期目标的四个方面的作用上：(1) 当活动开始后，短期目标比长期目标能使人形成更积极的期望；(2) 在活动期间，人们认为短期目标是可以达到的；(3) 长期目标损害了活动的乐趣；(4) 短期目标有助于人们对自己的能力有一个准确的评价。当人们达到了短期目标时，他们的自我效能也随之提高，这种自我效能的提高又提高了个人的内部动机和活动水平。然而，经验告诉我们，只设置短期目标，就无法实现活动本身的最终价值；只设置长期目标，就会使活动失去乐趣、降低动机水平，两者都不利于最终目标的实现。只有将短期目标与长期目标结合起来的设置方式才是比较理想的。

2. 困难目标与容易目标

无论是实验室还是现场的研究都表明，困难的、具有挑战性的目标比适中或容易的目标能促使运动员更努力、更好地完成活动任务。当目标过于困难时，动机急剧下降。目标最好设置在没有通过自己的最大努力就“够”不着的地方，因为这种目标对运动员有很大的吸引力，促使其奋发努力。设置困难的、具有挑战性的目标并非易事，需要考虑运动员的实际能力和对能力的自我知觉，面对同样一个目标，按理说运动员的实际能力应该能够达到，但他自认为不能达到，那么，这一个目标对其来说可能是一个不合适的困难的目标。此外，高能力、高成就需要和高自我效能的运动员倾向于选择高的、具有挑战性的目标；相反，低能力、低成就和低自我效能的运动员倾向于选择容易的、几乎无挑战性的目标。

3. 行为目标和结果目标

行为目标实际上是指一个运动员要完成的技术动作的标准；结果目标是指运动员或教练员将注意力集中于最终是否能够获胜的结果上。一般来说，运动员对自己技术动作的控制要优于比赛结果的控制，比赛结果只能部分地受运动员控制，它还与对手的水平、裁判员、场地设备、气候条件以及运气有关，这些是运动员不能控制的。再者，运动员确定了结果目标后，这一目标是不容调节的，一旦不能取胜，就会产生严重的挫折感，甚至对自己产生怀疑；相反，行为目标的阶段性比较明显，是可以调节的，如果运动员先前的目标未达到，他就可以适当地降低一些目标，这样不会对自己的心理产生消极的影响。

教练员应在了解目标设置基本维度基础上，对于运动员为达到预先制定的目标而努力的行为要给予大力的支持和真诚的帮助，以消除运动员注意力不集中、心理矛盾和烦躁不安的情绪，提高他们的活动水平。在出现失败或成绩不佳的情况下，要在客观评价运动员的表现的基础上，让运动员增强继续努力的自信心。

（二）有效目标设置的方法

1. 提供反馈信息能使目标设置更为有效

教练员必须给运动员提供其活动情况的反馈信息。如果运动员不了解自己在向目标前进道路上的活动情况，不管是明确的还是具有挑战性的目标都不会产生什么积极的效果。没有对比就没有差别，没有对活动结果的反馈信息，就没有对目标完成情况的正确认识，就不能对错误动作进行技术改进，或者调整活动策略。同样，如果不设置特定的目标，而只给活动者提供反馈信息也不能促使其活动水平的提高，只有在既有特定的目标又有反馈信息的情况下，活动成绩才能提高。目标设置与信息反馈相结合具有重要作用和良好效果。

2. 目标主要应由运动员自己设置

海尔等人（1988）指出，让个体自由地选择自己的目标要比他人给其设置目标效果好。如果教练员不考虑运动员个人的意见而将各种目标强加于运动员身上，那么，运动员就不会主动、自觉和积极地为完成目标而努力，同时也会伴随抵触情绪。运动员自己设置目标有以下两点益处：（1）目标是客观的，并为运动员自己所接受；（2）可以发展运动员的认知能力，由于目标是自己设置的，他就会主动地寻求达到目标的最佳策略。当然，具体情况具体分析，经验丰富、技能水平高的运动员一般在设置目标时很少要教练员的帮助，但对于没有或很少有经验且技能水平低的运动员，在设置目标时最好与教练员共同商定。

3. 设置的目标应既有挑战性又有可实现性

美国运动心理学家 McClements 与 Botterill（1979，1980，1981）认为：一个好的目标应该既有一定的难度，但又是可实现的。目标最好设在运动员需要经过较大的努力才能够达到的地方。只有这样的目标才有挑战性，才能够激发运动员的运动动机水平。如果目标太容易达到，就体验不到挑战性，无法激发动机；相反目标太难，就会产生挫折感，怀疑自己的能力，放弃努力，降低动机水平。为了能够设置具有挑战性的目标，采用运动员最近成绩作为基础值效果较好，用过去一两个星期的成绩效果会更好，因为时间过长的基础值受很多的因素的干扰，在此基础上很难设置准确的目标。

4. 尽量设置技术动作完成目标，而不是结果目标

技术动作完成目标是要达到的具体行为（如用 12 分钟跑 3 000 米，罚球

命中率达到70%)，而不是依据另一些人的行为去评价运动员是否实现了自己的目标。而结果目标，特别是取胜，只有部分处于运动员的控制之中，如打败上届冠军队，实现这个目标还取决于对手的表现，以及个人能力控制范围以外的因素的影响（如裁判、场地、气候等）。由此可以看出，运动员对于操作技术动作完成的控制优于对比赛的结果的控制。为了帮助运动员获得稳定的自信心和价值感，不能考虑是否取胜，而应该采用实际的技术完成目标替代取胜目标。因此，成功的含义必须重新定义为运动员实现或超过他们自己的技术完成目标，而不是要胜过其他人的技术动作完成目标。这种技术动作的完成目标为运动员提供了更多的成功机会，使运动员很少受到其他不可控因素的影响，更有利于引导运动员将注意力集中在当前的活动上。而结果目标特别是取胜，这样的目标将损害运动员尽力完成技术的能力，造成许多心理问题，而事实上，随着运动员动作技能的提高肯定更直接影响结果，当运动员放下了取胜目标的包袱后，更少焦虑，更加自信，运动员的技术动作完成会更好，总之，种植了动作技能目标的种子就能收获巨大的果实。

5. 设置具体的目标而不是模糊笼统的目标

McClements 与 Botterill（1980）提出：具体的、可测量的、可用语言加以描述和可用文字加以记录的目标能够帮助运动员形成明确而有效的行为。具体的目标应该把清楚的期望传递给运动员，具体的目标应该是数量化的，并应该给出严格的限定的时间和具体的标准，如“在周末的1500米的比赛中跑出3分58秒的成绩”；“今天的注意力练习要从5分钟延长到6分钟”。这样的目标将有助于检验运动员是否达到了目标。相反，“再跑快点”“尽最大努力”等，这些笼统模糊的目标如同无目标一样无效。因此具体性的，可测量的目标，不仅有助于导致明确有效的行为，而且还有助于量化地检验是否达到目标，有助于对结果进行评价。

6. 既要进行目标设置，又要提供反馈信息

对设置的目标提供反馈，有助于运动员了解在向目标前进道路上的活动情况，并做出及时地调整和改进。研究表明：运动员在四种不同的条件下进行训练，第一组只进行目标设置；第二组只提供反馈信息；第三组既有反馈信息又进行目标设置；第四组既没有目标设置又没有反馈信息（控制组）。以提高表现改进百分比来说明研究结果，目标设置结合反馈信息对改进表现的效果最好。因此，在运动训练中，不仅要为运动员设置有效的目标，还要及时提供反馈信息。

二、比赛心理定向

（一）概念

比赛心理定向是指比赛开始前及比赛过程中，运动员的心理准备状态和注意的指向性。运动员比赛心理定向支配着其比赛行为表现，进而直接影响着比赛发挥和比赛结果。

（二）比赛心理定向的理论

1. 韦纳的成败归因理论

所谓归因，是指人们对他人或自己行为原因的推论过程。具体地说，就是观察者对他人的行为过程或自己的行为过程所进行的因果解释和推论。人们这样做的目的在于能预测、评价人们的行为，以便对环境和自己的行为加以控制。运动员对成功和失败所做的归因不仅影响人们专心从事于一项运动时的努力程度和行为表现，而且影响比赛时的思维和情感。

心理学家韦纳（1985，1986）认为，对于成功与失败的归因应包括两个纬度。第一，观察者必须决定成败是由于内在的因素还是外在的因素；第二，观察者还必须决定成败是经常发生的（即稳定的）还是偶然发生的（即不稳定的）。通过这两个纬度才能做出总结性的归因。这两个纬度是相互关联的。韦纳认为，稳定的内在因素是指个人的能力，稳定的外在因素是指任务的难度，不稳定的内在因素是指个人的努力，不稳定的外在因素是指个人的运气。

韦纳还提出了另一个重要的纬度，即控制。他认为，努力、注意、技能水平等因素是受个人意志控制的，是可控因素；而裁判、对手、观众、运气等因素是不受人的意志所控制的，是不可控因素。

2. 心理控制点理论

和归因问题有关的研究绝大部分集中在控制点问题上。所谓控制点，是指个人对于自己行为控制力量位置的所在。在日常生活中，人们总是有意识或无意识地相信某些因素控制着他们的生活，这些因素便是他们的控制点。它们可能是外部的，也可能是内部的。对于成就高的人来说，其控制点往往是内部的。

内部控制点的含义是，强烈倾向于将人生经历中各种消极或消极事件看做是自己个人行为的结果，因此，这些事件是处于人的主动控制之下。外部控制点的含义是，强烈倾向于将人生经历中各种积极或消极事件看做与自己个人的行为无关，因此，这些是个人无法控制的。高内部控制点的运动员倾向于认为他们的运动成绩取决于他们自己能够控制的那些因素，如努力程度、技能水平、注意范围等。与此相反，高外部控制点的运动员倾向于认为裁判、对手、观众等他们自己无法控制的一些因素对他们的运动成绩有更大的影响。

从心理控制点的理论分析，运动员在比赛前和比赛中，一方面，要将注意力放在控制和把握那些可控因素上，如技战术、思维方式、期望、注意的范围和方向、唤醒水平、对失误的反应等；另一方面，要能够有效地应对那些不可控的因素，如天气、裁判、对手、场地、比赛时间等。在受到干扰的情况下，要能迅速重新将注意转向可控因素。这样运动员才能在比赛中充分表现出自主性和能动性，才能最易于控制比赛，赢得成功。

（三）培养正确比赛心理定向的两个最基本原则

1. 把握可控性原则

影响运动员比赛心理定向的形式因素可分为可控因素和不可控因素。可控因素是指运动员可以亲自把握和操纵的比赛因素，如自己的比赛准备活动、自己的技术动作和应用的比赛战术、比赛过程的主动心理调节等。不可控因素是指运动员无法把握的因素，如比赛天气、器械、对手的发挥，观众、裁判、比赛轮次等难于控制的因素，要从心理上接受它、认可它。运动员在表象演练中要特别注意体会在比赛中自己的注意力是否保持在技、战术上。

2. 注重过程性原则

影响运动员比赛心理定向的核心因素可分为过程性定向因素和结果性定向因素。对于比赛过程中可能出现的各种问题要逐一制定相应的和具体可行的心理对策。如当比赛进程中遇到开局不顺，领先、落后，裁判误判等情况时，运动员个人或全队应采取的最基本应对方法和手段。运动员对整个比赛要有大局观、全局观，要有拿得起，放得下的意识和决心，决不可优柔寡断，因小失大，错失良机。

（四）运动员比赛角色的定位

运动员比赛角色的定位直接左右其判断自我比赛表现正常与否，影响着运动员的自信心和比赛应变能力。所以说，运动员比赛角色的合理定位是对其比赛心理调节非常重要的指导要素。然而，在实践中，这常常被一些运动员和教练员在大赛前忽视了，他们中的一些人将许多精力投入到寄托自己侥幸心理的各种变相迷信活动中。“摆正位置”是大赛前后常能听到的词。但我国运动员在各类重大比赛中因比赛位置摆得不正，由“夺”角色变“保”角色，自背包袱而饮恨良机的事例不胜枚举。“夺”之角色乃是低者向高者冲击，“保”之角色则是高者守位防失。这是两种完全不同作用效果的比赛角色。“夺”者与“保”者的角色常处于动态变换中，“夺”者往往是赛前战绩未在高处，或比赛过程中仍难分伯仲，此时的角色心态一般较为纯洁、集中，没有对比赛结果产生过高期望和压力，唯有冲击对手为目标和己任；进入比赛“保”之角色的运动员大多是赛前战绩占优或比赛过程中比分领先者，其心态则变的较为复杂、矛盾，运动员的注意力已从比赛过程更多地转向比赛结果，对比赛结果的期望值迅速升高。这里可以参照卡奈曼获得诺贝尔经济学将的三条定律：大多数人在面临获得的时候是风险规避的；大多数人在面临损失的时候是风险偏爱的；人们对损失比对获得更加敏感。

本章小结

1. 运动员有两种最重要的精神财富，一个是成就动机；另一个就是自信。

2. 培养自信有很多方法，理解自信的基本原理是帮助运动员在明白道理的基础上，通过反复强化，养成积极思维和积极行动的习惯。

3. 了解目标设置基本维度基础上，对于运动员为达到预先制定的目标而努力的行为要给予大力的支持和真诚的帮助，以消除运动员注意力不集中、心理矛盾和烦躁不安的情绪，提高他们的活动水平。在出现失败或成绩不佳的情况下，要在客观评价运动员的表现的基础上，给运动员增强继续努力的信心。

4. 根据唤醒的理论，运动员心理唤醒状态的调节包括强度的调节和方向的调节两方面。放松训练、表象训练、认知策略、音乐调节和身体练习等都可以用来调节运动员的心理唤醒状态。

5. 只有建立正确的心理定向，确定合理的角色定位，坚持运动员比赛角色达到合理定位的基本原则，运动员的竞技潜能才能具备真正开发的条件。

>>> 思考题

1. 哪些训练因素和教育因素会影响运动员的自信？你应用过哪些行之有效的提高自信的方法？

2. 为运动员进行比赛目标设置应注意哪些问题？

3. 为什么说运动员做好比赛心理定向非常重要？

4. 如何测量心理唤醒状态？如何调节运动员的最佳心理唤醒状态？

>>> 参考文献

1. 张力为，任未多．体育运动心理学研究进展．北京：高等教育出版社出版，1999.

2. 张力为．现代心理训练方法. 北京：北京体育大学出版社，2003.

3. 马启伟，张力为．体育运动心理学．杭州：浙江教育出版社，1998.

4. LeUnes，A. & Nation，J. R. 著．姚家新等译．运动心理学导论．西安：陕西师范大学出版社，2005.

5. 漆昌柱．运动心理测量的理论与方法．武汉：湖北辞书出版社，2004.

6. 张忠秋等译．运动心理咨询理论．北京：中国轻工业出版社，2005.

第八章　运动心理技能训练

本章内容简介、本章基本学习要求

【本章内容简介】

1. 心理技能训练的主要方法。
2. 训练的方法与操作应用。
3. 表象训练的理论与实践操作应用。
4. 自我谈话的原理与操作应用。

【本章基本学习要求】

通过本章的学习要求达到：了解心理训练的主要内容；知道如何对运动员进行个性化的心理训练；熟悉放松训练的操作过程要点；熟悉几种注意集中训练的操作方法；理解表象训练的原理；知道掌握自我谈话的技巧对于运动员自我调控的重要意义。

第一节　运动心理训练概述

一、我国运动心理训练的发展

我国运动心理训练研究工作在 20 世纪 80 年代初开始得到重视和快速发展。在我国运动心理学工作者长期深入运动队的过程中，已基本上形成了具有中国特色的运动心理研究模式和思路，并总结出较有成效的心理训练内容和方法手段。80 年代初，数名运动心理学家（如刘淑慧）应中国射击队和中国射箭队的邀请，开始对射箭运动员进行心理训练和心理咨询。与此同时，一些心理专业研究人员（张忠秋、姒刚彦等人）深入跳水、游泳、体操、田径等运动队进行心理咨询和服务工作。在准备亚运会和奥运会期间，不少项目的教练员（如田径、射击、羽毛球、乒乓球、击剑、射箭等）都把心理训练列入了运动员整体训练计划，并与心理学家密切配合，坚持系统心理训练。我国学者刘淑慧（1998）指出，心理训练是科学化训练的重要组成部分，它渗透于技术训练、战术训练和身体训练之中，并起连结与调节的功能，应树立心、技、战、体相结合的观点，而不应将心理训练孤立地进行。正常心理调节与心理症状咨询与训练知识及专业素质要求不同，比如根据系统心理监测诊断，运用认知与行为方法、生物反馈训练、心理技能等方法调节或训练有关心理问题，对运动员实施系统脱敏训练或心理拓展训练等都是运动心理训练工作所特有的。

总结运动心理学的发展和变化，可以归纳出目前运动心理训练的发展趋势主要有以下四个方面：

1. 注重优秀运动员个性化的培养与比赛发挥引导

由于每名运动员都有不同的个性，要尊重其个性并利用这种个性来解决各种问题，每次心理训练和比赛活动都力求找到隐藏在其个性中的潜在因素，获得最佳的解决问题办法。尤其作为优秀运动员，绝对不能按照一般的模式来对待，无论从训练安排，还是从比赛安排及一些心理调节方面都要个体化。实践表明，拿到重大比赛冠军的运动员都是具有不同风格的运动员。他们的个性化风格的获得需要一种环境，心理训练的工作就是为运动员创造一种获得冠军的环境，不遵从运动员个人特色的训练和调节难以有较大成效。要特别注意对运动员个体心理能量的把握，要对运动员不同寻常行为和意识充分理解和利用，确保这些运动员特色心理能量有效地集中和释放，使运动员在重大比赛前获得一种集中的训练体验和心理能量储备。同时要全面了解运动员的身体机能消耗特点，并依据专项比赛的身心消耗特点进行心理调节，以利于实现最适宜个体化的比赛心理发挥水平。

2. 强调运动员心理技能的增强，不只局限于心理障碍的克服

心理训练的最终目的是增强运动员的心理技能，提高运动员比赛发挥的心理能力，而不只是克服已经出现的心理障碍。作为一名优秀运动员仅具备常人所有的正常心理状态是不能在强手如林的激烈竞争中独领风骚而取得成功的。优秀运动员不仅要具有超常人的体能和极少数人才能掌握的高难度动作，而且还要具备超常人的心理能力，这样才能在激烈竞争的比赛场上，在心理负荷的高压之下，保持一种特殊的竞技心理状态，才能在千变万化的比赛局势中保证自己技、战术水平的发挥。最有效、最经济的做法是采用各种心理训练方法防患于未然。以增强运动员的心理技能为目标，预先教会运动员掌握心理调控的方法，并通过系统的心理训练使他们获得足够的自我控制能力。这样的运动员无论面对任何复杂而困难的局面都会保持清醒，并主动地将自己的心理状态调控到最佳水平。如果等运动员出现了心理障碍再来找心理老师帮助的话，往往已失去比赛成功的机会，而且更难解决。

3. 更多地启发运动员的自我意识和独立思维能力

许多运动心理学研究非常重视启发运动员的自我意识和独立思考能力。

运动员来见心理学家不是被动地接受教育，而往往会主动提出各种问题来寻求解答；运动心理专家也不是只对运动员说教，而是以启发运动员提出或预测比赛时可能出现的各种问题，并对这些问题进行分析，然后再帮助他们制定更完善合理的对策。同时，运动心理专家还常常教运动员怎样进行积极的思维，怎样运用理性思维以及怎样及时中止消极思维等。许多运动心理专家把对思维能力的训练与认知调节训练结合起来实施都取得了积极效果。

4. 更多地采用现代化的仪器设备增强心理训练的科学性和实效性

随着现代科学技术的发展，人的心理现象已不再是一种看不见摸不着的东西了。如目前生物反馈技术正在国内外被广泛推广和应用。所谓生物反馈就是利用电子或数字仪器将与心理生理过程有关的机体生物学信息，如肌电、皮肤电、皮肤温度、心率、血压、脑电等信号加以处理扩大，并以视觉或听觉的方式显示给运动员，训练运动员通过对这些信息的认识有目的有意识地调节控制自身的心理生理活动，进而调控自身的比赛行为。例如，当运动员在训练或比赛中出现情绪过度紧张时，在生理上则表现为植物性神经系统控制的部分机体发生一系列变化，像心率加快、血压升高、皮肤电阻降低、手脚变凉等。采用生物反馈技术可以将这些变化通过视听信号显示出来，告诉运动员这些生理变化的情况，从而有目的地调节紧张情绪并将心理状态控制在适宜的程度上。采用现代化的仪器设备所进行的生物反馈训练不仅具有调节情绪状态、消除过度紧张和改善机体各器官系统机能的作用，而且还有助于提高运动感知能力，加速运动技能的形成，使技术动作更加协调和熟练。

二、心理训练的概念

心理训练是指有计划、有目的地通过教授一些心理技能方法来帮助运动员在心理方面进行调节、适应及提高的训练过程。实施心理训练的理想目标是培养运动员积极而乐观的个性；强烈而主动的需求；独立而创造的思维；坚韧而果断的意志；丰富而自控的情绪；集中而稳定的注意；清晰而敏锐的感觉；自信而清醒的意识；快速而主动的应激；高昂而互动的士气。

三、心理技能训练的主要类型

（一）放松训练

放松训练是通过一定的方式、程序使运动员的身心逐渐得到放松的过程，包括渐进式放松训练、三线放松法、音乐疗法、呼吸调节法、超觉冥想等。最基本的放松训练首先要有一个放松舒适的姿势，然后调节呼吸，通过诱导放松的词语让运动员寻找并体会肌肉放松和平静的感觉，最后达到身心放松入静的状态。放松训练的主要目的不在于肌肉放松，而主要是训练大脑与肌肉之间的双向反射联系，进而提高大脑对身心活动的调节支配功能。放松训练是心理训练的基本功，也是提高自我控制能力的最好途径。

（二）表象训练

表象训练是指在运动员的头脑中按照一定要求呈现技术和战术动作、运动情境及情绪感受的过程，它是强化运动技能、增强比赛信心和集中注意的有效手段。表象训练必须紧密结合运动项目来进行。表象训练不仅要求运动员能够在大脑里看到自己的动作，而且要能从视觉、听觉、动觉等感官渠道感受和体会到自己的动作过程，这就是多种感觉类型表象训练。

（三）注意力训练

注意力训练主要是指集中注意能力的训练。是通过对一定目标的指向和集中，提高注意稳定性的一种练习。注意的能力不仅包括注意的高度集中，还应能够合理地分配、及时地转移以及适宜地注意广度等。运动项目不同，对运动员的注意能力也有不同的要求。因此，对运动员注意力的训练应因人而异、因项而异。

（四）自我谈话训练

运动员想什么和对自己说什么对操作表现至关重要，我们常常有很多时间是在与自己谈话，或自我暗示，即进行自我谈话，尽管这种内部谈话在很多时候未被自己所意识到。语言和思维是密不可分的，思维影响人的情绪，最终影响人的行为。因此，通过特定形式的外部和内部谈话可以改变人的行为，促进人的操作表现。积极的自我谈话可用于提高自己的自信心，从而提高运动表现。

此外，心理训练还包括目标设置训练、生物反馈训练等。

第二节　放松训练

一、放松训练概述

（一）放松训练的概念

放松训练是以一定的暗示语集中注意，调节呼吸，使肌肉得到充分放松，从而调节中枢神经系统兴奋性的方法。放松练习后，大脑呈现一种特殊的松静状态。这种状态有别于日常的清醒状态、做梦状态或无梦睡眠状态，我们可以通俗地称它为半醒的意识状态。此时，人的受暗示性极强，对言语及其相应形象特别敏感，容易产生符合言语暗示内容的行为意向。

（二）运动中放松训练的主要作用

放松训练的主要作用有三个方面：一是降低中枢神经系统的兴奋性，即降低唤醒水平；二是降低由情绪紧张而产生的过多能量消耗，使身心得到适当休息并加速疲劳的恢复；三是为进行其他心理技能训练打下基础。全身各部位肌肉放松、中枢神经系统处于适宜的兴奋状态、注意力高度集中是许多心理调整练习的基础。

二、放松训练的要求

（一）放松训练的特点

1. 注意高度集中于自我暗示语上。

2. 需要有清晰、逼真地想象带有色彩的形象。

3. 能够清晰知觉肌肉不同程度的紧张状态，从极度紧张到极度放松。

4. 进行深沉而缓慢的腹式呼吸。

（二）放松训练的一般原则

1. 指导语中字词的运用

放松训练的目的是要被训练者在心理应激情境下或紧张、焦虑时能出现一些自发的放松行为。在进行放松训练的过程中，尽量使用一些加强自我控制的词或字来促进运动员学习并掌握放松技术，如“让”“释放”“舒展”等词语的应用常可以帮助治疗者加强自我控制的能力，使其能达到一种“顺其自然”的状态。

2. 训练时间的安排

训练是一种学习的过程，需要一定的时间。在训练开始时，松弛的出现比较缓慢，对各种感觉的整合也需要一段时间，不能急于求成；在开始训练的间隔期应比较短，以便运动员能保持记忆，经过一段时间的训练后，运动员就能逐渐加快进入放松的状态，以后训练间隔期可逐渐拉长，直至运动员能自我放松。

3. 对放松的理解或体验存在个体差异

每个个体对各种状态的感觉或者体会是不一样的，不能强求每个运动员都用一种放松方法，也不能强求在放松训练的过程中有同样的感觉或体验。如，完全放松时双上肢会自然垂落在身体的两侧或滑落到椅子上，不同的个体可能把这种状态描述成一种轻飘飘的感觉，也可以描述成一种沉重的感觉，这实际上都是一种放松感觉的描述，并不相互矛盾或抵触。

4. 避免使用负性的暗示或情境的描述

在放松训练的过程中，尤其是在放松训练的初期，指导者经常要使用一些暗示性的，或者是生动的情境性的描述，来增加运动员的想象，加快身体的松弛。但应尽量避免使用一些负性的暗示语，或者一些负性的情境描述。如不要使用“你的四肢有死沉沉的感觉”，“感到你的四肢像铅一样的沉重”

来提示放松的感受，而“你会感到四肢沉重、松弛、舒服”将更容易被运动员接受。同样，在描述一些想象性的情境时，一般来说人们更喜欢一些轻松、愉快的情境，如“我正躺在温暖的阳光下”，“我正躺在夕阳下的沙滩上”，而“我正乘坐飞机在天空中飞行”，或者“我正在旷无人烟的地方游荡”等，运动员并不一定喜欢，也许还会带来一种恐惧的感觉。因此，在训练前应该与运动员进行讨论，询问他（她）们对这种情境的态度，再决定所要选用的指导语。

5. 注意运动员的反应

在训练过程中，除了使用适当的指导语外，应密切观察运动员的反应情况。如果运动员出现咳嗽、扭动不安、左顾右盼、呼吸不均匀以及肌肉僵硬等，往往提示放松不成功，应立即停止，了解放松困难的原因，或者提示需要更换放松的方法，或者需要改变放松进行的速度等。通过观察不同的暗示语在训练过程中所起到的放松作用的不同，训练者也能从中学到一些特殊的放松技巧。

6. 注意收集训练后的反馈信息

在每次放松训练后都应与运动员进行讨论，了解他（她）们在放松训练中的感受，对放松训练的看法以及是否对放松训练有阻抗情绪等，为提高下次训练效果提供有用的信息。另外，要了解运动员在日常生活中的放松情况，并告诉运动员自我放松应用于日常生活中的许多方面，例如，在看牙医时，在挤公共汽车时等，无论在什么时候、在什么地方，都应运用所学的放松技术尽量地放，鼓励运动员在日常生活中反复练习。

7. 放松方法的多样化

提醒运动员，目前所采用的放松技术不是唯一的放松方法，放松的方法很多，这只是其中的一种。我们可以告诉运动员，在放松练习的过程中，可以根据自己的情况“创造”出一些适合自己的放松方法，让他们知道，放松不是一种强加于自己的行为，而应该是一种为我所用的活动。也就是无论是哪一种方法，哪一种技术，随着练习的进行，他们都能学会，最终能够使自己又快又深地进入放松状态。如果简单的放松与方法无法使某些运动员放松时，不要固守不变，而应换用其他适合于他们的方法。如用紧张－放松交替法、臆想法等。

8. 选择好适当的放松地点和放松时间

某些地点和时间会更适于进行放松练习，而在另一些地点或时间进行放松练习时会达不到应有的效果。如在刚刚睡醒或睡前最好是不要进行放松训练，在放松时就睡着了，达不到训练的目的。当然，当学会了放松后，可以在睡前进行放松，以帮助改善睡眠或提高睡眠质量。放松练习时最好是在一张舒服的躺椅上，而不是在床上进行。

三、放松训练的方法和程序

自生放松练习的程序

（一）选择预备姿势

舒适地坐在一张椅子上，胳膊和手放在椅子的扶手或自己的腿上，双腿和脚舒适的姿势，脚尖略向外，闭上双眼；或者仰面躺下，头舒服地靠在枕头上，两臂微微弯曲，手心向下放在身体两旁，两腿放松，稍分开，脚尖略朝外，闭上双眼。

（二）准备动作

想象自己戴上一副放松面罩，这副神奇的面罩把脸上紧锁的双眉和紧张的皱纹舒展开来，放松了脸上的全部肌肉，眼睛向下盯着鼻尖，闭上眼睛下巴放松，嘴略微张开，舌尖贴在上齿龈，慢慢地、柔和地、放松地做深呼吸。当空气吸入时，会感到腹部隆起，然后慢慢地呼出，呼出的时间是吸入的两倍，每一次呼吸的时间都比上一次更长一些。第一次呼吸可以是一拍，最后达到六拍左右。然后再把刚才的过程反过来，吸入六拍，呼出十二拍，吸入五拍，呼出十拍，一直降到吸入一拍为止。做 2～3 分钟这种准备动作后，接着开始做以下练习。

（三）六种放松练习

1. 沉重感练习

首先，学习在身体里引起一种美妙的沉重感。闭上双眼，从右手开始做起（如果是左利手，则从左手做起）。一边默默地重复下面的句子，一边想着它们的含义：

我的右臂变得麻痹和沉重	6～8 次
我的右臂越来越沉重	6～8 次
我的右臂沉重极了	6～8 次
我感到极度平静	1 次

现在睁开眼睛，抛掉这种沉重感，伸屈几下胳膊，做几次深呼吸，重新摆好适当的姿势，设想自己又戴上放松面罩，重复前边的动作，包括准备动作。每天做 2～3 次这种沉重感练习，每次 7～10 分钟。要逐字地重复前边的句子，用适当的语调对自己重复，同时设想自己的手臂正在变得越来越沉重。做这个练习时，不要过分用力，只要全神贯注于这些词句和沉重的感觉就行了。如果想象不出这种沉重感就在两次练习之间举个重东西，体会这种感觉，并对自己大声说：“我的胳膊越来越沉重。”用右臂做 3 天这种沉重感练习，

然后用完全相同的方法再用左臂做 3 天这个练习，最后按照下面的程序做这个练习：

双臂变得麻痹和沉重	3 天
右腿变得麻痹和沉重	3 天
左腿变得麻痹和沉重	3 天
双腿变得麻痹和沉重	3 天
四肢变得麻痹和沉重	3 天

这种沉重感练习（exercise of heavyness perception）共需要 21 天，如果在 21 天之前就已经产生了沉重感，也可以提前做第二种练习。一般来说，有必要用全部 21 天的时间打下坚实的基础，有规律地进行，才能最快地获得效果。

2. 热感练习

学习随心所欲地在身体内引起一种发热的感觉。先做 2 分钟准备活动，然后再扼要地重复前面做过的练习，重复一遍最后一次臂部和腿部的沉重感练习，只需 45 秒到 1 分钟的时间，然后就可以开始做热感练习，它的一般程序如下：

我的右臂正变得麻痹和燥热	6～8 次
我的右臂越来越热	6～8 次
我的右臂热极了	6～8 次
我感到极度平静	1 次

在重复上面这个程序时，要同时想象句子所表达的意思。按照这个程序做 3 天右臂练习，3 天左臂练习，3 天双臂练习，然后是练习右腿、左腿、双腿、四肢各 3 天。最后把第一种和第二种练习的最后部分合起来做一遍：

我的四肢变得麻痹、沉重和燥热	6～8 次
我的四肢越来越沉重和燥热	6～8 次
我的四肢沉重和燥热极了	6～8 次
我感到极度平静	1 次

做完一遍后，睁开眼睛，活动一下，抛掉沉重和燥热的感觉，然后再重复。在默读上面的句子时，想一想过去手臂真正感到热的情况，可以想象手臂正浸在盛满热水的澡盆里，或者想象夏天炎热的阳光晒着自己手臂时的感觉，如果有必要，可以在两次练习之间把手臂放在热水盆里，然后大声对自己说："我的手臂正变得越来越热。"以此来获得这种热的感觉。也可以想象正在把躯干内的热量输送到四肢去。请注意，只有当上肢产生沉重感时，才开始做上肢的热感练习。

3. 心脏练习

做这种练习会使自己的心跳平缓而稳定。首先做准备活动，简短地重复一下沉重感和热感练习，把每个短句念 3～4 遍，开始要仰面躺着感觉自己的心跳。在胸部、脖子或其他地方用手感觉心跳，也可以将右手放在左手腕动脉处感觉心跳。通常，当身体放松后可以直接感觉到心脏跳动，这时就默默地重复：

我的胸部感到温暖舒适	6～8 次
我的心跳平缓稳定	6～8 次
我感到极度平静	1 次

这种练习要做两个星期，每天做 2～3 次，每次 10 分钟。

4. 呼吸练习

这种练习的目的是学会控制自己的呼吸节奏。先做准备活动，然后重复下列各项：

我的四肢变得麻痹、沉重和燥热	1～2 次
我的四肢越来越沉重和燥热	1～2 次
我的四肢沉重和燥热极了	1～2 次
我的心跳平缓而稳定	1～2 次
我的呼吸极为平稳	6～8 次
我感到极度平静	1 次

这种练习要做两个星期，每天做 2～3 次，每次 10 分钟。对自己的呼吸能成功地进行控制的标志是：进行一次轻体力活动，或者神经受到某种刺激后，仍能保持平缓和有节奏的呼吸。在这个练习的末尾，把“我感到极度平静”改说成“平静渗透了我的身心”。

5. 胃部练习

这种练习是训练在内脏神经丛，即腰以上，肋骨以下的胃部引起一种愉快的温暖感觉。先做准备活动，即简短重复沉重感、热感练习、心跳练习和呼吸练习，然后说：

我感到胃部柔软和温暖	6～8 次
我感到极度平静	1 次

做这个练习时可以将右手放在内脏神经丛的部位，就会逐渐清晰地感觉到这种温暖感。有的人不念上面的句子，而说“我的内脏神经丛正散发着热量”。如果这句话更容易帮助想象，也可以使用它。这个练习做两个星期，每天 2～3 次，每次 7～10 分钟。当确实体会到胃部有温暖感时，说明已经掌握了这个练习。

6. 额部练习

练习目的是学习使自己的额头产生一种凉爽的感觉。先做准备活动，像前面一样简短重复沉重感、热感、心跳、呼吸和胃部练习，然后说：

我感到我的额头很凉爽　　　6～8 次

我感到极度平静　　　1 次

在做这种练习时，可以想象一阵轻风吹过自己的面颊，使额头和太阳穴感到凉爽。体会一下这种感觉，在练习之间站在空调器或电扇前，大声对自己说："我的额部感到很凉爽。"当确实能够感到这种凉爽感时，就说明掌握了这个练习。此练习进行两周，每天 2～3 次，每次 7～10 分钟。

注意：不要骤然中止练习，每做完一遍练习，睁开眼睛，逐渐地开始活动。伸展上下四肢，活动一下关节，抛掉沉重感，然后从事正常活动。

在重复前面的句子时，要精力集中和带有感情，使那些话融入自己的意识中，一边念句子，一边进行想象。沉重感和热感练习往往能使人处于舒服的昏昏欲睡的状态。这种方法能使人进入放松的机敏状态，当紧张消除后，人的头脑应当更加灵敏。下面是这几个练习的总公式：

我感到四肢沉重和燥热

我的心跳和呼吸非常平缓和稳定

我的胃部柔软和温暖

我感到前额很凉爽

我感到极度平静

到最后，大多数人只要重复一两次上面的句子，就能使自己进入愉快、沉静的自然发生状态。不断地有规律地使用这些方法会使这种状态增强，在需要的时候使自己放松和处于最佳状态。为了巩固掌握的这些技术，每天应该练习 2 次，每次 5 分钟。当充分掌握了这些技术后，人们只要简单地说"四肢沉重、燥热；心跳、呼吸平稳；胃部温暖、柔软；额头凉爽、平静"，就能进入"自然发生状态"。

学会了这六个简单的练习，就掌握了最基本的自生法，一般都能很快体会到它的效果。每当需要的时候，就可以用这种方法使自己迅速进入平静状态。

7. 活化练习

应当指出，做完上述六个基本练习以后，人是处于极度松弛和平静的状态。如果希望放松后就去从事训练和比赛，还应该再做一个自我动员练习，也叫活化练习，以使自己的精神振奋起来。这个过程最好是在大脑还处于微眠状态时就开始，这样振奋状态会出现得早些、快一些。为达此目的，需默念下列暗示语：

我的整个身体都在休息

我积蓄了力量

放松和沉静的感觉从手、脚、躯干、颈部、面部消失了

我全身的肌肉都得到了休息，变得很有力

呼吸加深了

睡意在消失

睡意完全消失了

我的大脑休息过了，很清醒！

我的自我感觉很好！

我很愿意进行所面临的工作！

此后，应站起来做几节身体准备活动，这样整个人将处于十分积极的振奋状态。

（四）常用的自生练习语

1. 我感到很安静；
2. 我开始感到放松了；
3. 我的双脚十分放松；
4. 我的脚踝、我的膝盖、我的臀部都感到舒适、沉重而放松；
5. 我的腹部、我的腰部感到放松、安静；
6. 我的手、胳膊、双肩都感到沉重、放松而又舒适；
7. 我的颈部、我的下颌、我的前额都感到很放松，它们平静而舒适；
8. 我的整个身体都感到沉重、舒适而又放松；
9. 我现在十分放松了；
10. 我的手臂、双手沉重而又温暖；
11. 我觉得很平静；
12. 我的整个身体已经放松，我的双手温暖、放松而又温暖；
13. 我的双手都很温暖；
14. 温暖流入我的双手，它们都很温暖，很温暖；
15. 我能感觉温暖从我的双臂流到我的双手；
16. 我的双手都很温暖，放松而温暖；
17. 我的整个身体都很平静，舒适而放松；
18. 我的头脑很平静；
19. 我不再想周围的事情，我感觉平和安详；
20. 我的思绪流向我的内心，我感到舒服自在；

21. 在我的心灵深外，我想象和感受自己放松，舒适和平静；

22. 我很清醒，但是内心却平静自在；

23. 我的心情平静安详；

24. 我的内心很平静；

25. 放松与幻想开始停止了；

26. 自我训练结束，请自语："现在，放松和幻想结束了，深深地呼吸一次，我的整个身体充满了活力，尽情地舒展。我感到我的生命与能量流过我的腿、臀、腹部、胸部、胳膊和手、颈、头部，能量使我感到轻快而富有生机。"

渐进放松练习的程序

（一）准备姿势

准备姿势可参照自生放松练习程序选择。

（二）练习程序（**20**个项目）

（注意：一个"…"号代表5秒钟的停顿）

1. 请注意倾听以下指示语，它们会有助于你提高放松能力。每次我停顿时，继续做你刚才正在做的事。好，轻轻地闭上双眼并深呼吸三次……

2. 左手紧握拳，握紧，注意有什么感觉。…现在放松…

3. 再次握紧你的左手，体会一下你感觉到的紧张状况。…再来一次然后放松并想象紧张从手指上消失…

4. 右手紧紧握拳，全力紧握，注意你的手指…好，现在放松…

5. 再一次握紧右拳。…再来一次…，请放松…

6. 左手紧紧握拳，屈左手臂使二头肌拉紧不放松，感觉暖流沿二头肌流经前臂，流出手指……

7. 右手握紧拳头，抬起手，使二头肌发紧，紧紧坚持着，感觉这紧张状态。…好，放松，集中注意这感觉流过你的手臂……

8. 请立即握紧双拳，双臂弯曲，使双臂全部处于紧张状态，保持这姿势，想一下感觉到的紧张。…好，放松，感觉整个暖流流过肌肉。所有紧张流出手指……

9. 请皱眉头，并使双目尽量闭小（戴眼镜的人要摘掉眼镜）。要使劲眯眼睛，感觉到这种紧张通过额头和双眼。好，放松，注意放松的感觉流过双眼。好，继续放松……

10. 好了，上下颌紧合在一起，抬高下巴使颈部肌肉拉紧并闭紧嘴唇。…好，放松……

11. 现在，各部位一起做。皱上额头，紧闭双眼，使劲咬上下颌，抬高下巴，拉紧颈肌，紧闭双唇。保持全身姿势，并且感觉到紧张贯穿前额、双眼、上下颌、颈部和嘴唇。保持姿势。好，放松，请全部放松并体会到刺痛的感觉……

12. 现在，尽可能使劲地把双肩往前举，一直感觉到后背肌肉被拉得很紧，特别是肩胛骨之间的地方。拉紧肌肉，保持姿势。好，放松……

13. 重复上述动作，同时把腹部尽可能往里收，拉紧腹部肌肉，感到整个腹部都被拉紧，保持姿势。…好，放松……

14. 再一次把肩胛骨往前推，腹部尽可能往里吸。拉紧腹部肌肉，紧拉的感觉贯穿全身。好，放松……

15. 现在，我们要重复曾做过的所有肌肉系统的练习。首先，深呼吸 3 次。……准备好了吗？握紧双拳，双臂弯曲，把二头肌拉紧，紧皱眉头，紧闭双眼，咬紧上下颌，抬起下巴，紧闭双唇，双唇向前举，收腹，并用腹肌顶住。保持姿势，感觉到强烈的紧张贯穿上述各部位。好，放松。深呼吸 1 次，感到紧张消失。想象一下所有的肌肉都放松——手臂、头部、肩膀和腹部。放松……

16. 现在轮到腿部，把左脚跟紧紧靠向椅子，努力往下压，抬高脚趾，结果使小腿和大腿都绷得很紧。紧抬脚趾，使劲蹬紧后脚跟。好，放松……

17. 再一次，把左脚跟紧紧靠向椅子，努力往下压，抬高脚趾，结果使小腿和大腿都绷得很紧。紧抬脚趾，使劲蹬紧后脚跟。好，放松……

18. 接着，把右脚跟紧紧靠向椅子，努力往下压，抬高脚趾，结果使小腿和大腿都绷得很紧。紧抬脚趾，使劲蹬紧后脚跟。好，放松……

19. 双腿一起来，双脚后跟紧朝椅子压，压下双脚后跟，尽力使劲抬高双脚趾，保持姿势。好，放松……

20. 好，深呼吸 3 次。…正像你所练习的一样，把所有练习过的肌肉都拉紧，左拳和二头肌、右拳和二头肌、前额、眼睛、颌部、颈肌、嘴唇、肩膀、腹部、右腿、左腿、保持姿势。…好，放松。……深呼吸 3 次，然后从头到尾，接着全都放松。在你深呼吸以后，全都绷紧接着又放松。同时，注意全都放松后的感觉。好，拉紧，…放松。…接着，进行正常的呼吸，享受你身体和肌肉完全无紧张的惬意之感……

（三）练习的计划

可将上述指示语录入磁带，整个过程可配以惬意的轻松乐曲。开始学习时所用时间较长，熟练后所用时间将缩短。可参照下列计划训练：

1. 两天内至少练习 3 次上述 20 个项目。

2. 录制一个包括第 1、8、15 和第 20 项的新磁带，使用这盘新磁带两天内至少练习 3 次。

3. 录制一个仅包括第 1 和第 20 项的新磁带，使用这盘新磁带，一天内至少练习 2 次。

4. 大约用 1 周时间完成这个计划，即可在几分钟之内做到完全放松。

另外，如上所述，如果放松后将进行训练或比赛，则应在放松后，训练比赛前加入“活化”练习，默念积极、肯定、振奋精神的指导语，以充沛的精力和坚定的自信投入到训练比赛中去。

静默放松练习

静默（meditation）可翻译为冥想、沉思、入静、静坐、静思，也可翻译为空幻想象训练。根据训练过程不同，静默又可分为东方静默法、松弛反应和超觉静坐等方法。

（一）东方静默法

著名的中国气功、印度瑜伽、日本坐禅中都包含放松训练的内容，这些训练方法都是在意识的主动控制下，通过调整姿势（调身），调整呼吸（调吸），调整意念（调心），从而达到“松、静、自然”的放松状态，它们的方法类似，作用相同，又都是东方的古老文化传统，因此可以归纳为十类，统称东方静默法。

中国气功是一种流派繁多、覆盖范围极广的功法，其基本内容可以概括为动功和静功两大类，这里仅举出静功中的三线放松功作为东方静默法的代表来加以说明。

三线放松功主要是有意识地结合默念“松”字，按次序调整身体的各个部位，使整个机体逐步放松，心情平静，停止思维，达到舒适、怡然自得的境地，其基本方法是：将身体分为两侧、前面和后面三条线，自上而下地依次进行放松。

第一条线（两侧）：从头部两侧——颈部两侧——肩部——上臂——肘关节——前臂——腕关节——两手——十个手指。

第二条线（前面）：从面部——颈部——胸部——腹部——两大腿——膝关节——两小腿——两脚——十个脚趾。

第三条线（后面）：从后脑部——后颈部口——背部——腰部——两大腿后面——两膝窝——两小腿——两脚底。

先注意一个部位，然后静默“松”，再注意下一个部位，再静默“松”从第一条线开始放松，待放松完第一条线后，再放松第二条线，然后再放松第三条线。每放松完一条线后，在一定部位的止息点上轻轻意守 1～2 分钟。第一条线的止息点是中指，第二条线止息点是脚拇趾，第三条线的止息点是前脚心。

当放松完三条线的一个循环以后，把注意力集中在脐部或指定的一个部位上，轻轻地意守该处，保持安静状态 3～4 分钟，再做下一个循环。一般每次练功做 2～3 个循环，安静一下，然后睁开眼睛收功。

在默念“松”字时，呼吸要自然，肌肉骨骼逐步松弛，如果遇到一个部位没有松的感觉，或者体会不深时，不必急躁，可以任其自然，按照次序继续放松下去。默念“松”字时不要出声，快慢轻重要适当掌握，要自己多加体会，用意太快太重可引起头部紧张，太轻太慢则可能昏沉欲睡。

意守困难时可以配合数数法，默数自己的呼吸数，逐步进入意守。最后意守的部位通常为脐部或丹田穴，也可以根据具体需要选用不同的穴位。练功时要环境安静，思想集中，情绪稳定，松衣解带，采用仰卧。靠座位或平座位均可。每次 20～30 分钟。也可以单独对身体的某一不适部位或某一紧张点默念“松”字 20～30 次，达到局部放松的目的。

在功法熟练后，可以进行整体放松，即依照放松的三条线，从头到足笼统地、流水般地、不停顿地向下放松。

（二）松弛反应

这种方法是由美国学者本森在 1975 年根据东方静默法的特点制定出的一种新的训练方法。他提出了进行这种放松的 4 个必要因素：

1. 安静的环境。

2. 肌肉放松。

3. 用一个心理手段（即聆听重复的一种声音、一个词或一句短语）。

4. 一个随和的姿态。

这种放松的具体做法是，在安静的环境中舒适地静坐、闭目，放松全身肌肉，平静缓慢地用鼻子呼吸，使自己能感到自己在呼吸。在每次呼气的同时，默诵“一”字，将注意力驯服地集中在“一”字上，并保持一种随和的态度。对头脑中不时出现的杂念，不必为之着急，不要理会它们，继续重复“一……”。实践证明，用不了多少时间，松弛就会自然到来。在训练结束时，先闭目静坐几分钟，然后睁开眼睛。这样每次训练 20 分钟，每天可进行 1～2 次。

这种方法简单易行，每天重复地进行练习，可以引起生理唤醒水平的明显下降，可以产生深度的放松，对易急躁、常有时间紧迫感的 A 型性格（即在日常生活中，个性急躁、求成心切、有野心及好冒险者）的人尤为适用。当进行放松训练时，他们的头脑也不易安静，思想总是频繁地活动，采用这种方法，可以更快更好地达到放松的目的。

（三）超觉静坐

超觉静坐，是印度教士家玛哈礼师创立的。他把古代印度静坐法和现代物理学中的统一场论结合起来，因此这种方法又叫做玛哈礼师统一场技术。这种训练方法需要专门的教师，教授给受训练者一段固定默诵的词，使其在闭目凝神静坐中逐步入静。这种方法需专人传教，故不赘述。

第三节　表象训练

一、表象和表象训练

在心理学中常将以图象为表征的心理现象分为表象、想象和心象。在现有的普通心理学中，对表象和想象这两个概念关系的理解有两种不同的观点。一种观点认为表象与想象是两种不同的心理现象，表象是人脑对过去感知过的事物形象的反映，而想象是人脑对已储存的表象加工改造形成新形象的心理过程。表象与想象两个概念不能混淆（彭聃龄，1988）。另一种观点认为，凡是对象不在面前时，我们头脑中浮现出的形象称为心象（黄希庭，1991）。从对心象信息的加工深度来看，可以把心象区分为表象和想象。虽然表象和想象的加工深度不一样，但它们却是具有许多共性的两种心理现象。黄希庭指出，表象也就是心象，只是称谓不同而已（黄希庭，1991）。表象训练中的表象实际上是一种广义的表象，也即上面第二种观点。在有关表象训练的理论与实践中，表象泛指以形象为表征的所有心理现象。Richardon 认为，表象是一种能够自我意识到的似感觉或似知觉经验，这种经验的存在不需要产生真实感觉或知觉的条件。也可以说是应用各种感觉创造或再造的一种有意识的心理经验（Landers，1999）。

表象训练是在暗示语的指导下，在头脑中反复想象某种运动动作或运动情境，从而提高运动技能和情绪控制能力的方法（马启伟，1998）。在表象训练的理论与实践中，表象训练也被称作“视觉化”训练、意象训练或想象训练等（丁雪琴等，1997）。

二、表象训练的相关理论

表象训练的理论主要是对表象训练的作用机理的理论解释，主要有心理神经肌肉理论、符号学习理论、心理技能理论、心理生理信息加工理论、三重编码理论。

（一）心理神经肌肉理论

心理训练的心理神经肌肉解释已有很长的历史。早在 1892 年 Jastrow 就研究了在进行各种心理操作时所产生的不随意的运动现象。1894 年，Carpenter 提出了“观念运动原理”。他认为，映像可以产生与实际运动时相似的肌肉运动，而只是运动幅度较小而已。后来，人们发展了“观念运动原理”，形成了心理神经肌肉理论。这一理论认为，在大脑运动中枢和骨骼肌之间存在着双向神经联系，人们可以主动地去想象做某一动作，从而引起有关运动中枢兴奋，兴奋经传出神经至有关肌肉，引起难于觉察的运动动作。根据这一原理，表象训练有助于运动技能的学习是因为这一过程所激发的神经肌肉活动模式的性质。即生动的表象事件所激发的肌肉活动与实际的身体运动在某种程度上是相同的。在表象过程中的肌肉活动虽然很微弱，但它却是实际行为模式的模板。

Jacobson 在 1931 年最先为 Carpenter 的推测提供了实验证据，被试在想象屈臂动作时可以测量到手臂屈肌群的微弱收缩。Suinn 通过监测滑雪运动员在想象滑雪时的腿部肌电活动也发现肌肉活动会随着他们想象内容的变化而变化，当他们想象滑过崎岖的路段时肌肉活动水平最高（Murphy，et. al）。

近年来，一些脑功能成像研究也发现，一些实际运动时产生的皮层或皮层下区域的活动也会在想象或心理训练时出现，主要的运动皮层也参与运动表象活动（Schnitzler，1997）。其他一些采用相似的测量技术所进行的研究也表明，许多在实际运动时所激活的大脑区域在进行表象训练时也会被激活，尽管其激活水平不如实际运动时的水平（Landers，1999）。虽然中枢激活并不能充分证明心理神经肌肉理论，但它也是理解心理神经肌肉理论的重要证据。

尽管心理神经肌肉理论具有某种理论上的精致性，而且这一理论也易得到我们生活经验的佐证（如梦境常常会引发与之相应的身体反应）。但对表象训练会产生与实际运动时相似的肌肉运动仍需更多的实验支持。即使是产生了相应的肌肉运动，但还不能完全用它来解释表象训练的效果。Feltz 和 Murph 等人指出，将心理训练的效果解释为获得微弱的用于实际动作中的肌肉运动感觉是可疑的。

（二）符号学习理论

符号学习理论由 Sackett 在 1934 年提出来。这一理论假设，表象可以充当编码系统的功能来帮助人们理解或获得运动模式。通过表象在中枢神经系统产生一种成功完成动作的中枢程序或蓝图。表象训练可以强化这种心理蓝图，从而使动作更加熟悉、更易达到自动化。符号学习理论强调心理训练效果的中枢神经系统的活动。符号学习理论认为表象训练的效果在于其认知学习。根据这一解释，可以推断表象训练对于认知成份高的运动技能的效果好于认知成份低的运动技能。而且表象训练在运动学习的不同阶段其效果也不一样。Feltz 和 Landers 通过对 60 多项有关表象的文献进行元分析发现，表象训练对完成那些认知成分较多的任务的效果总是好于那些纯运动性的任务（Landers，1999）。这为表象训练的符号学习理论提供了证据。但同时他们的研究也表明，熟练者（学习的后期）进行心理训练的平均效果量大于初学者（学习的初期）进行心理训练的效果量。这一结论又与心理训练在学习初期最为有效的假设相矛盾。此外，符号学习理论和心理神经肌肉理论一样，都不能很好地说明运动心理学家经常应用表象训练进行心理干预的作用。

（三）心理技能理论

心理技能理论认为，表象训练是通过发展或强化心理技能而影响到行为表现的。这些心理技能主要包括注意集中技能、降低焦虑技能和增强自信心技能等。表象是发展这些心理技能的重要手段。表象训练的心理技能理论将表象训练对动作或运动表现的作用归结为心理技能的改变，这克服了有些表象训练理论要么只能说明表象训练对技能学习的作用机制，要么只能说明表象训练对技能表现的作用机制的缺憾。但这一理论并没有说明表象训练是如何发展个体的心理技能的。

（四）心理生理信息加工理论

心理生理信息加工理论最初是由 Lang 在临床心理学研究中提出的一种表象的信息加工模型，又称生物信息理论（Lang，1980）。这一理论认为，映像是一种贮存于人脑中的按功能组织的有限命题集。人们对一种映像的陈述包括刺激命题和反应命题两类。刺激命题是对表象情境内容的描述，反应命题是对这种情境反应情况的描述。同时，映像也包括指导如何进行反应的运动程序。外显的行为与生动的表象是相互联系的，一方的变化就会引起另一方的变化。外显行为中的生理变化与表象训练时的生理变化的一致性是表象训练起作用的原因所在。Lang 在其临床研究中发现，表象训练时的生理反应越强烈，相应的行为变化就越大。同时，研究也发现如果表象训练中既包括反应命题的因素又包括刺激命题的因素比仅有刺激命题的表象训练所激发的生理反应更多。

这一理论提示我们，在进行表象训练时应注意生理反应的激发。在运动心理研究中生理指标大多是作为一种表象训练效果的评价指标，但对表象训练和生理反应间的关系还缺乏充分的认识。

（五）三重编码理论

三重编码理论由 Ahsen 提出。他认为表象包括 3 个重要的部分：映像、身体的反应和映像的含义，简称 ISM 模型。Ahsen 认为（Landers，1999），映像可定义为中枢唤醒的感觉，它包括所有感觉的特征，但同时又是内部的。映像对外部世界的表征使我们在与它相互作用时就像与外部世界相互作用一样。身体反应是与表象训练相伴随的生理反应。某一映像对每一个体而言其意义是不一样的。由于每一个体在表象时都会将他自己的独特经验纳入其中，因此，相同的表象训练指导语永远也不会使不同的个体产生相同的表象经验。

这一理论启示我们，在进行表象训练时要关注表象训练脚本对运动员来说可能意味着不同的含义。同样的表象训练脚本可能会对不同个体产生不同的作用。

表象训练理论虽然较多，但还没有哪一种理论能完满地解释表象训练的机制，并为研究者普遍接受。Murphy 和 Jowdy 认为信息加工模型的表象训练理论具有更多的优点。

三、表象训练的要点

（一）表象的清晰度

像前面提到的那样，表象应该尽可能地清晰并使用尽可能多的感觉。这样可以使表象的内容最大限度地迁移到真实的操作中。记住，身体并不能分辨出真实动作与清晰表象两种体验之间的差异。

训练表象清晰度的练习范例：

卧室：表象你在家中自己的卧室里。你处在卧室的某个角落，可以看到卧室的其他部分。你环顾四周注意到卧室内的每个细节。你看到什么了呢？看到了家具的外形和质地。温度计上显示的温度是多少呢？你听到了什么声音？卧室内是否有空气的流动？你闻到的气味是什么样的？动用你所有的感官，使各种感觉都融入你的表象当中。

（二）表象的可控性

对成功表象训练起着重要作用的另一个方面是对头脑中图像的随心所欲控制。一些运动员在表象过程中就不能很好地控制头脑中的图像。例如，网球运动员可以在头脑中呈现自己发球下网或者自己上网截击遗憾的出界了。你希望看到自己打出漂亮的击球，而不是制造非强迫性失误和发球失误。

如何控制：注意自己在哪些环节上做错了或者做得不够。看到、感觉到自己的动作，并观察到自己的技术动作完成得非常理想。例如，看到并感觉到你自己正在打一个反手斜线穿越球，对手只能无奈地看着这个球落到场地中而根本无法救到它。

四、表象训练在运动中的应用

表象训练在运动中的应用主要有几个方面：一是表象在困难的比赛中控制操作，即想象自己正在参加一场非常艰苦的比赛中，可能你在比赛中早早陷入落后的被动局面、在关键时刻出现失误等，让自己置身于这些情境当中，然后看到自己保持专注和冷静并完美地发挥自己的水平；二是为个体制订的表象训练计划一定要基于运动员个人的需要、兴趣和能力，训练计划无须过于复杂和冗长，但应该与你的日常时间安排相匹配；三是在放松状态下开始表象训练，在放松状态下进行表象训练比单纯进行表象训练的效果更好；四是表象训练的内容应使运动员具有现实的期望和动机水平，那种期望可以在一夜之间使他们成为更优秀的选手，或可以神奇般地把他们变成自己梦想成为的明星运动员这样的表象训练是没有意义的，也会被运动员怀疑；五是进行现实的表象，即表象画面要尽量真实，在不忘记建立清晰、可控的图像的同时，还要确保表象中必须涉及你可能在比赛中体验到的心理状态的介入，和真实现实中发生的几乎一样；六是积极应对表象，即表象建立一个特定的情境，你在其中以稳定和专注的完美状态进行比赛并完成了许多极具挑战性的关键技术动作，或由于你在努力看到自己有效地应对消极事件的过程。

五、制作表象训练录像带或录音带

运动员往往能够得到自己队友或常遇到对手的清晰生动的图像，但很难表象出他们自己。这是因为表象一些你以前从未见过的失误是非常困难的一件事。为了克服这一障碍，你只需要让其他人帮你把你所有的场上表现用录像机拍摄下来制成视频图像就可以了。很多时候，在录像里第一次看到自己是令运动员非常开心的一件事情。例如，“我记得在我第一次看我发球的录像时，我的第一反应就是‘那是我吗？’但正是录像帮助我真正了解并看到了自己在赛场或者训练场上都做了些什么（或者没做什么），这使我能够在头脑中形成更加清晰的关于自己的画面，也使我的发球技术有所提高”。

如果有条件的话，可以对这些视频进行剪辑，只选出你最佳的动作画面，然后在录像带上反复地复制。这种录像带将使你最完美的技术动作的画面在你的头脑中得到强化，在比赛之前观看类似的录像是诱发成功表象的最佳途径。一些像安德烈·阿加西这样顶尖网球运动员都制作了他们自己在比赛中特定情境中的“精彩视频”，他们的目的无非也是通过观看录像找到胜利的感觉。这些最佳时刻的精彩画面接下来还要配上运动员最喜欢的能够激发斗志的音乐。这种视频在你进行表象训练之前观看可以起到增强自信心和鼓舞斗志的作用，或者可以单纯地提高表象的清晰度和生动性。此外，看录像还有助于发现技术动作中存在的细节上的问题。以便在接下来的表象训练中纠正技术中的问题并表象正确的击球技术。

除了采用录像带辅助表象训练之外，录音带也是一种不错的选择。尽管市场上有很多商业性质的录音带，但这些录音带大都没有适合每名网球运动员的足够的针对性。其实，录音带需要根据每一名运动员的需要进行专门的制作。你可以自己制作也可以让教练员帮你制作。无论是哪一种制作方式，一定要保证录音带中包含你所熟悉并对你有特殊意义的明确的词语提示，包括针对比赛过程中可能出现的各种比赛情境的具体的应对方式。下面是一个范例来引导你的表象情节（为比赛做心理准备），你可以根据自己的需要对其进行必要的修改。更理想的方法是，你在外出比赛之前在家里、更衣室或者其他安静的地方观看这些录像带。

表象脚本（赛前准备）范例：

在你步入场地开始热身时，你感觉自己的脚轻松、有弹性。你的地面击球轻松流畅，但却非常有力。你感觉击球的挥拍后摆动作短促有力，随前动作充分自然。你在场上的移动自如但却丝毫不费力气，对手所有的击球都在你的控制范围之内。你在热身时，打高压球、空中球和其他击球都有非常好的感觉。你在面对对手的空中球时，判断准确应对自如。在打过顶球时，你感觉自己的手臂向后摆动充分拉紧，击球时球拍中央准确地触球，击出的球势大力沉。在进行发球热身时，你的动作如行云流水，抛球稳定，你的身体充分拉伸后重心向前移动准备击球。球准确地落在对方发球区的角上，你变换自己的发球方式——旋转球和平击球。

下面你表象自己在比赛中开始发球，你马上进入了比赛的状态。你想象自己的发球力量极大，迫使对手的回球都落在了场地中央，这给了你从容选择击球的方式——短球、上旋球、大角度的斜线球都使对手疲于招架。接下来你与对手展开了一场多回合的底线球较量，你看到自己的击球果断有力而且非常深，几乎都是压线球。最后对手打了一记短球，你快速冲到网前把球打向对手身后的死角。对手快速后退欲打一记穿越，但你判断准确，利用空中截击将球打在对方场地的近网处得分。你最后以一记内角的 ACE 球结束了比赛。刚刚进行的表象使你快速进入比赛状态。在你入场比赛时，你感觉到了放松和自信。你迫不及待地等待着比赛的开始。

制作个人表象录像带/录音带的要点：

1. 录像带/录音带格式

音乐——如果使用音乐，你要保证它能使你进入自信的状态，不能太过激烈（摇滚乐）也不宜过于舒缓（轻音乐）。

声音——如果可能的话最好用自己的声音，说话的声音缓慢清晰。如果自己的声音容易使你紧张的话，也可以使用别人的声音。

2. 录像带/录音带包含所有感觉

视觉——比赛用的球场看起来什么样？场地周围的布置是什么样？你能看到颜色吗？你能看到对手和场外观众吗？

听觉——在比赛当中你都听到了什么声音？

触觉——手中的球拍感觉如何？

运动知觉——在发球的过程中你的手臂和后背有什么样的感觉？

嗅觉——在球场周围是否有食物的香味或者其他气味？

3. 录像带/录音带的四个步骤

放松——放松阶段包括深呼吸、在心中数呼气和吸气的次数。持续进行1～2分钟。

赛前——认真操作赛前程序（尤其是在你到达比赛场地以后）。使自己感觉放松、自信、精力集中。在头脑中回忆比赛计划。

赛中——表象在进行完的比赛中自己的出色发挥。你感觉自己是强大的、精力集中的，并且动员所有的感觉使自己找到比赛的感觉。看到自己以习惯的方式比赛，并且比赛计划贯彻得非常到位。

赛后——在看到自己打了一场漂亮的比赛之后，花一点时间让自己体验一下成功地感觉。在头脑中清晰地呈现你在自己发挥最好一场比赛当中的感觉。做几次缓慢的深呼吸，在结束表象时感觉自己精神更加振奋。

第四节　注意集中训练

一、运动中的注意集中

注意力的高度集中是巅峰表现的最关键特征之一。完全的专注意味着头脑中的一切似乎都停止了运转，进入了心无旁骛的境界之中。也就是说，你的大脑彻底地清除了所有私心杂念，并完全专注于此时此地——当前的比赛。这种状态使得巅峰表现的出现成为可能。在整场比赛中保持注意力集中是一件很难做到的事。其困难之处可以从两方面进行分析——人类大脑本身和比赛本身。谈到大脑的工作原理，注意专注能力依赖于你的动机水平和特定事件、刺激的强度或重要性。基本的原则是刺激的强度越大，你所需要的维持注意专注的动机水平就越低；而刺激的强度越小，维持专注状态所需的动机水平就越高。从比赛角度而言，包含在比赛当中的各种因素都对运动员集中注意产生或多或少的干扰。例如，比赛中的间歇时间、对手表现、观众、裁判的判罚等。

注意力的专注可以从两个不同的维度上进行分类——广度和指向。注意的广度从宽阔到狭窄有着各种不同的状态。注意还可以从指向的角度分为内部注意和外部注意。外部注意是指将注意力集中在球或对手的移动等外部环境上。而内部注意是指专注于自己的思想和感受，比如网球中“我需要具有更强的攻击性，并在机会出现时积极上网”或者“我需要在发球时将球抛得更远些”。注意广度和注意指向各自的两个维度在相互结合后形成了四种基本的注意类型：外部宽阔注意、外部狭窄注意、内部宽阔注意、内部狭窄注意。

二、影响注意集中的因素

许多运动员都存在比赛中注意集中持续时间的问题。通常这些注意力问题是由于不恰当的注意方式导致的。杰克逊和斯克森特米哈里（1999）对优秀运动员进行的大量研究证明，担心和无关想法可以使运动员的注意朝向从他们正在做的事情上转移到他们不希望发生的事情上。其实，他们这时并没有把注意力集中在恰当的线索上，而是被思想、情绪和其他事件分散了。根据一些运动员在控制和保持专注状态过程中经常出现的问题，我们将影响注意集中的因素分成内部干扰和外部干扰。内部干扰即一些干扰来自于我们自身——我们的想法、担心和关注对象；这些无关想法会使运动员注意力分散并形成不恰当的注意指向；外部干扰即一些正在发生的有关环境刺激、对手刺激或比赛进程刺激导致运动员注意力分散并形成不恰当的注意指向。下面我们详细地看一看出现在注意问题中的干扰。

（一）关注过去事件

也就是说，运动员经常不能忘记刚刚过去的前一分球、前一局或者前一盘的比赛——这是一种需要运动员为此付出极大代价的错误习惯。对过去事件的过分关注已经葬送了很多天才运动员的光明前途，由于对过去自己表现的关注而使他们不能集中精力专注于当前应该做的事情上。

（二）关注未来事件

注意力问题还可能是由于过分关注未来事件所致。其实，运动员往往以一种“算命”的方式担心或考虑比赛的结果，而不是去做那些获得成功所必须的事情。这类思想都以“如果……会怎样”的描述形式出现，特别是在青年网球运动员非常普遍。这些例子包括：

- 如果我输掉（赢）了这局比赛会怎样？
- 如果我输掉（赢）了第一盘比赛会怎样？
- 如果我输掉（赢）了这场比赛会怎样？
- 如果我发球双误会怎样？
- 如果我不终止比赛会怎样？

这种未来指向的想法和担心消极地影响运动员的注意力，由于对某些可能发生事情的担心完全充当了一种干扰的角色，它同时也可能导致肌肉紧张和试探性的操作发生。例如，皮特·桑普拉斯在 1994 年的澳大利亚公开赛的决赛当中，前两盘的比赛分别以 7∶6 和 6∶4 获胜，在自己发球局到来之前的第三盘比赛中以5∶2领先，在离冠军只有一步之遥的他却因为想赢怕输的心理作怪，出现发球双误并连续输掉了两局比赛，尽管后来他还是以6∶4取得了第三盘的胜利。在赛后接受记者采访时，桑普拉斯解释说他在比赛中出现的过失完全是由于对将要发生事情的预期导致的，“我当时已经迫不及待地在想获得澳大利亚公开赛的冠军和赢得这一赛事的冠军是如何之大的一项荣誉……向前看，只是认为一切都是理所当然的事，而不再用一分一分的争取了”。

很多时候当你毫无理由地精力不集中时，这种未来指向的思想对于比赛或对手关系很小甚至根本没有关系。例如运动员报告，比赛激战正酣的过程中自己考虑的事情很多，诸如比赛的第二天要做的事、比赛结束后晚上要做的事、自己的男朋友和女朋友、去什么地方购物等。这些想法经常是不知不觉地进入我们大脑的——突然运动员发现自己正在思考着与比赛无关的事件。这可能会让运动员非常苦恼，因为他们知道对于自己更重要的是把注意力集中在当前——在每分球的比赛中保持外部—狭窄注意集中在球上，而在比赛之间以内部—狭窄注意控制自己的思想和情绪。

（三）在压力下的“Choking”

许多情绪因素——比如来自竞技比赛的压力在形成内部干扰的过程中经常起着重要的作用。在这类干扰中有一种常见现象就是“Choking”，它典型地描述了运动员在压力下的拙劣表现。压力下的“Choking”用来描述运动员在比赛的关键时刻或在重大比赛中发生运动成绩下降的现象。“Choking”与通常所说的“比赛失常”是完全不同的概念。“Choking”是一种心理现象，定义为习惯的运动执行过程发生衰变的现象，主要与努力有关。但是，这样的努力并不能帮助运动员提高或保持成绩。这是因为增加的努力通常会引起意识控制运动过程。而这种意识控制会破坏已有技术的自动执行，导致习惯的运动过程发生衰变。从行为动作角度我们推断，“Choking”经常是在比赛中表现极为不佳时出现，特别是在强大压力或者重大比赛的条件下更容易产生“Choking”的现象。在任何情况下，压力感的增加会使你的肌肉紧张并因此时你的肌肉变得僵硬。你的心率和呼吸的频率都会加快。而最重要的打击是它会使你在比赛中的注意水平大打折扣。取代专注球和对手的外部注意是开始变得狭窄、指向内部，专注于对比赛失利和失败的恐惧的注意。与此同时，增加的压力还会降低你注意转移的灵活性，使你在想根据环境改变专注对象时产生困难。这种不恰当的注意集中再加上过度焦虑会导致比赛中很多操作问题，诸如破坏了对时机的判断和动作的协调性，导致疲劳的产生、肌肉紧张、错误的判断和决策等。因此，比赛中一些非正常表现都是由于过度压力所引起的不恰当的注意指向所致。

（四）过度分析身体

另外一种不恰当的注意方式是运动员在比赛中过分关注自己的身体技巧和动作。我们以网球的发球为例，你也许需要把注意力集中于身体中心的移动、球拍触及后背、抛球的高度上（你最好一次只把注意力集中在一件事情上）。当你尝试将这个新的动作整合起来时，你的操作很可能会出现不稳定的现象。但是这正是练习发挥作用的时候了——通过达到更好地对动作的感觉来集中提高你的技术。在你掌握了技能之后，内部—狭窄注意的继续会带来新的问题。这时技能应该完全处于自动化状态，你的注意也应该主要集中在你所做的事情上。因此，在比赛中发球时，你不应该去想我们前面谈到的任何身体方面的技巧问题，因为这只会使你的表现变得糟糕。但是，如果在比赛中表现得不够好，你大可不必为此懊恼，因为许多运动员都会在自己的比赛中出现或多或少类似的问题，也就是说这种现象对于一名运动员来讲是再正常不过的了。

这并不是意味着在比赛中没有多余的思考就说明某项技能已经被很好地习得了。但在比赛的过程中强调技术和身体技巧对于操作而言都是有害的，因为多余的思想会使身体行动受到干扰。你分析得越多，就越可能破坏自然、流畅的动作，而且越是高水平的操作这种特征越为明显。在这里还要强调的是，你对自己的指导必须简明扼要，最好只包含一个关键词或者提示词，例如伸展、向前或者弯曲。在比赛的过程中，迅速的决策和反应是极为重要的，集中在过多注意事项上的内部注意可能会使你的大脑处于超负荷状态，因此导致更多错误的产生。训练和练习的过程是体会动作感觉、集中精力纠正错误的最佳时间，而比赛则只应该以某一种注意方式为主的注意集中方式，例如对于网球、乒乓球、羽毛球而言，以采用狭窄—外部注意为宜。

三、注意集中技巧

正如前面所谈到的那样，能够把注意力集中在相关的环境信息上对于有效的操作起着至关重要的作用。下面我们将对如何提高注意力进行详细地介绍，其中我将着重介绍一些切实可行、运动员可以亲身实践的方法和技巧。这里需要提醒大家的是，其他章节也包含着许多关于如何提高注意力水平的重要信息，比如表象的运用、唤醒水平的控制、操作目标和过程目标的设置、建立自信。

（一）注意日志

这就意味着运动员要坚持完成日常训练和比赛中关于注意力的日志，记录下一天中关于注意力的想法以及任何提高或破坏你注意力的情境。

（二）模拟训练

在比赛的情境中经常会出现很多不可预料的干扰因素。观众的喧哗、环境因素（阳光、风和气温）、对手的行为等都是一些你在平时训练中没有涉及，但在实战中确实存在的干扰因素。因此你需要做的就是提前对这些比赛情境进行充分的准备并制定出相关的策略以备不时之需。可用的办法是模拟训练，即尽可能地使练习条件与比赛条件相近，这样才可能取得更好的效果。

许多项目的运动员已经尝试在训练中加入干扰因素，例如篮球教练在训练场播放赛场观众的喧哗声；射击教练让运动员在下雨的天气里操练等。此外，如果你不适应在有风或阳光的环境中比赛的话，应设法寻求在相仿的条件下进行练习。你在不利条件下进行的练习越多，你在比赛中应对类似不利条件的能力也就越强。即使是想象这类条件下的比赛也会有所帮助。

（三）使用非判断性思维

运动员在比赛中保持注意水平所面临的最大障碍是评价操作和判断其好坏的倾向。类似的判断很容易引起个人参与、自我参与的反应。心理学家蒂姆·高威曾经指出，很多判断性的想法将使你在比赛中失去时机判断、动作的流畅性和节奏。其实，你的大脑开始驾驭你的身体，导致你的肌肉紧张、无谓能量的消耗、注意力的丧失和决策失败等。在比赛中你应该避免判断自己操作的价值并杜绝区分它们的好坏，学会以一种非判断性的眼光来看待自己的所有行动。这并不是说你应该忽视比赛中出现的失误和错误，而是客观地评价自己的表现不外加任何价值判断在里面。通过这样的方式运动员便可以建设性地利用自己的操作评价，这不仅可以使自己在后面的比赛中表现得更加出色，还可以从比赛中获得更多地享受。

（四）建立操作程序

操作定势可以使注意力集中并有助于运动员对即将到来的比赛做好心理上的准备。研究人员认为，赛前形成的操作程序通过帮助运动员将注意力从与任务无关的思想上转移到任务本身的方式发挥作用。其实，操作程序增加了运动员在操作前和操作过程中不受外界和内部干扰的可能性。操作程序经常使操作不受意识的干扰完全处于一种自动化的状态。除了赛前形成的操作程序之外，活动中的间断对于操作程序而言是非常有益的，因为大脑可以在这些简短时间进行适当的休息。好的操作程序可以使运动员减少焦虑并使他们能够把注意力集中在发球和接发球的关键环节上。然而，这些操作程序与其他操作程序一样，需要运动员根据自身能力、习惯的需要进行个性化的调整。

（五）制订比赛计划

制订赛前和赛中计划对于运动员在比赛中保持注意集中很重要。这些计划不仅可以帮助运动员为自己的各种赛事做准备，而且对于准备不同环境中要做的具体事情——包括赛前和赛中也非常是有帮助的。在大多数情况下，运动员自己设计这些行动计划的详细方案，因此便更加容易地将注意力集中在操作过程上。尤其是在为特定的对手或者比赛做准备时，比赛计划对于运动员是非常适用的。从注意力的观点来看，关键是要清楚自己大体要做的事情是什么，但同时还要为不同的情境和可能性做好充分的准备。这样，无论赛场上发生什么事情，你都能把注意力集中在比赛上。

（六）保持关注当前

把注意力集中在当前是实现巅峰表现的要素之一。当然，在我们的大脑脱离开当前的事物四处徘徊之时，做起来可能要比说起来要难得多了。但是伟大的运动员都具有忽略过去和未来、把注意力集中在当前的事物上的超强能力。正如一句古语说的那样，“对于过去的事情你已经无力挽回，但你却会因为不能摆脱对它的思考而毁掉近乎完美的现在”。

（七）技能过度学习

自动化操作在巅峰表现中有着十分重要的作用。为了实现高水平的操作，运动员报告说运动技能的过度学习有助于竞技环境下保持注意力的集中。运动员反复强调他们在比赛中操作的技能必须达到过度学习的程度，这样他们才能在任何干扰之下都保持对当前操作的专注状态。过度学习可以使你的注意力解放出来，同时关注操作环境中的其他方面，有助于技能操作的自动化。

四、提高注意能力的练习方法

注意集中是坚持全神贯注于一个确定目标，不为其他内外刺激的干扰而产生分心的能力。美国的军用步枪射击冠军安捷尔松在东京奥运会射击比赛结束取得胜利后，几分钟内都没有表现出丝毫为自己获胜而高兴的表情，甚至不明白朋友和观众为什么向他祝贺。他心不在焉，脸上表情就像一无所知，过了一段时间才逐渐恢复正常状态。为什么有人能注意力高度集中呢，这是因为他们经过专门的注意集中训练。这里介绍几种练习注意力集中的方法：

（一）纸板练习

剪一块方形黑纸板，边长 15 英寸。再剪一块方形白纸板边长 2 英寸，将白纸板贴在黑纸板的中心，再将纸板挂在墙上，图案中心的高度与眼睛并齐。室内要求光线充足，保证人能清楚地看到图案。

用放松方法使自己处于放松状态闭眼 2 分钟，想象有块温暖柔软的黑色屏幕，就像电视没打开电源。

睁开眼睛，对着图案的中心集中注意力看 3 分钟，看图案时不要眨眼，也不要太用力。

慢慢地将眼睛移开，看着空白的墙壁。这时在墙上会出现一个黑方块虚像，直到它消失为止。当它开始消失时，要想象它仍在那里。

虚像消失后，闭上眼睛，在头脑中想象那个图像，使头脑中的图像尽量稳定，重复上述整个过程。

这套练习做一周，每天一次，每次 15 分钟左右。

（二）五星练习

剪一块方形硬纸板，黑色，边长 15 英寸。再剪白色五角星，8 英寸宽，将白色五角星贴在黑色纸板正中间，将纸板挂在墙上。坐在距离墙 3 英尺远的地方，进入放松状态。

闭上眼睛，在头脑中想象一个黑色屏幕。睁开眼睛，注意五角星的图案，凝视 2 分钟把眼睛移开，看墙上的五角星虚像。闭上眼睛，在头脑中重现这个虚像。也可在室外借助自己的影子做这种练习：站或坐在阳光下，使自己身旁产生影子，盯着人影子的脖子看 2 分钟，然后看淡色的墙（如在室外，则看天空），注视影子的虚像，闭上眼睛，在脑海中重现图像。

（三）记忆练习

这个练习可以训练集中注意力和提高想象力，还可以帮助培养记忆力。在开始这个练习前，至少先练习一周观察图案的技术。找一个僻静的地方，将灯光调暗，脸朝上躺着。做一节放松或集中注意力练习闭上眼睛，想象有一个温暖、柔软的黑色屏幕想象在屏幕上出现一个白方块，边长 12 英寸距自己一尺远，努力使这个图像稳定。然后想象在屏幕上出现一个硬币大小的黑圆圈，集中注意力看这个白方块中的黑圆圈。突然整个图像消失，想象这时突然闪过脑海中的各种图像。

这种练习可以帮助回忆过去曾进入大脑的信息。进行回忆时先闭上眼睛自我暗示："我一定要想起来（名字，事实，地点）。"然后做记忆练习。把图像保持几秒钟，使图像消失。闭上眼睛待 10～15 秒，看看自己是否忆起自己遗忘的东西。

（四）实物练习

运动员可以使用身边的体育用品，例如网球来做这个练习。凝视手中的球，观察球的纹路、形状、颜色等一些细节，也可以用石头块、苹果或收音机等手边的其他东西来做这种练习。

（五）秒表练习

注视手表秒针的转动，先看一分钟，如一分钟内注意没有离开过秒针，再延长观察时间到两三分钟，等到确定了注意力不离开秒针的最长时间后，再按此时间重复3～4次，每次间隔时间 10～15 秒。如果能持续注视 5 分钟而不转移注意力，就是较好成绩。每天进行几次这样的练习，经过一段时间，注意力集中的能力便会提高。

（六）影子练习

运动员站或坐在阳光或灯光下，使自己的身旁产生影子，仔细盯着自己影子的脖子看 2 分钟，然后看淡色的墙（如在室外，则看天空），这时淡色的墙（或天空）上会出现自己影子的虚像，注视影子的虚像一会儿，闭上眼睛，在脑海中重现影子。这样每天做 3 次，每次 5 分钟左右。

（七）发令练习

1. 逆反口令法

体育教师在体育课上，可以要求学生按照口令的相反意思去完成动作：如原地队列操练，口令叫“立正”，学生们必须做“稍息”；口令叫“向左转”，动作应为“向右转”等。行进间队列操练也一样，口令是“立停”动作应为“起步走”；口令是“向右转走”，动作必须是“向左转走”等。运用这种方法时应注意：逆反练习须在队列操练（按口令要求）掌握较好的基础上才能使用；口令必须声音洪亮，口齿清楚，短促有力，节奏一致，快慢结合；开始可以用两个“口令”，让学生完成，然后过渡到 3～4 个，因为过多的要求会使学生一时适应不了，反而降低练习效果；如果发现学生做错动作，就要立刻用表情、语言给予提醒。

2. 轻微口令法

体育教师或教练员可以极其微弱的、勉强能让学生或运动员听清的声音发出命令，让他们执行，迫使他们高度集中注意力，这种方法持续运用的时间不宜太长，一般不超过 3 分钟。

第五节　自我谈话训练

一、运动中的自我谈话

运动心理学家所说的自我谈话，主要是指思想，或者是对自己的内在的或外露的对话。在比赛场上，运动员的自我谈话对运动员的思想和成绩都有一定的影响。自我谈话有积极的和消极的自我谈话之分。一般来讲，积极的自我谈话是有益的，它可以加强自尊心、动机、注意集中和提高成绩。通过应用一套专门的积极的言语暗示，运动员可以将注意力适当地集中在与工作相关的暗示上。积极的自我谈话还可以使思想集中于现实而防止走神。但也有一些不由自主的消极谈话，有些运动员在比赛关键时刻心里就会犯嘀咕，如“我可能坚持不了”“对手怎么打不死呀”“这一分得不了，我就完了”等。

二、自我谈话的应用

（一）戒除坏习惯（或旧习惯）

大部分运动员，在他们比赛时都会形成某些坏习惯，而且改掉这些习惯常常是非常困难的。其实，就是必须忘掉某种自动的反应，并学会一种新的反应。你应该确定对自己最为行之有效的暗示语，以帮助建立新的自动反应。因此，某种形式的指令性自我谈话似乎是最适合的。变化越大，越有必要用更多的自我指令。记住，要注意那些你想要做的，比如“保持姿态”，而不是不想做的，或含有否定性词语的自我谈话，如“不要发太大力”。

（二）技能获得

无论是新手还是很有经验的运动员，都可以从应用自我谈话的策略中获益，而且无论在哪种情况，要确定所选择的自我谈话是简短而有意义的。这类自我谈话倾向于指导性的，就好像你试图暗示自己该做什么一样。越来越熟练以后，当动作逐渐接近自动化时，所需使用的暗示会越来越少。

（三）坚持努力

自我谈话不仅可以发动动作，它还可以使你在一场时间较长的比赛中保持动机水平并付出更多的努力。当然你需要有好的身体状态，而积极的、动机性自我谈话，如“坚持到底”“忍耐”“坚持下去”同样是对坚持努力有用的暗示语。

（四）改善心理状态

本章的重点是关于怎样应用心理技能来提高运动水平和经验。非常肯定的是，自我谈话可以帮助进入这些状态。而暗示词语如“放松”“集中”“自信”可以使他们开始进入这些重要的心理状态。

三、改进自我谈话的方法

（一）停止想法

停止想法这种方法就是为了在造成危害之前，停止这些消极的想法，这种方法是借自临床心理学（通常是用来治疗强迫观念的）。应用停止想法的方法就是，从训练自己在听到“停止”时，无论在做什么都要停下来开始的。“停止”一词是作为一种暗示信号或者触发器，用来停止注意不希望有的想法，并且重新集中注意力。这样会减少继续将消极事件带到下一个比分和比赛的可能性。当然你也可以使用其他暗示方法来停止注意不希望的想法，比如弹一下你的手指，或用手拍击你的大腿。你可以选择任何起作用的方法。

虽然停止想法的方法听起来简单，却很难做到。因为它不仅要求了解赛场上的思维过程；而且要消除，已经在很长时间里养成的，消极自我谈话的坏习惯。许多人认为消除坏习惯，包括思想上的，应该是很容易的。但是其实远非如此。只有你自己知道用多长时间需要重复多少次，才能改掉行为上的坏习惯。事实上，运动员在比赛过程中的许多消极想法要想彻底改正是十分困难的。所以不要期望立刻会获得成功。

为了更好的停止想法，要多次训练，并且我们开始在训练场上就应该应用这种方法。首先，无论什么时候一有消极的想法（当然必须意识到它）就大声喊“停止”（或你用其他暗示的方法），并且重新注意与作业相关的暗示。必须准备好一个对你有用的暗示，以便在你停止有害的想法时，立即将思想集中到与作业相关的暗示上来。大声喊“停止”是为了使你和你的教练明白你正在练习新的技能。当你掌握了大声说“停止”的方法时，你可以开始心里想这个词，将指令停止的外部暗示转变为内部暗示，比如，你可以在脑子里想“停止”，这需要一些时间才能做到。如果在某个特殊的情境之后不能做到集中注意，那么你可以在这种情境中运用这个新的方法。当你运用“停止”这种方法克服了困难并感觉好些了，就可以将其应用到其他困难的地方。

另一种练习停止有害想法的方法还可以使用想象的方法。这种方法的优点是不需要在赛场上真的喊出来。用这种方法时，应该把你曾经因为消极的言语遇到麻烦的情境尝试用视觉形象想象（运用所有的适合的感觉）。视觉化想象这种情境，包括你常用的消极言语，尽可能地生动鲜明。然后在应用停止的暗示来打断这些想法。在对运动员的辅导过程中，由专家（温·伯格）在头脑中想象真正看到的一个红色的“停止”信号特别有效，因为这样做确实能使停止的需要更加突出。

（二）将消极的自我谈话转变为积极的自我谈话

全部消除消极的自我谈话是最理想的，但这是完全不现实的，消极的想法常会进入我们的思维活动中。所以，另一个最好的办法就是将这些消极的想法转变为积极的，同时引导注意力回到正在从事的作业当中。要求是记下消极的言语，以及其发生的情境。一旦这些消极言语再次出现，你的任务就是用积极的言语代替它。关键是应用这些积极的言语，让它们起作用，有效地抵消那些造成成绩下降和兴趣受挫的消极言语。就像想法停止一样，你应该在进行比赛之前的训练中就应用它（就像运用想象的方法一样）。因为消极言语常常在比赛压力下出现，所以试着阻止这些消极的自我谈话并且深呼吸。在呼气时试着放松，并重复适合的积极的言语。

（三）克服不合理的信念

我们在比赛上所见的多数消极自我谈话都有一个潜在的信念为核心。世界知名的心理治疗学家艾伯特·埃利斯把这些信念界定为不合理的信念。其实这些信念或想法是起反作用的，因为它们可以降低你的信心、动机、自尊、乐趣和表现。

本章小结

1. 心理训练是提高运动员竞技能力和运动水平的重要途径之一。

2. 呼吸调节方法简便易行，掌握好它可以增强运动员在训练和比赛中的心理准备。

3. 注意集中的技巧包括：建立自己的注意日志、模拟训练、使用非判断性思维、制订比赛计划等。

4. 表象演练的作用机理的理论解释包括心理神经肌肉理论、符号学习理论、心理技能理论、心理生理信息加工理论和三重编码理论。

5. 通过加强自我谈话的意识、进行自我检测和对训练比赛的回顾、停止想法、谈话方式转变、克服不合理信念等手段可以使运动员的自我谈话技巧得到提高，从而改善比赛中的表现。

>>> 思考题

1. 心理训练计划主要包括哪些方面的内容？

2. 比赛过程当中，如果运动员过于紧张，应该采用什么样的调节方式？

3. 有哪些因素会影响比赛时注意集中？可以采用什么方法练习注意集中？

4. 影响表象训练效果的因素有哪些？运动员如何应用表象训练？

5. 在运动心理训练中如何开展自我谈话？请根据项目特点和特定需要建立适合自己的自我谈话的内容及提示语。

>>> 参考文献

1. 姚家新．运动心理学研究的现状与发展趋势．体育科学学科发展现状与未来．北京：北京体育大学出版社，2000.

2. 马启伟，张力为．体育运动心理学．杭州：浙江教育出版社，1998.

3. 姒刚彦．高水平运动中的逆境应对．2005 年北京教练员研讨会报告，2005.

4. （美）赛尔（Syer，J.），康沃里（Connolly，C.）著．茂林等编译．运动员心理训练指南．北京：人民体育出版社，1990.

5. 王新胜，顾玉飞．竞技心理训练与调控．北京：北京体育大学出版社，2001.

6. 张力为，任未多．体育运动心理学研究进展．北京：高等教育出版社．

第九章　体育活动与心理健康

本章概述、学习目标

【本章内容简介】

随着锻炼心理学（Exercise Psychology）的发展，关于身体锻炼与心理健康的研究也迅速增加。大量的研究表明身体锻炼对锻炼参与者的身心产生了明显效益。本章将重点介绍心理健康的概念、内涵；探讨身体锻炼对人的情绪、认知以及人格健全发展的积极效益，产生这些效益的可能理论解释以及促进心理效益的身体锻炼方式。最后，介绍了身体锻炼的负效应。

【基本学习要求】

通过本章的学习，要求学习者能够掌握以下问题和关键术语：(1) 心理健康的概念和标准；(2) 身体活动与身体锻炼；(3) 身体锻炼在情绪改善和认知类方面的心理效益；(4) 身体锻炼产生心理效益的可能机制；(5) 促进心理效益的身体锻炼方式；(6) 身体锻炼可能产生的负效应。

第一节　心理健康概述

一、健康与心理健康

随着现代科学技术的飞速发展与社会变革的不断加深，生活在现代社会的人们普遍感受到生活节奏加快、竞争激烈，前所未有的巨大心理压力使人不堪重负，这对人们的健康产生了重大影响。人们逐渐认识到心理、社会因素在健康与疾病及其相互转化中的不可忽视的作用，进而逐步确立了身心统一健康观。

1948 年，联合国世界卫生组织（WHO）成立时，在其宪章中明确指出：健康不仅仅是没有疾病，而是身体上、心理上和社会适应上的完好状态或完全安宁。1989 年，世界卫生组织提出了 21 世纪健康新概念：“健康不仅仅是没有疾病，而且包括躯体健康、心理健康、社会适应良好和道德健康。”最近，世界卫生组织又提出了人的身心健康的八大标准，即“五快”“三良”。“五快”指食得快、便得快、睡得快、说得快、走得快。食得快，说明胃口好，对食物不挑剔，证明内脏功能正常；便得快，说明排泄轻松自如，胃肠功能好；睡得快，说明中枢神经系统功能协调，且内脏无病理信息干扰；说得快，表明头脑清楚，思维敏捷，心肺功能正常；走得快，证明精力充沛、旺盛，无衰老症状。“三良”指良好的个性、良好的处世能力、良好的人际关系。

对于心理健康的概念，我国学者张玲认为，第一，人作为一种社会性的动物，对社会文化的适应，与周围环境的协调是人生存与发展的重要条件。因此，心理健康是人类生存最基本的要求，对自然环境、社会文化、道德准则，对生活、工作、学习和人际环境的正确知觉与良好适应，无疑是人心理健康的重要方面。第二，适应是一种不断变化的动态过程。一个人生活在现实生活中，心理健康是一种过程，是在心理失衡和心理平衡的往复运动中不断向前发展的。第三，人不仅具有社会性还具有发展性。生理和心理的不同发展阶段，对人的心理和行为也提出了不同的任务和要求，能否顺应不同年龄阶段的发展特点，完善与之相适应的认知、情感、意志各方面的心理功能，具有与其年龄发展阶段相适应的认知水平，是影响人的心理健康状态的重要因素。因此，对发展的顺应程度，也是人的心理健康的重要方面。第四，人之所以不同于动物，还在于人具有意识，尤其是具有自我意识。人对自身的认识、定位，对自我的监控与调节，也是影响其心理健康水平的重要因素。第五，正如第二次世界大战后，心理学家所公认的那样，心理健康与“正常”或“仅仅没有病态”是不同的，健康的心理既不同于“没有病态”，又高于“正常”，因而在结构和动力上还应具有向崇高个性发展的特征。

总而言之，心理健康从广义上讲是一种高效而满意的、持续的心理状态；从狭义上讲，是指生活在一定的社会环境中的个体，在高级神经功能正常的情况下，智力正常、情绪稳定、行为适度，具有协调关系和适应环境的能力及性格。而且心理健康并不是一种固定的状态，而是一种不断发展的过程。心理健康也不是指对任何事物都能愉快地接受，而是指对待环境和问题冲突的反应上，能更多地表现出积极的适应倾向。

二、心理健康的标准

人的心理怎样才算是健康的，心理健康的标准是什么？随着社会的发展和进步，人类对心理健康的认识也在不断深化和提高，在不同年代，不同学者从自己的学术研究领域出发，提出了各自不同的标准。美国学者坎布斯

(A. M. Combs) 认为心理健康、人格健全的人应具有四种特质。

（一）积极的自我观念

能悦纳自己，也能为他人所悦纳；能体验到自己存在的价值，能面对并处理好日常生活中遇到的各种挑战；虽然有时也可能感觉不如意，并非总为他人所喜爱。但是，积极肯定的自我观念总是处于优势地位的。

（二）恰当地认同别人

能认可别人的存在和重要性，既能认同他人又不依赖或强求他人，能体验到自己在许多方面与大家是相通的、相同的；并且能与别人分享爱与恨、乐与忧，以及对未来美好的憧憬；并且不会因此而失去自我。

（三）面对和接受现实

能面对和接受现实，即使现实不符合自己的希望与信念，也能设身处地、实事求是地面对和接受现实的考验；能多方寻求信息，倾听不同意见，把握事实真相，相信自己的力量，随时接受挑战。

（四）主观经验丰富，并能够灵活运用

能对自己及周围的事物环境有较清楚的认知，不会迷惘和彷徨。在自己的主观经验世界里，储存着各种可用的信息、知识和技能，并能随时提取使用，以解决所遇到的问题，从而增进自己行为的效率。

人本主义心理学家马斯洛列举了心理健康的十条标准：充分的安全感；充分地了解自己，并对自己的能力做适当的估计；生活的目标切合实际；与现实环境保持接触；能保持人格的完整与和谐；具有从经验中学习的能力；能保持良好的人际关系；适度的情绪表达与控制能力；在不违背团体的前提下，能做有限的个性发展；在不违背社会规范的前提下，能恰如其分地满足个人的基本需求。

我国有学者提出了心理健康的八项指标：了解自我，悦纳自我；接受他人，善于相处；正视现实，接受现实；热爱生活，乐于工作；能协调与控制情绪，心境良好；人格完整和谐；智力正常，智商在80分以上；心理行为符合年龄特征。

李百珍在总结不同学者提出的标准的基础上，提出了心理健康的七项标准：了解自我，接纳自我，能体验自我存在的价值；正视现实，接纳他人；能协调、控制情绪，心境良好；有积极向上的、现实的人生目标；对社会有责任心；心地善良，对他人有爱心；具有独立自主的意识。

三、影响心理健康的因素

科学研究表明，影响心理健康的因素是十分复杂的，是生理、心理和社会等因素共同作用的结果。

（一）生理因素

生理因素的影响主要体现为遗传、发育和疾病等方面。

遗传是指机体生理解剖的结构和机能特性由上一代传给下一代。心理卫生的研究表明，人的某些心理障碍或疾病同遗传因素有关。如在精神分裂症、躁狂抑郁症等精神疾病的发病因素中，遗传因素不可忽视。此外，高级神经活动类型过强或过弱的人，比一般人更容易产生情绪上的紊乱。

在个体从受精卵到发育成熟的过程中，发育情况的如何对心理健康状况有显著影响。大量的研究证实，母亲孕期身体出现疾病、情绪不好或营养不良，可直接或间接地影响胎儿生理发育，并进而影响其心理功能的正常发展。生理发育迟缓对心理健康的影响是显而易见的。

许多躯体疾病尤其是神经系统的器质性病变或损伤，可直接导致心理异常。研究发现，7%～11.76%的多动症儿童在分娩过程中脑部受到过伤害；具有高热惊厥、颅外伤和其他严重病史的个体比正常个体表现出更多的心理健康问题。

（二）心理因素

人的心理活动包括心理过程（认知、情感、意志）、个性倾向性（需要、动机、兴趣、人生观、价值观）、个性心理特征（能力、气质、性格）以及处于动态心理过程和稳定个性特征之间的心理状态。

影响个体心理健康的个人心理因素主要表现为：（1）个性的缺陷；（2）心理素质的不完备；（3）情绪发展的不稳定性；（4）生理心理需要与社会规范的冲突；（5）人际关系的紧张。

（三）社会因素

社会环境是影响人的心理健康的又一重要因素。具体表现为：（1）政治、经济的发展对个体心理的影响；（2）社会变迁的影响；（3）文化及大众传媒的影响；（4）学校教育的影响；（5）家庭环境的影响。

总之，影响人的心理健康的因素是多方面的。生理因素、心理因素及社会因素常常交织在一起，相互作用，互相制约。先天因素的不健全，加上不良社会文化环境影响所造成的心理发展异常，就容易诱发心理健康问题。

第二节　体育活动与心理健康

一、心理健康——锻炼心理学研究的重要领域

身体活动（physical activity）是导致能量消耗高于休息时的新陈代谢水平的人类身体运动（Anshel 等，1991）。身体活动的概念至少包含三个要素

(Caspersen 等，1985)，即由骨骼肌产生的身体位移，引起能量消耗由低到高变化，对体质有积极影响。身体锻炼（Physical exercise）是以发展身体，增进健康，增强体质，调节精神和丰富文化生活为目的的身体活动（王则珊，1982)。身体锻炼的概念也包括身体活动的前两个要素，但它是“以保持和提高体质为目的的有计划、有内容和重复从事的身体运动”（Caspersen 等，1985)。由此看来，身体锻炼是身体活动的下位概念，它具有更强的目的性、计划性和规律性。

大量研究证明科学的身体活动有利于增强体质，促进身体健康。患有慢性疾病或身体欠佳时，人们在采取医疗手段进行治疗的同时，也会进行身体锻炼活动以达到治疗和恢复的目的。

以往的心理学研究中，有相当多的研究涉及心理对身体的影响，特别是临床上的研究结果，但有关身体活动对心理影响的研究则相对匮乏（Harris，1986)。随着社会经济的发展和人类生活方式的改变，人们出于健身、健心和健美等多重需要，越来越多地将闲暇时间投入到各种身体活动。张力为(2000）认为无论是出于自发、自觉还是被迫，实践都需要运动心理学和医学心理学工作者回答下述问题：

第一，身体活动和身体锻炼到底能产生哪些健心功能？它对认知、情绪、社会适应等方面有哪些具体意义？怎样的生活方式最有利于身心健康？

第二，身体活动和身体锻炼作为身心疾病的一种治疗和康复手段，是否对紧张、焦虑、困惑、抑郁甚至原发性高血压等具有缓解作用？与放松训练、精神分析等治疗方法相比，其效果、副作用乃至经济支出如何？怎样为这类患者开具运动处方？能否通过身体活动预防心理疾病？

第四，在许多国家进入老龄化社会的今天，身体活动和身体锻炼能否作为抗衰老的有效手段？它能否使老年人延缓身心功能的衰退？

对上述问题的科学回答不仅有助于锻炼动机的培养与激发，有助于身心疾病患者的治疗和康复，有助于减轻老龄化社会的消极影响，最终促进全民族的健康水平。

二、身体锻炼的情绪效益

（一）短时身体锻炼的情绪效益

Cox（1996）将短时身体锻炼解释为持续时间短，每次大约为 30 分钟且次数不连续的身体锻炼。短时锻炼的情绪效益是指由于短期参加身体锻炼后所带来的情绪方面的心理效益。

1. 心境（Mood）的改善

心境是一种强度比较微弱、持久且具有渲染性的情绪（黄希庭，1996)。

心境具有积极和消极之分。保持良好的积极心境是心理健康的重要标志之一。

有关心境的测量工具主要有两种：一种是 POMS（the Profile of Mood States，1971），另一种是 BFS（Befindlichkeitskala，1986）。锻炼心理学领域有关心境的研究迄今为止大多数都是利用 POMS 来进行的，BFS 将心境划分为激活性和评价性两个维度，可以对心境的改变做出准确的评价。

目前关于心境的研究结果表明，短时身体锻炼可以改善参与者的心境状态。Weinberg 等人（1988）的研究表明，30 分钟的跑步可以使参与者在疲劳、愤怒、紧张、慌乱、压抑这五个负性维度上的得分下降，在活力这一正性维度的得分提高。Thayer（1987）甚至认为，5 分钟的步行也有助于心境状态的改善。我国学者姒刚彦利用 BFS 对老年人的研究结果表明，锻炼者在身体锻炼后的心境有了明显改善，其他学者（邢建辉，1996；黄志剑，姒刚彦，1997；秦刚，1999）的研究也得到了类似结果。

2. 焦虑（**Anxiety**）水平下降

焦虑是一种对当前或预计到的潜在威胁而产生的恐惧和不安的情绪状态。马腾斯（1981）根据稳定性将其分为特质焦虑（Trait Anxiety）和状态焦虑（State Anxiety）。

目前关于短时身体锻炼对焦虑影响效应的研究结果并不一致。身体锻炼能否引起状态焦虑水平的变化似乎取决于锻炼的强度。有研究者（Morgan，1985；Berger & Owen，1983）认为身体锻炼可以降低焦虑水平；另一些学者（Steptoe &Cox，1988）则认为身体锻炼可能会增加状态焦虑水平；还有学者（Ewing 等人，1984）认为身体锻炼不会引起焦虑水平的变化。Morgan（1987）通过一系列的研究表明，只有以 70%最大心率的强度以上的身体锻炼才会降低焦虑水平。

Weinberg 等人（1995）对此类研究进行总结发现：有氧锻炼比无氧锻炼更能引起状态焦虑较为持续的下降；锻炼后状态焦虑的下降可能并非身体活动所引起的，而是由于从日常应激和紧张的工作中得到了暂时的休息所致；以最大心率 70%以上作为锻炼的强度会引起锻炼后状态焦虑最大幅度的下降；锻炼后状态焦虑的下降水平在锻炼后 24 小时之内会恢复到锻炼前的水平，锻炼可以降低肌肉的紧张。Annemarie（2010）研究发现，参加集体项目体育锻炼的儿童比参加个人项目锻炼的儿童表现出了更少的躯体社会焦虑。

有关的元分析（Petruzzello 等人，1991）也表明：身体锻炼持续时间必须大于 20 分钟，才能有效降低焦虑；渐进放松练习同身体锻炼一样可以有效降低状态焦虑；身体锻炼比渐进放松练习更能有效地降低特质焦虑；无氧练习不能降低焦虑；长期的和短时的有氧练习均可有效降低状态焦虑；身体活动必须坚持 10 周以上才能有效降低特质焦虑。

3. 形成良好的情绪体验

有研究表明，一些身体锻炼者在活动过程中会形成流畅体验（flow）和跑步者高潮（the runner’s high）这类良好的情绪体验。

（1）流畅体验。

流畅体验是一种理想的内部状态。处于流畅状态的人，注意力会集中于有限的刺激范围、短时间的感受，忘记个人的问题，有控制感和能力感，并与周围环境融为一体。Jackson 等人（1996）认为，流畅体验作为一个概念，浓缩了身体锻炼参与者最优化的心理状态，它是任何水平的身体锻炼参与者所追求的状态。

一项研究（Privette & Bundrick，1987）对 123 名大学生进行了调查，结果发现体育运动是流畅体验的主要来源。调查问卷列举了体育运动、学习工作、人际交往、宗教等活动，询问被试以往在哪种情况下感受到流畅体验，大多数人回答只是在体育运动中有过这样的感受。

（2）跑步者高潮。

跑步者高潮是许多跑步者在跑步过程中一种共同的情绪体验。Sachs（1984）将其定义为“跑步过程中一种异常欣快的情绪体验，通常是事先没有预料到的。处于这种状态时，跑步者会感到一种良好身心状态，自身与情境融为一体，身体轻松，忘却自我，充满活力，超越时空障碍”。Sachs（1980）在一项研究中访谈了 60 名有规律的从事跑步的锻炼者，以探讨有利于跑步者高潮出现的因素。被访谈者都认为跑步者高潮是不能被可靠地预测到的，但在干扰很少，天气凉爽、平静且湿度很低的情况下更容易形成。同时，出现跑步者高潮需要跑一段距离（6 英里以上）和在舒适的跑道上至少跑 30 分钟。参与访谈的 60 名被试中有 77%的人都至少体验过几次跑步者高潮，有 33%的人认为在他们有规律的跑步过程中，有 30%的时间里会体验到跑步者高潮。类似的跑步者高潮还在游泳、骑自行车以及其他锻炼项目中得到了观察和验证。

（二）长期身体活动的情绪效益

Cox（1998）对长期身体锻炼的解释为：时间跨度长，每天都有从事或是有规律地从事体育锻炼活动。

1. 降低抑郁

抑郁是一种比紧张、焦虑更深层的复合性的负性情绪（孟昭兰，1989），它可能是伴随人生价值的失落感而产生的悲伤、恐惧、焦虑、羞愧甚至负罪感，其持续时间更长，给人带来更大的痛苦。抑郁症的临床特点为悲观、悲伤、无助、自卑和绝望（Dishman，1986）；轻微疲劳、易怒、优柔寡断、交往回避和厌世（Sime，1984）。

有研究报道（Hannaford 等，1988），在 8 周的身体锻炼之后，精神病患者的抑郁状况得到了明显的改善。几项对老年人的研究指出身体锻炼与抑郁的减少有关（Bennett，1982；Martinsen，1985；Valliant & Asu，1985）。

Griest 等人（1978）做过这样一项实验，将一些有抑郁症状的被试随机分到以下三组：（1）跑步组；（2）限时的心理治疗组；（3）不限时的心理治疗组。跑步组的被试每次进行 45 分钟，每周 3 次的单独跑步治疗；限时治疗组的被试同样进行 10 分钟为一个单元的单独治疗；不限时的心理治疗组的被试进行不限时的心理治疗。10 周之后发现：和另外两组被试相比，跑步组的被试抑郁得分明显下降。

Weinberg 和 Gould（1995）对此类研究进行总结发现：（1）有规律的锻炼与抑郁的长期下降有关；（2）锻炼单元的总次数越多抑郁水平的下降也越多；（3）锻炼强度与抑郁的变化没有关系；（4）锻炼项目花时间越长抑郁降低越明显；（5）每周锻炼的总次数与抑郁的变化没有关系。

然而，也有研究得出了不一致的结果。毛志雄、王则珊（1996）对北京城区中老年人身体锻炼与抑郁关系的研究表明：身体锻炼既未能缓解抑郁沮丧情绪，也无助于提高精力感。尽管这一问题尚有争议，但许多研究仍表明身体活动和身体锻炼是具有抗抑郁作用的。McCullagh 等人（1988）对 261 篇有关身体锻炼—抑郁关系的研究进行了元分析，结果得出了支持性的结论。另一项元分析研究（North 等，1990）分析了 1969～1989 年进行的 80 项有关身体锻炼对抑郁的控制作用的研究，得出 8 项结果：（1）一次性身体活动和长期身体锻炼均能有效地降低抑郁；（2）这种作用在需要得到特殊心理照顾的被试者身上体现的更为明显；（3）身体锻炼既可以降低特质性抑郁，也可以降低状态性抑郁；（4）身体锻炼既可以降低正常人的抑郁，也可以降低精神病患者的抑郁；（5）有氧练习和无氧练习均可以降低抑郁；（6）身体锻炼的持续时间和频率与抑郁的降低程度有关；（7）身体锻炼比放松练习和其他愉快活动更能有效地降低抑郁；（8）身体锻炼与心理治疗相结合比单纯地进行身体锻炼更能有效地降低抑郁。

值得注意的是，绝大多数有关抑郁的研究都是针对有抑郁症状的被试者进行的，针对正常人的研究较少，这可能是因为正常人抑郁水平本身较低，身体锻炼对其效应较小的缘故。

2. 心理自我良好感

Snyder（1974）的研究表明，心理自我良好感与运动有正相关关系，积极参与身体活动者比不运动者的自我感受和评价更积极，其中女子较男子相关程度更高。Aphrodite的横向调查研究结果显示，身体锻炼确实对老年人的幸福感有积极作用。Schroll将50～85年龄段的老人作为研究对象，研究锻炼对其生理及心理健康的影响，结果同样验证了锻炼对生活质量的促进作用。Schnohr对12 028名20～79岁的被试者进行的一项调查发现，利用闲暇进行慢跑的身体锻炼者的生活满意度高于不参与锻炼的人，而且锻炼量与锻炼者的生活满意感成正相关。

身体锻炼对心理自我良好感产生积极影响的原因可能有生理的、心理的和社会的，或者是三者综合作用的结果（任为多，1997）。焦虑、抑郁、困惑、疲劳、气愤等消极情绪的减少或精力感的增加同时也意味着心理自我良好感的增强。

三、身体锻炼的认知效益

长期以来，人们对身体锻炼在焦虑、抑郁、心境等方面的心理效益研究较多，而对身体锻炼的认知方面的效益研究则相对缺乏。在所有锻炼人群当中，老年人由于年龄关系，他们的许多认知功能正处于衰退阶段，因此，相比较而言，有关身体锻炼方面认知心理效益的研究对老年人来说意义更大。

（一）身体锻炼与反应时

反应时是指完成不同心理操作所需要的时间，及当某个特定刺激的出现到对它做出反应之间的时间。反应时可以分为简单反应时、复杂反应时和辨别反应时（朱滢，焦书兰，1993）。

研究证明，身体对锻炼有助于反应速度的保持，在同等条件下，积极参加身体锻炼的老年人其反应速度快于不积极锻炼的。Lupinacci等人（1993）通过对积极锻炼和不锻炼的中年组（50岁以下）和老年组（50岁以上）被试者进行比较研究，结果发现积极进行身体锻炼的老年人比不积极进行身体锻炼的老年人的反应时要短，且达到了显著性差异水平。毛志雄等人（1996）对北京城区182名中老年人的研究表明，在控制年龄、随机生活事件以及锻炼期望值等变量影响之后，积极参加身体锻炼的中老年人其简单反应时和复杂反应时的值均低于不锻炼者，且差异极其显著。进一步的分析还表明，锻炼者简单反应速度的衰减与年龄的增加有关，且与锻炼项目、运动负荷及坚持年限无关；而复杂反应时除受年龄的影响之外，还与锻炼项目有密切关系。

马启伟、张力为（1996）对身体锻炼与反应时之间的规律做了如下总结：(1) 积极进行身体活动的老年人，其反应时和其他认知功能的下降幅度比不进行积极身体活动的老年人小。(2) 测验任务的难度越大，身体锻炼对反应时和其他认知功能的影响就越明显。比如，身体锻炼效应在选择反应时上表现得比在简单反应时上更明显。但是，也有个别研究（Lupinacci 等人，1993）发现，身体锻炼的效应随着任务难度加大而呈下降趋势。（3）即便是年龄很大时才开始进行身体锻炼，同样可以提高信息加工速度。

目前关于身体锻炼影响反应时的机制还不清楚，可能的推测是：身体锻炼可能对大脑的氧供应、氧利用、神经递质的产生和功能甚至是大脑本身的结构都有积极的影响，这些积极的影响使信息加工速度得以保持和提高。但这些推测还有待于进一步证实。

（二）身体锻炼与短时记忆

记忆是认知功能的重要组成部分。如果延缓老年人记忆的衰减，对于老年人正常的生活和工作将具有重要意义。现有的大量研究结果都表明身体锻炼可以有效地延缓老年人记忆的衰退。毛志雄等人（1996）针对中老年人的研究发现积极参与身体锻炼的中老年人在“数字广度测验”上的得分高于不积极锻炼组，且达到了显著性差异。刘皓、姒刚彦（2000）对武汉地区的 100 多名老年被试者进行了听觉数字广度方面的实验，得出了类似的结论。

Powell（1974）将 30 名年龄在 59～89 岁的老年心理障碍患者随机分配到锻炼积极组、社会疗法组和一个控制组中，12 周以后测试发现身体锻炼组的被试者在韦氏记忆量表上的测验成绩出现了显著的进步，而其余两组都没有。

另外，刘皓、姒刚彦（2000）的研究还发现，经常参加身体锻炼的老年人在动作表现和动作记忆上的得分明显高于不积极锻炼组；积极锻炼的老年人在锻炼前后动作表现和动作记忆上得到了明显改善，但并未发现锻炼项目差异。

四、身体锻炼的其他心理效益

（一）身体锻炼与人格发展

健全的人格是一个人健康成长和学习事业成功的重要保证。Bos 等人（1993）进行的一项元分析表明，绝大多数有关体育运动与心理健康的研究表明，体育运动对人格的培养具有积极效应。

有研究报道（Ismail 等人，1973），长期身体锻炼不仅增强了中年男子的体质，而且使他们具有更高水平的自信心，更多的控制感，更强的想象力和更大的满足感。另一项研究（McDonald 等人，1991）指出，有氧适应性训练提高了自我满足感和智力分数，降低了不安全感的分数。

Fox（1997）指出，身体锻炼和身体活动可能和参与者的自我观念、自尊心以及自我效能感的提高相联系。但由于自我观念、自我效能感等概念的复杂性，这类研究中的被试在健康状况、文化水平以及年龄、性别等方面都有差异，因此研究的结果尚不统一。

（二）身体锻炼与自尊

目前关于自尊的研究较多，但自尊概念的定义尚未统一。关于自尊的结构，也经历了从单一维度向多维结构的演变。有学者（段艳平，1999）认为身体自尊是整体自尊下面一个较为重要的维度，个体身体自尊的提高可以促进整体自尊水平的提高。

在身体锻炼领域，研究者对身体自我观念有特别浓厚的兴趣。国外在该领域的研究结果表明，身体锻炼、体育课等可以有效地提高锻炼者的身体自尊水平，进而导致整体自尊水平的提高（Albinson，1974；Wheeler，1982；Fox，1989）。McAuley 的一项研究对 174 名老年人进行了为期 12 个月的实验观察，方法是先进行 6 个月的身体锻炼，并观察锻炼期间以及锻炼结束后 6 个月受试者身体自尊的变化。结果显示，在前 6 个月的锻炼期间，受试者的身体自尊呈非直线的上升，而锻炼结束后的 6 个月，受试者的身体自尊出现了显著下降，该研究还显示，受试者身体自尊的变化受到身体吸引力和身体状况的调节性影响。

我国学者段艳平（2000）、徐霞（2000）的研究证明了身体自尊这一概念在中国青少年身上的存在，认为通过身体锻炼这一干预手段可以提高青少年学生的身体自尊水平。并且编制了适合中国青少年的身体自尊量表，并对量表进行了信效度检验。

第三节　身体锻炼与心理健康之间关系的理论解释

有许多理论假设试图解释身体锻炼和心理健康改善之间的关系。Cox（1994，1998）在归纳总结前人研究的基础上，提出了身体锻炼促进心理健康原因的 6 项假说，试图从理论上解释身体活动和身体锻炼产生心理效益的机制。

一、心理学方面的解释

（一）认知行为假说

认知行为假说（cognitive behavioral hypothesis）的基本前提是身体活动诱发积极向上的思想和情感。这些思想和情感可以用来抵制消极情绪，如抑郁、焦虑和困惑等。这个理论解释与班杜拉的自我效能理论（Bandura，1977）相一致。班杜拉认为，当个体掌握了他们认为的困难任务后，就会增强自我效能。而体育锻炼在不锻炼的人看来是一件艰难的任务。因此，当不锻炼者开始有规律的锻炼时，就会产生一种成就感和增强自我效能。自我效能的增强有助于打破抑郁、焦虑和其他消极压力产生的消极影响恶性循环。

（二）社会交往假说

社会交往假说（social interaction hypothesis）的基本前提是，身体锻炼中与朋友、同事、同学、家属等进行的社会交往是令人愉快的和有助于改进心理健康（North 等，1990）。社会交往假说只是部分地解释了身体锻炼有利于心理健康，但它并没有提供一个可被接受的完整的解释。研究结果表明，无论是以小组形式集体锻炼还是单独参加身体锻炼，有规律的身体锻炼都有助于心理健康，而与锻炼的形式关系不大。North 等人（1990）的研究还显示，单独锻炼或在家锻炼要比在其他公共场合锻炼更能减少压力。但由于个体差异以及锻炼动机不同，我们仍然不能否定或忽视集体锻炼的作用。

（三）注意力分散假说

注意力分散假说（distraction hypothesis）的基本前提是，运动可以给参与者提供这样一个机会，以使他们脱离焦虑等沮丧情绪的干扰。该假说认为人在进行身体锻炼时本身需要一定的信息接收和加工能力，这样就降低了由于内部刺激而使人们处于应激状态的可能。

虽然该假说并没有提到身体锻炼的类型，但它似乎主要考虑的还是锻炼之中或锻炼之后短时间内的一些心理效应。而有研究（North 等，1990）认为长期身体锻炼在减轻消极情绪方面所引起的作用比放松或其他能分散注意力（但令人愉快）的活动更有效。也许这是因为分散注意力锻炼只能在短时间内减少抑郁和焦虑。

二、生理学方面的解释

（一）体温调节假说

体温调节假说（Thermoregulation hypothesis）认为较高的生理活动水平和真实的自我良好感是直接相联系的（Raglin & Morgan，1985）。运动医学的研究结果表明，有氧锻炼不仅可以使人体摄氧量增加，还可以使中枢神经系统和周围器官的血液循环比安静状态下提高 15～20 倍，进而会导致体温升高和感受器感受性的增强（Hollmann & Hettinger，1990）。因此，有氧活动后的短时间内自我良好感的增加，既有可能是由于升高的体温所引起的一种积极情感，也可能是由于感受器对自身和环境的感受性的延续。

这种机制虽然可以用有氧锻炼后诸如心境之类的短期心理效益解释，但到目前为止还缺乏足够的实证性证据的支持。

（二）内啡肽假说

内啡肽假说（the endorphins-thesis）认为身体锻炼可以促使大脑分泌一些化学物质，这些化学物质对人类具有类似吗啡的作用（减轻疼痛并引起快感）。由于这种内啡肽的作用而引起的快感可以降低抑郁、焦虑、困惑以及其他一些消极的情绪状态的水平。尽管这一假说似乎很有说服力，但支持证据却很少。Farrell 等人（1986）和 Kraemer 等人（1990）的研究都没有发现内啡肽在身体锻炼和心境状态的关系中所起的作用。Kraemer 等人（1990）观察到随着积极情绪的高涨，人体血液里的血浆内啡肽就会减少，而内啡肽进入到血液中可能与情绪改变有关，这牵涉到很多其他生理上的传送系统（Hoffman，1997）。

（三）儿茶酚胺假说

儿茶酚胺假说（the catecholamines-thesis）的基本前提是神经递质类化学物质分泌增加有助于心理健康的改善。

研究证明，高浓度的儿茶酚胺与心理良好状态成正相关，儿茶酚胺的每次增加都可以被认为是机体应对应激情境时的产物。经常处于有氧锻炼的应激情境，有机体应对日常生活中的应激源的能力将得到锻炼和提高，进而导致主观心理良好状态的提高；相反，当体内儿茶酚胺缺乏时会引起一些负性的心境和抑郁。

另外，有氧锻炼是否会引起儿茶酚胺的增加不仅与锻炼的强度有关，而且与代谢状态有关。尽管早期研究（Christensen 等，1979）发现只有当运动强度在 50%最大摄氧量以上时体内儿茶酚胺的含量才会增加，但 Rieckert（1991）却指出尽管运动强度达到了很高水平，但儿茶酚胺的分泌却在较长一段时间内保持在安静时的水平。因此，该假说还需要进一步的研究验证。

第四节　身体锻炼对心理健康产生的负效应

需要指出的是，并不是所有的身体锻炼都会产生心理效益。只有科学的、符合锻炼者身心特点的身体锻炼才会产生积极心理效益，对心理健康水平的保持和提高起到积极作用。而不科学的身体锻炼，不仅无助于身心健康，还会对心理健康产生消极影响，甚至损害心理健康。目前有关身体锻炼负性心理效应的研究主要集中在心理耗竭（burnout）和锻炼迷瘾（exercise addiction）这两方面。

一、心理耗竭

心理耗竭是由于应对训练应激过程中多次不成功努力所导致的一种耗竭性心理生理反应（Silva，1990）。它是一种训练应激症状，心理耗竭不仅损害心理健康，而且还直接导致退出锻炼。

二、锻炼迷瘾

锻炼迷瘾是指锻炼参与者对有规律的锻炼生活的一种心理和（或）生理

依赖。其特征是在离开锻炼 24～36 小时之后会出现一些退出症状（Sachs，1981）。这些症状大都与终止运动有关，包括焦虑、愤怒、自责、肌肉痉挛、膨胀感以及神经质。广义地说，锻炼迷瘾可以分为积极和消极两种。通常所说的锻炼迷瘾都是指消极迷瘾。

（一）积极锻炼迷瘾

Glasser（1976）认为，积极的锻炼迷瘾，比如跑步和冥想可以增强锻炼者的心理能量，提高他们的生活满意感。积极的锻炼迷瘾意味着一个人将长期坚持有规律的身体锻炼，并从中获得显著的心理或生理效益。有积极锻炼迷瘾的人将身体锻炼视为他们生活的重要组成部分并且能够成功地将锻炼和生活中的其他事情（如工作、家庭、朋友）协调处理。

一项研究（Anshel，1991）比较了有锻炼迷瘾的人与非锻炼迷瘾的人的差异。这些差异表现在以下四个方面：（1）锻炼迷瘾者锻炼后更难以休息并产生更多地应激；（2）参与身体锻炼后体验到高度积极的情感；（3）当错过一次锻炼机会后产生高度的抑郁、焦虑和愤怒的情绪体验；（4）为完成某种锻炼计划倾向于忽视身体的不适、疼痛或伤病。

另一项研究（Pierce & McGowan，1992）观察到长跑的距离与锻炼迷瘾的显著相关关系，发现超长马拉松和马拉松运动员在锻炼迷瘾调查中的得分高于参加 5 公里跑的一般锻炼者和运动员。

Glasser（1976）提出过对跑步有积极锻炼迷瘾的人的标准：活动是非竞争性的和自己选择的，每天从事 1 小时；活动只需要很少的技能和精神努力；活动不依赖于他人，可最大限度地独立进行；从事活动者相信活动具有价值；从事活动者相信坚持活动会导致某种提高；从事活动后不会带来妄自菲薄。

（二）消极锻炼迷瘾

Morgan（1979）认为，对于有消极锻炼迷瘾的人，身体锻炼可以控制他们的生活。他们的生活以锻炼为中心，同时他们拒绝考虑生活中的其他事情，比如对工作和家庭的责任、人际交往等。他们需要每天参加身体锻炼并相信离开了身体锻炼就不能正常生活，一旦休息就会体验到一些退出症状，即使这种身体锻炼是医学、职业和社会所禁忌的。

消极锻炼迷瘾发展的高峰阶段是锻炼依赖性（exercise dependence），指锻炼者对身体锻炼产生了类似于酒精、药物和赌博的精神依赖并难以摆脱。诊断锻炼依赖的标准是（DeCoverly，1987）：活动单一导致每日身体活动的刻板模式和固定的时间表；个体为保证锻炼的模式把锻炼放在优先于其他活动的突出地位；对大运动量的承受力逐步增加；锻炼一旦停止，便会产生与停训症状相关的心境紊乱；一旦恢复训练停训症状便减轻或消失；有必须运动的主观意识；不顾医务人员、家人、朋友、同事告诫，运动会引起、加重或拖延身体的不良状况而继续从事身体锻炼活动；为提高运动成绩而减体重，并不惜节食。

锻炼依赖性不能列为强迫症状，因为个体主观上并未想摆脱。女性出于健美、减肥和保持体形等目的的身体锻炼是否容易形成锻炼依赖，目前未见有研究报告。另外，西方人有追求新颖、刺激、冒险、显示能力和成为最佳的心理倾向，这种心理倾向在身体锻炼中是否会发展为变态，也未见此类研究。也许正是西方文化背景的特点，这类心理倾向并不列为变态现象（任为多，1997）。

第五节　促进心理效益的身体锻炼方式

只有科学的身体锻炼才能有效促进身心健康水平的保持和提高。对于不同的个体，怎样选择科学的身体锻炼，或者为锻炼参与者制定个性化的运动处方，以使身体锻炼活动产生最大化的心理效益，这是一个锻炼心理学的重要研究主题。有学者（Berger & McInman，1993；Berger & Motl，2001）提出了在选择最佳锻炼方式时要遵循的基本原则。

一、令人放松和有趣的活动

使身体锻炼取得最大限度的情绪效益的前提，是参与者从锻炼中获得乐趣和享受。此外，由于乐趣很可能与锻炼的坚持性相联系，因此它是获得长期健康幸福感的前提（Wankel & Berger，1990）。产生最佳情绪效益的身体锻炼首先必须是令参与者感到轻松和感兴趣的活动。

然而，对轻松和乐趣的追求存在巨大的个体差异。同是一种活动和锻炼方法，对有些人的情绪可能起积极作用，对另一些人可能不起作用甚至是起反作用。例如，有的人在攀岩活动中获得了刺激的满足，而有的人则因为攀岩难度太大，过于疲劳而失去乐趣。

二、有氧练习或节奏平缓的活动

许多研究表明（Boutcher & Landers，1988），有氧练习与心境改变和应激减少有关。慢跑与健康幸福感的许多方面相联系：焦虑和抑郁的降低，自我观念的增强，对精神压力的耐受力增高以及出现跑步者高潮等。

消遣性游泳（recreational swimming）在许多方面与慢跑类似。不仅两种练习在形式上都是有氧的，而且它们都是个体的、周期性的、动作有节律的身体活动。

除了“有氧”这一因素外，腹式呼吸也可能是身体锻炼产生情绪效益的原因。对瑜珈、步行、低运动负荷功率自行车的心理效益研究显示，这些项目的腹式呼吸特征与心理效益的关系更为密切，提示腹式呼吸比“有氧”更能促进心理效益的产生（Berger & McInman，1993）。我国传统的东方健身术一直很重视有节奏的腹式呼吸对健康的积极作用，太极拳、气功、引导等项目十分强调使用腹式呼吸，这也是腹式呼吸有利于产生积极情绪的一个证据。

三、低竞争性的活动

有研究（Riddick，1984）对参加持续高强度、耐力性的大学代表队的女性游泳运动员与只参加消遣性身体锻炼的游泳者进行了比较研究。结果发现，消遣性游泳者的抑郁、愤怒和慌乱感等消极情绪显著低于代表队运动员和不运动组。这一研究提示：低竞争性的锻炼方式更有利于积极健康的心理。

低竞争性的身体锻炼方式之所以能促进身体锻炼的心理效益，可以从以下几个方面进行解释：(1) 非比赛性的身体锻炼不会使参与者因失败而产生消极情绪。对于许多锻炼参与者来说，失败损害了许多类似兴奋、自我效能、自豪感、成就感、控制感等积极情绪的体验，降低了锻炼带来的乐趣。(2) 对于运动员来讲，其出现过度训练和过度疲劳的风险要远高于一般身体锻炼者。过度训练和随后的耗竭与心理健康幸福感的下降有关。(3) 竞技运动可能会增加运动员的应激。

当然，这些说法还有待于进一步检验，而且这些解释也不具有普遍性，因为许多人的情绪可能正是在身体锻炼中的各种挑战和竞争中得到发展与完善的。

四、自控性的身体活动

这类活动泛指那些闭锁性技能的、时间和空间上可以确定的、结果可以预测的以及动作具有节奏和重复性的身体活动。例如慢跑和游泳等项目。自控性身体锻炼容易使锻炼者进入自由联想状态，并为独处、沉思、反思和退缩提供了机会。这种退缩能使人将注意集中于自我和脑力的恢复上，而这种注意的集中或转移对于心境状态的调节具有积极的意义。

应当指出的是，锻炼参与者在项目的选择上存在较大个体差异。也有许多人不喜欢闭锁性技能的身体锻炼（太极拳/剑、气功等），他们喜欢开放性技能的不可预测性，如网球、篮球、门球。Taylor（2010）研究表明，主观能力胜任感和自控性是预测青少年参与体育锻的最重要因素。

五、合适的锻炼强度

多数研究表明：中等强度比高强度的身体锻炼对增强心境更有效（Berger等，1988）。但也有研究（Steptoe，1988）报道，低强度身体锻炼

（25W 功率自行车）会使人感受到精力和活力方面的积极变化。这一研究结果提示我们，低强度的锻炼对心境更具有积极作用。

之所以出现研究结果的不一致，可能的原因是没有考虑到这些研究选择的被试者年龄差异以及被试者等身体素质的差异。因为对于不同年龄阶段和身体素质的锻炼参与者来说，他们对中等强度的具体负荷的界定是不同的。

在目前缺乏足够证据证明低强度锻炼对个体心理健康有促进作用之前，我们只能说最佳锻炼强度是中等强度。

六、每次锻炼时间至少 20 分钟

每次锻炼持续时间如果太短，在多数情况下是不会出现心理效益的，因为由于生理适应和环境适应的问题，可能导致相应的心理效益还未来得及出现锻炼就结束了。Glasser（1976）认为通过身体锻炼进入积极陶醉状态并使大脑得以自由运转所需要的时间是 40～50 分钟。

但需要注意的是，如果在某一强度下运动时间过长，就可能造成疲劳、厌倦，不仅不利于增加情绪效益，反而可能会损害积极情绪的出现。目前，每次锻炼的持续时间与心理效益的关系还没有明确结论，但一个共同的认识是：每次锻炼时间至少持续 20～30 分钟。

七、循序渐进，持之以恒

元分析研究（North，1990）表明，心理健康的效益随着锻炼时间长度的增加而增加。Berger（1993）认为，有锻炼习惯的人通过长期锻炼可能已经学会了解释不同的身体感受，并用这种感受为自己设计了锻炼调整方针，从而在锻炼中能使自己有效地放松。

因此，要维持身体锻炼的心理学效益并保持长久效应，就必须根据个人的身体状况，选择适合自己的锻炼项目，循序渐进，持之以恒。使锻炼形成一种生活规律，养成终身锻炼的习惯。

本章小结

1. 1989 年，世界卫生组织提出了 21 世纪健康新概念："健康不仅仅是没有疾病，而且包括躯体健康、心理健康、社会适应良好和道德健康。"

2. 心理健康从广义上讲是一种高效而满意的、持续的心理状态；从狭义上讲，是指生活在一定的社会环境中的个体，在高级神经功能正常的情况下，智力正常、情绪稳定、行为适度，具有协调关系和适应环境的能力及性格。

3. 随着社会的发展和进步，不同学者对心理健康提出了各自不同的标准。坎布斯、马斯洛、李百珍分别从不同方面对心理健康的标准进行解释。

4. 身体活动是导致能量消耗高于休息时的新陈代谢水平的人类身体运动。身体活动的概念至少包含三个要素，即由骨骼肌产生的身体位移；引起能量消耗由低到高变化；对体质有积极影响。身体锻炼是以发展身体，增进健康，增强体质，调节精神和丰富文化生活为目的的身体活动。

5. 短时身体锻炼的情绪效益主要包括：（1）心境（Mood）的改善；（2）焦虑（Anxiety）水平下降；（3）形成良好的情绪体验。

6. 长期身体活动的情绪效益主要包括：（1）降低抑郁；（2）心理自我良好感。

7. 身体锻炼的认知效益有：（1）身体锻炼与反应时；（2）身体锻炼与短时记忆。

8. 身体锻炼与心理健康之间关系的理论解释：（1）认知行为假说；（2）社会交往假说；（3）注意力分散假说；（4）体温调节假说；（5）内啡肽假说；（6）儿茶酚胺假说。

9. 只有科学的、符合锻炼者身心特点的身体锻炼才会产生积极心理效益，对心理健康水平的保持和提高起到积极作用。而不科学的身体锻炼，不仅无助于身心健康，还会对心理健康产生消极影响，甚至损害心理健康。目前有关身体锻炼负性心理效应的研究主要集中在心理耗竭和锻炼迷瘾这两方面。

10. 为了使身体锻炼的心理效益最大化，有学者提出了在选择最佳锻炼方式时要遵循的基本原则：（1）令人放松和有趣的活动；（2）有氧练习或节奏平缓的活动；（3）低竞争性的活动；（4）自控性的身体活动；（5）合适的锻炼强度；（6）每次锻炼时间至少20分钟；（7）循序渐进，持之以恒。

>>> 思考题

1. 健康的内涵是什么？
2. 心理健康的标准有哪些？
3. 请具体分析身体锻炼的心理效益。
4. 解释身体锻炼产生心理效益的可能机制。
5. 个体怎样锻炼才能获得心理效益的最大化？

>>> 参考文献

1. 张力为，毛志雄．运动心理学．上海：华东师范大学出版社，2003.

2. Richard H. Cox（张力为译）．运动心理学——概念与应用．北京：清华大学出版社，2003.

3. Arnold LeUnes，Jack R. Naton（姚家新译）．运动心理学导论．西安：陕西师范大学出版社，2005.

4. 段艳平．"少年儿童身体自尊量表"的编制与检验．武汉体育学院硕士学位论文，2000.

5. 徐霞．不同教学手段的篮球课对大学男生身体自尊影响的研究．武汉体育学院硕士学位论文，2000.

6. 姚家新，张力为，李京诚等．运动心理学研究进展．天津体育学院学报．2008，23（1）：1-10.

7. 毛志雄．北京城区中老年人身体锻炼与心理健康的关系——认知、情绪维度的研究．北京体育大学硕士学位论文，1996.

8. 张力为，毛志雄．体育锻炼与心理健康的关系（综述）．广州体育学院学报，1995（4）：42-47.

9. 姒刚彦，黄志剑．关于老年人参加体育锻炼的心理前因及心理效益的初步研究．西安体育学院学报，1995（3）：69-74.

10. 刘皓，姒刚彦．体育锻炼对老年人动作表象和动作记忆的影响．武汉体育学院硕士学位论文，2000.

11. 毛志雄，韩旭．身体锻炼方式与中老年人信息加工能力的关系．体育科学．1996（5）：87-90.

12. Annemarie Schumacher Dimech，Roland Seiler. The Association Between Extra-Curricular Sport Participation and Social Anxiety Symptoms in Children. Journal of clinical sport psychology，2010. 4（3）：191-203.

13. Ian M. Taylor，Nikos Ntoumanis，Martyn Standage，Christopher M. Spray. Motivational Predictors of Physical Education Students' Effort，Exercise Intentions，and Leisure-Time Physical Activity：A Multilevel Linear Growth Analysis，Journal of sport & exercise psychology，2010. 32（1）：99-120.

第十章　体育心理学常用研究方法

本章内容简介、本章学习要求

【本章内容简介】

本章旨在介绍体育心理学研究的基本步骤，以及几种常用的研究方法，包括观察法、访谈法、问卷调查法和实验法。同时还简单介绍了研究中涉及的几种抽样方法。

【基本学习要求】

完成本章的学习后，读者应该可以：(1) 了解体育心理学研究的基本步骤和每个步骤的注意事项；(2) 了解常用的体育心理学研究方法的特点和优缺点，并能根据实际情况选择恰当的研究方法；(3) 了解不同抽样方法的特点和适用情境，并能根据研究目的和特点，选择恰当的抽样方法。

第一节　体育心理学研究的基本步骤

体育心理学研究是一个严谨的系统化科学探索过程，也是一个逐步完善的求证过程，其目的是描述体育情境中人的当前行为，或是预测其将来的行为，并对行为提供合理的解释。和大部分社会科学领域内的研究一样，体育心理学研究一般包括七个步骤，即选择研究问题、文献查阅和综述、选择研究方法、选取样本、收集研究数据、整理和分析研究数据、撰写研究报告。本节将逐一介绍这几个步骤。

一、研究问题的选择

体育心理学研究的第一个步骤是选题，即确定一个遵循科学性原则、有创新意义并具有操作可行性的研究问题。选题对于研究的成败有着至关重要的作用，因为它不仅关系到随后的研究步骤（比如研究方法的选择，样本的选择）的设计和实施，也决定了最终研究结果的意义大小。

研究问题的来源有很多种，一般来说，主要有以下几个方面：

（一）来自个人的经验

在日常生活和工作环境中，经常有一些问题，或是若干现象之间的关系会引起我们的兴趣和注意，从而促使我们进行科学研究，去探讨和解释这些问题或现象背后的原因。例如，在体育竞赛情境中，团队合作的表现是否存在性别差异？对于这样的问题，很多人会有兴趣，也会通过平时的观察作出自己的判断。但只有经过科学的研究和分析，才能得出比较客观的结论。

（二）来自实际的需要

许多有价值的研究问题常常是由现实需要而引发的。例如，中学生参与体育锻炼不仅能增强体质，也能培养良好的心理素质。如何才能让中学生更多地参与体育锻炼？回答这个问题可能需要研究有哪些因素会影响中学生参与体育活动的动机。再比如，为了让学生更好地掌握某项体育运动技能，体育老师可以通过研究来寻找最合适的教学方法。

（三）来自现有的研究文献

通过对前人研究的了解和钻研，也可以发现可供研究的问题。包括现有文献提出过但尚未解决的问题；前人没有进行过深入研究的领域；或是以不同研究方法，对已有的重要研究成果进行验证。

（四）来自体育科学或心理科学领域的理论

理论建构与研究的关系是相辅相成的。理论作为一般的原则，对科学研究有着重要的指导意义，而研究的结果又可以支持或反驳理论。从体育或心理科学的基本理论出发，进行推演，可以提供值得研究的问题。例如，马斯洛的需要层次理论归纳出了人的五种基本需要，并指出这些需要之间的关系，以及由低级向高级发展的特点。那么，这一理论能否适用于体育情境？对运动员的培养和激励又有什么实践指导意义？是否需要做出相应的调整？这都是由理论引发出来的一系列问题。

二、文献查阅和综述

确定了所要研究的问题之后，就需要对现有的相关研究文献进行全面的查阅和综述。这一过程的目的在于，通过对文献的了解、熟悉和整理，研究者能较好地把握所选择问题的研究历史和现状，了解研究中存在的争议。同时，对前人经验的总结也可以使研究者吸取教训，可以更好地设计和实施自己的研究计划，以便取得较好的研究结果和科学上的进展。

研究文献的来源多种多样，包括研究专著、教科书、研究报告、学术会议论文、学术期刊文章以及博硕士论文等。这些文献都可以在图书馆查阅，但最有效率的方法还是通过网络检索。

在查阅研究文献的过程中，研究者应当遵循三个原则：

第一，目的性。查阅研究文献时，如果没有一个明确目的，研究者将很快在浩如烟海的研究文献中迷失。因此，研究者需要对研究目的有一个清晰的认知，通过主题搜录、关键字检索等手段，确保所查阅的文献与所要研究的问题有紧密的关联。

第二，全面性。所查阅的研究文献应当尽量多样化，包括不同国家、地区，不同学术观点，不同时期。这样收集到的信息才能使研究者对所要研究的问题有一个全面而系统的理解，不至于以偏概全。也有助于研究者更好地提炼研究问题，设计研究步骤。

第三，时效性。任何研究都有其时代背景。文献查阅需要追溯历史，以梳理相关研究主题的脉络，但更应把握最新的研究趋势，确保研究具有现实意义和实践指导意义。研究者只有将自己的研究建基于具有时效性的资料之上，才能确保研究的生命力以及对实践的指导意义。

收集到所需的研究文献之后，还需要对其进行系统性的分析和综合，才能形成当前研究的理论基础和实证框架。这就是文献综述所要做的工作。顾名思义，文献综述的本质在于评述。研究者需要将查阅过的文献进行分类、比较和统整：包括回顾所选择问题的研究历史和现状、主要理论和观点；讨论已有研究的优点和局限、成果的影响、争论的焦点；分析不同研究结果之间的关联、产生分歧的原因。从而对自己所选择的研究问题和研究方向进行解释和论证。

三、研究方法的选择

体育心理学的研究方法多种多样，对具体方法的选择受到许多因素的影响：包括研究的性质、研究的目的、研究所处的情境、研究的对象等。研究方法选择的恰当与否，直接决定了研究的质量，也决定了最终的研究目的能否达成。因此，研究者必须充分考虑研究过程中所涉及的各种因素，慎重地选择研究方法。

过去习惯于将社会科学领域内的研究方法分为“量的研究”和“质的研究”，而两者之间的论战几乎绵延了整个20世纪。但在20世纪后期，尤其是进入21世纪以来，学术界开始认识到，“量的研究”和“质的研究”在“方法”这一层面上并不存在实质的、泾渭分明的界线，主要区别在于所收集的“资料”层面。“量的研究”一般处理的是数字化资料，而“质的研究”较多处理文字性资料。因此，与其说它们是相互对立的两种方法，不如说是一个连续统一体（陈向明，2002）。两种方法各有利弊，在研究实践中应当结合具体的情况灵活运用，以取长补短。基于此原因，本章在介绍研究方法时，不会刻意作“量”与“质”的区分。甚至在同一种方法中，会看到既有“量”的成分，也有“质”的成分。

体育心理学研究中，常用的研究方法包括观察法、访谈法、问卷调查法以及实验法。在随后的章节中将会一一作详细介绍。

四、选取样本

确定了研究方法之后，研究者接下来要选取被试者来参加研究，这就涉及抽样。了解抽样之前，需要明白样本和总体的关系。样本和总体是一个相对的概念。所谓总体是指研究所指向的研究对象的全体。基于研究结果所涉及的推论范围，总体可以很大，例如全国所有的大学生；也可以较小，例如某所中学的初三学生。而样本是指来自总体，具有一定代表性的个体集合。在绝大部分情况下，研究者不可能对总体当中所有个体都进行研究，只能从总体中进行抽样对样本进行研究，之后再将研究结果推论至总体。由此可见，选取的样本是否适当，是否能够代表总体，对研究结果的应用价值有着至关重要的影响。

五、研究数据的收集

在体育心理学研究中，收集研究数据的过程也就是具体实施研究的过程。研究者按照设计好的研究方法，遵循既定的步骤，从所选取的样本身上收集数据。这是研究过程中重要的一环，因为最终的研究结果和论断都建基于此阶段所收集到的数据和资料。因此，研究者需要对整个数据收集过程进行周密的计划，排除无关因素的干扰，尽量收集到全面、客观的数据。为确保数据收集工作的顺利实施，一般会在正式研究之前进行先导性的预试，一方面让研究者熟悉数据收集过程；另一方面也可根据预试的结果发现可能存在的问题，对研究计划和研究工具进行修订。

六、研究数据的整理与分析

通过数据收集过程所得到的资料属于原始数据，需要经过科学的整理和分析，才能将原始数据中蕴涵的意义提炼出来，并形成当前研究的结论。

数据的整理与分析方法取决于研究目的和所收集到的数据的特性。例如，基于定量数据和定性数据的不同特性，整理和分析的方法也会有不同，但一般可分为三个环节：

（一）对收集到的数据进行检查和审核

包括对数据的内容和来源进行检查，删除错误的数据，根据实际情况对缺失数据进行补充，以保证数据的质量，从而确保研究结果的有效性。

（二）对数据进行分析

对定性数据的分析包括编码、归纳、演绎等。对定量数据的分析主要是通过统计方法对数据的描述性和推论性分析。

（三）对分析结果进行汇总

这一过程是指将数据分析的结果进行总结，并以系统而简明的方式进行呈现。

七、撰写研究报告

体育心理学研究工作最后一个重要步骤便是撰写研究报告。研究报告是将研究的成果、学术价值以及应用前景进行总结，并如实、简洁、清晰地呈现出来，以便进行学术交流。研究报告可以有不同的形式，包括学术期刊文章、学术会议论文、学位论文以及科研课题的报告等。不管是哪种形式的研究报告，都应遵循相关学术团体或学科领域的要求，按一定的格式和程序撰写。这不仅仅体现了学术研究的规范性和严谨性，也有利于学术成果的交流和传播。

第二节　观察法

一、什么是观察法

观察法是体育心理学研究中的一个重要方法。它是根据既定的研究目的，对心理现象或个体行为作有计划的系统性观察，并对这种现象或行为作客观性解释的一种研究。进行体育心理学研究时，很多情况下研究者无法操纵自变量和因变量，这时就可以采用观察法来提供关于研究对象的描述性信息，并据此分析各种变量之间的关系。

二、观察法的类型

观察法有不同的种类。如果按观察过程的结构分类，可以分为结构性观察和非结构性观察。根据事先设计好的提纲并严格按照规定的内容和计划所进行的可控性观察属于结构性观察。这种观察通常会收集数字化的观察资料，如记录目标行为发生的频数或持续的时间。结构性观察收集到的数据在数据分析中比较容易进行量化和统计分析。如果观察者事先对观察的内容与计划没有严格的规定，而是依据观察现场的实际情况而进行的观察，则属于非结构性观察。这种观察通常不使用数字资料，研究者对所观察的对象或行为也没有特别的期待，只是将观察所得记录下来，再结合观察对象的背景以及情境因素进行分析和推论。

如果按观察所发生的场所来分类，可以分为自然情境观察和实验情境观察两类。自然情境的观察是指在不受研究者干预、完全自然的环境里进行观察。比如对某位学生在体育课时参与体育活动的情况进行的观察，就属于此类。自然情境的观察研究也可以在人造场所里进行（比如课堂就是人造场所），但只要没有受研究者额外设定的因素所影响，都可以算是自然情境。这种观察法的优点是观察所收集到的资料来自真实的情境，也比较全面，因此研究结果和推论较有说服力。其缺点是研究者在观察过程中常常需要等待某种心理现象或目标行为的出现，耗时较多；所收集到的资料较为庞杂，需要在后期对数据进行去芜求精的筛选，分析和解释的难度较大；对观察者的研究经验和记录方法要求也比较高。实验情境的观察是指观察所处的环境是人为安排和控制的。例如，如果想了解运动员在比赛中如何应对逆境，研究者可以设定一个模拟的比赛情境，对运动员在处于逆境（比如大比分落后、观众的干扰）时的行为进行观察。实验情境观察最大的优点是可以在较大程度上控制所要研究的对象和行为，减少无关因素对研究的干扰，使研究者可以将研究重心放在想要研究的心理现象和行为上。相对于自然情境观察来说，实验情境观察可以用较短的时间收集到较多的资料。其缺点也是显而易见的，由于观察数据来自人为控制或模拟的实验情境，研究结果不太容易推广到自然情境中去。

根据观察者在研究中涉入的程度以及观察者与观察对象关系的不同，观察可以分为参与性观察与非参与性观察。在有些观察研究中，研究者会加入到被研究的群体中，与他们一起工作、生活，进行互动。这个时候，研究者扮演着双重角色，既是观察者，又是参与者。这种观察研究就属于参与性观察。而根据研究者参与的程度不同，又可以细分为完全参与性观察或部分参与性观察。参与性观察的主要优点在于能使研究者尽可能地接近被研究的群体，收集到准确的信息和第一手的资料。但这种方法也有缺点。首先，观察者在参与活动的过程，可能会带入主观的情绪，从而影响观察的客观性。其次，观察者与观察对象的互动可能会影响观察对象的行为，导致收集到的数据与真实情况（即没有研究者参与时）不一致。此外，参与性观察的记录也是个难题。如果使用隐藏的记录设备（如录影机、录音机），可能会有悖于研究道德。如果依靠研究者的记忆进行事后的记录，又可能因研究者的遗忘而使记录的资料失真。另一种观察方法是非参与观察。在这种观察研究中，研究者不参与被试群体的活动，以一个旁观者的角度来进行观察。由于观察者与观察对象间没有互动，观察对象的行为在是正常而自然的情境下发生，再加上能比较容易地进行完整和准确的观察记录，因此此种观察研究具有较高的客观性。但不足之处在于，观察者与观察对象之间始终保持距离，研究者很难收集到作为被试群体成员的第一手资料，也难以体会观察对象的真实体验。

三、常用的观察行为记录方法

要将观察所得转换成为可供分析的数据，就需要将被试者的行为以一种系统的方式记录下来。常用的观察记录可以分为以下几种类型：

（一）事件取样法

这种记录是指对某一观察事件或行为的全貌进行记录。采用这种记录方法的观察研究通常旨在研究某些特定行为或是不经常发生的行为。例如，研究学生在体育比赛中的攻击行为。只要所期待的事件一出现，便可记录。由于可以详细完整地记录特定行为的整个过程，这种记录方法所得到的资料往往可以提供一些关于事件前因后果的线索。

（二）时间取样法

时间取样法是指在一定时间内，选取若干时间段，观察预先设定的目标行为或表现。至于应该选取什么样的时间段以及时间段之间的间隔应该多长，要根据研究目的和所观察的行为性质而定。这种方法的假设是：被研究者在每一时间阶段中的行为，可以被看成是通常情况下的一个样本，如果抽取充分多的时段，在这些时间段中所观察到的行为便可得出规律性的结论。

（三）持续时间记录

这种方法主要是利用计时仪器记录在一段时间内，目标行为所经历的时间。这种记录方法的关注重点是行为的时间，而不是具体内容。例如，记录某学生在课间休息时进行体育活动的时间，可能作为评估该学生对体育活动喜好程度的一项指标。

（四）计算次数记录

这种方法是使用记数仪器记录在一定时间内目标行为发生的次数。行为每发生一次做一次记录，而不管其持续时间多久。例如，观察运动员在比赛中的表现，研究者可能会记录该运动员向裁判抱怨的次数，以判断其是否能排除干扰，集中注意力于比赛本身。

以上所讲的几种记录方法各有特点，也有很强的联系，经常一起使用，以满足不同的研究目的。例如，以事件取样记录时，经常也需要记录该事件持续的时间；以时间取样记录时，也时常需要记录某事件发生的次数。

四、观察法的优点

观察法在体育心理学研究中得到了广泛的应用，它主要有以下几项优点：

（一）研究者可以通过观察亲身体验研究对象所处的情境，直接了解其行为表现和背后的心理现象，亲自做记录或者录影，不必依赖他人报告提供的第二手资料。

（二）有些观察研究可能观察并记录整个事件的过程，从其提供的资料中可能发现心理行为趋向以及变量之间的因果关系。这是许多的其他文字报告无法做到的。

（三）观察法不仅可以提供质性数据，也可以提供量性数据。例如前面提到的结构式观察，其观察所获得的资料可以表现为数字记录，方便进行量化和统计分析。

五、观察法的缺点

尽管观察法有着直接、方便以及灵活性较大等优点，但同时也有其局限性，主要包括：

（一）观察者的记忆偏差及主观偏见。这是在观察研究中由研究者导致的一些不利影响。有些研究由于资源不足等原因，未必可以将观察的全过程进行录音或录影，而是依靠观察者即时或事后进行记录。这个时候，观察者的个体特征、记录技术的水平、记忆偏差都会给记录带来误差，有可能导致数据的失真。另外，研究者的个人偏见也对研究有着负面影响。这里的偏见是指研究者对被观察者有了先入为主的观念，并因此影响了对现象的观察，资料的记录和结果的解读。要减少这种个人偏见的影响，需要对所观察的行为进行精确的定义，并使记录的过程尽可能标准化，减少由不确定因素带来的影响。同时由几个研究者进行观察和记录，通过比较不同观察者之间的一致性，也可以有效减小偏见效应。

（二）被观察者的反应。若被观察者知道自己正在受到观察时，可能产生心理上的变化，而作出与平时不一样的反应或行为。尤其当被观察者知道研究者的意图时，更倾向于表现出符合这种意图的行为。一个很简单的例子便是：当学生知道研究者在观察其在体育课上的表现时，他们可能会比平时更多地参与体育活动，在活动中的表现也更积极，这就会给研究者提供错误和不真实的信息。

（三）观察研究法，尤其是非参与性观察，很难直接观察到被试行为背后的原因，例如被试的信念和想法。此外，一些敏感行为，尤其当涉及个人隐私时，很难观察。此外，当被试知道观察者的存在时，很有可能会有意隐藏一些不愿让人知道的行为。

（四）观察法很难控制研究情境，也不能操控变量，有时为了观察某一特定行为或现象，需要耗费较多时间。而且一次所能观察的对象、范围有限，只能适用于小样本研究。

第三节　访谈法

一、什么是访谈法

在体育心理学研究中，有些资料是很难通过直接观察得到的，例如研究对象的知识、态度、价值和过往经验。这种情况下，访谈研究是一种有效的研究方法。访谈法是指研究者通过与研究对象的语言沟通，直接收集资料的一种研究方法。

访谈是两个或更多人之间有目的的谈话。在谈话中，其中一个人（访谈者）引导另一方（被访者），目的在于搜集有关的资料。访谈可以作为主要搜集资料的策略，也可配合观察、文件分析或其他研究方法一同使用。

二、访谈类型

根据访谈程序的标准化以及访谈问题的特点，访谈可以分为以下三种类型：

（一）结构式访谈

这种访谈一般要求标准化的访谈程序，严格按照预先设定的方式和次序向被访者提问相同的问题。问题和备选答案是事先设计好的，被访者按要求对问题作出回答。甚至对于访谈开始和结束的用语，也都尽量保持一致。这种访谈方式收集到的数据比较容易进行数量化的处理。

（二）无结构式访谈

这种访谈有较大弹性，虽然也要根据访谈计划来实施，但对于提问的次序，语言表达形式，被访者的回答方式没有太多限制，鼓励被访者自由表达观点。在访谈过程中，研究者仅以少量问题来引导和把握整个访谈的方向。这种访谈方式得到的资料一般为描述性的信息，较难进行量化分析，因此在试探性研究中应用较多。

（三）半结构式访谈

介于上述两种形式之间。通常先问结构式问题，再以开放式问题作深入探究。这种访谈具有较大的灵活性，既可以收集到标准化的数据，也可以让被访者在某些问题上提供自由的回答，供研究者进行深入的探讨。

三、如何进行访谈

访谈是访谈者和被访者之间进行开放式互动的过程，涉及的因素很多。要进行一次成功的访谈，并不容易。对访谈者的技巧、被访者的配合程度、访谈的环境，都有较高的要求。对访谈者来说，进行访谈研究主要的注意事项有以下几点：

（1）访谈者和被访者建立相互信任的融洽关系，这是进行成功访谈的必需条件。

（2）不管是进行结构式访谈，还是无结构式访谈，在正式实施访谈之前，都需要拟定一个访谈大纲。大纲对访谈的范围、所提的问题、需要注意的事项，都要有所界定。

（3）正式访谈前，研究者要进行练习或预演，以熟悉访谈的问题及程序。同时还应该收集相关资料，对被访者有一定的了解。

（4）访谈的问题应以适当次序提出。通常以没有争议性的题目开始，比如有关经验或行为的问题；随后才问有关知识的问题或较敏感问题；最后可以补充一些背景问题。提问时不要在不同问题之间跳来跳去，以免干扰被访者答题。

（5）访谈者要懂得聆听。访谈过程中要保持专心，控制自己的说话欲望，不要轻易改变话题，更不能随意打断被访者的话。

（6）访谈者对被访者的语言和表情要有相当的敏感度。对被访者的语意有疑问时，要即时弄清楚其原意，以免产生误解。

（7）访谈过程中要适当运用身体语言（如点头），或给予适当响应（如"这点很有趣"），以鼓励被访者。

四、访谈记录

访谈记录是指现场对话的如实记录。方法可以有很多种，比较常用的是现场录音或录影，访谈之后再进行逐字转录。如果条件不具备，就只能依靠访谈笔记。访谈笔记应尽量全面、真实。内容通常包括访谈的日期、时间、地点、所讨论的主题、被访者的反应、访谈者相关的评注和当时感受。在访谈进行过程中出现的突发事件，也应该记录下来。需要注意的是，即使有现场录音或录影，访谈笔记也可以同时进行，为之后的分析提供更多信息。

五、访谈法的优点

访谈法对研究条件要求不高，简便易行。主要的优点包括：

（1）可以根据研究对象的特点，灵活运用不同的访谈方式。

（2）由访谈者和被访者直接进行交流，可以最大限度地减少不明确的问题。如果有误解或疑虑，可以当场澄清。

（3）除了事先设计好的问题之外，研究者在访谈中可以观察受访者的非语言行为，在必要的时候还可以通过跟进问题进行询问和证实，有助于提高所收集资料的真实性和可靠性。

（4）访谈研究不要求被访者进行书面回答，尤其适用于文化水平不高，或书面表达能力不强的研究对象。

（5）由于访谈者和被访者之间在互动中可以提供及时的反馈，研究者可以问较为复杂的问题，进行较为深入的探究。而这种问题可以提供表面看不到的、高度细节化的信息。

六、访谈法的缺点

和任何研究方法一样，访谈法也有自己的缺点，主要包括：

（1）由于访谈研究需要面对面地交流，有时还是一对一地进行，因此会比较费时。由于能同时处理的样本较少，再加上雇佣和训练访谈人员、差旅费用等，都会增加研究的成本。

（2）对访谈者要求高。要完成一项好的访谈研究，访谈者除了必须拥有较高的专业素养之外，还得具备良好的沟通能力和表达能力。

（3）访谈者在进行访谈时容易带有主观性。即使受过严格训练的研究者，个人偏见也难以完全避免。

（4）访谈研究的互动情境会影响受访者的反应，尤其涉及一些较为敏感的问题时，受访者容易出现伪造、夸大情况或者口是心非的回答以取悦访谈者。这些情况都会歪曲访谈所得到的数据，影响研究结果的可靠性。

第四节　问卷调查法

一、什么是问卷调查法

问卷调查法是通过书面问卷的方式收集资料，对心理现象和行为表现进行系统性调查研究的方法。和观察法或访谈法不同，问卷调查法通常不需要研究者直接面对研究对象，而是通过派发问卷的方式来收集资料。

二、问卷题目的类型

问卷调查的题目可以划分为两大基本类型：

（一）开放式问题，也称做非限制性问题

这类问题对答案没有限制，被访者可作自由的反应。开放式问题可以了解研究者事先可能不知道的答案，因此适用于潜在答案很多的问题。这类问题具有较大弹性，允许被访者澄清和解释，也可以发挥创意或自我表现。但开放式问题也有其自身的缺点。由于对被访者回答的内容没有限制，有可能产生一些对研究来说无价值或不相关的数据。而被访者所提供的答案也很难进行标准化，不利于进行统计分析。在解读被访者的答案时，容易受研究者

的主观影响，从而降低研究的信度。从被访者的角度来说，回答开放式问题需要进行写作，比较耗时，而且对其文字表达技巧的要求也较高。基于这些特点，开放式问题多用于对问题进行试探性的研究，或是提供一些描述性的补充信息。

（二）封闭式问题，也称做限制性或固定选项问题

这类问题提供固定的选项，被访者只能从中作选择。采用问卷调查法的体育心理学研究，多数采用封闭式问题进行。封闭式问题所收集到的资料较为容易进行标准化、数量化处理和统计分析。由于被访者只能够在所提供的选项中作选择，出现无关回答的几率大为降低。封闭式问题也比较适合处理敏感性的问题（比如收入、年龄）。此外，回答这类问题对被访者的文字表达能力要求也不高。但需要注意的是，封闭式问题所提供的备选项中未必有被访者满意的选项。而且被访者也没有对自己的答案进行澄清、解释的机会。有些时候，被访者并不知道问题的答案，但也可能在备选项中间进行猜测。当问题较多，尤其是以答题卡进行回答时，被访者容易出现笔误。另外，被访者的作答心态对封闭式问题所收集的资料的有效性也有着重大影响。典型的不良作答心态包括趋中效应（倾向于给出“中性”“无意见”等回答）、宽大误差（倾向于打高分）、严格误差（倾向于打低分）。

三、编制问卷问题的原则

编制问卷的问题是进行问卷调查研究最核心和最困难的工作。为了确保所编制问题的质量，有几项原则需要遵守。

（1）题意要清楚和明确。否则，被访者就会对问题产生不同的解读，所提供的答案就失去了意义。

（2）使用肯定句而不使用（双重）否定句。这样的问题简单明了，能避免不必要的误解。

（3）一个问题只问一个概念。有时问卷编制者试图包括尽量多的内容，导致一个问题问了两个甚至更多的概念。例如“学生和家长都认为体育锻炼可以培养良好的个性品质”这一陈述作为问卷题目就是不恰当的。因为这一问题涉及了“学生”和“家长”两者的态度，被访者很难作出回答。

（4）在特别需要强调的字词旁边或底下画线，以提醒被访者针对问题的重点作答。

（5）问题所用的字句应充分考虑被访者的文化程度，同时避免复杂难懂的专业名词。

（6）避免在问题中出现暗示性/引导性的线索。例如，将心理训练引入到运动员的日常训练中已成为大势所趋，你认为有必要在你所在的运动队实施

心理训练吗？这是一个典型的包含引导性线索的问题。既然是“大势所趋”，被访者也不大可能表达反对意见了。

（7）问题所提供的备选答案要互斥，不可以互相包含。例如，在备选答案中同时出现“老师”和“体育老师”，就不是一个恰当的设计。因为老师这一概念包含体育老师，体育老师是老师的一个子类别。

四、问卷的设计与实施步骤

进行问卷调查研究时，不管研究目的是什么，选取的样本来自哪里，采用什么方式进行调查，在具体操作时，通常会遵循以下的程序：

（1）决定所要调查的对象：依据研究主题，考虑可供运用的时间、资源，决定研究的对象及范围。

（2）确定调查的焦点：与专家或相关人士进行讨论，确定调查的焦点问题，澄清可能的疑问。

（3）设计问卷题目：题目的来源通常有三种：①已有的问卷；②以前的研究经验；③与专家或相关人士讨论的结果。这是最困难也是最关键的一步。

（4）编排题目：按照题目的特性和研究的要求进行问卷的整体布局。

（5）预试：如果问卷是新编制的，之前没有进行过检验，就必须进行预试，以建立问卷的信效度数据，并寻找问卷可能存在的问题。

（6）完成正式问卷：在预试的基础上对问卷进行修正，形成最终版本。

（7）正式施测并收集数据。

（8）数据分析，撰写报告。

五、问卷调查的优点

问卷调查的最大优点是可以在较短的时间内提供大量信息，是一种非常节省时间的数据收集方法，所需要的经费也不多。问卷调查不仅适用于小范围的研究，也可以进行覆盖较大区域的大样本调查。尤其随着网络技术的不断发展，利用网络进行问卷调查更是方便、快捷。

在进行问卷调查时，由于不需要与研究者面对面，研究对象在回答问题没有顾忌，从而使收集到的资料比较真实可信。

问卷调查（尤其是结构性的问卷）用字标准化，不致产生误解。被访者提供的回答也容易进行标准化和数量分析，可以尽量消除主观偏见的影响，提供客观的分析和解释。

六、问卷调查的缺点

虽然使用问卷调查法收集数据非常方便快捷，但编制一份良好的问卷难度却比较大。需要研究者具备较高的专业素养，花费较多的时间精力。

在问卷调查中，研究者无法对被访者的回答情境进行控制。被访者的参与态度如果不严肃，对问题进行猜答，或选择性的答题，难免会影响所收集数据的真实性和可靠性。研究者的控制度低导致的另一个问题就是问卷回收率偏低，这是许多问卷调查研究遇到的一个问题。

此外，由于在问卷调查时研究者不会直接面对研究对象，无法在适当的时候跟进提问，因此难以了解研究对象内在真正的感受。

第五节　实验法

一、什么是实验法

实验研究法是指研究者在妥善控制一切无关变量的情况下，操纵实验变量，而观察此变量的变化对因变量所产生的影响效果。实验研究法是体育心理学研究中要求最为严格的一种研究方法。由于在实验研究法能够对无关变量进行控制，最大限度地排除了引起因变量变化的其他解释，因此，这种方法是探究自变量与因变量之间因果关系的有效工具。

二、实验研究中的专门术语

在介绍如何进行实验研究之前，需要了解一下实验研究中经常用到的专门术语，以方便随后的讨论。

变量：指可以改变的属性或概念。根据在实验设计中所扮演的角色，变量可分为自变量和因变量两大类。自变量是指研究者刻意操纵的变量；因变量是指被自变量影响的变量。

实验组与控制组：实验组指接受实验处理的被试组。与之相对应的是控制组，即不接受实验处理的被试组。

随机分配：为了降低无关变量对研究结果的影响，应尽量使实验组与控制组在各方面的条件相近。通常会采用随机分配来达到这一目标。随机分配是指将所有参加研究的被试随机地分配至实验组与控制组。

三、实验设计的分类

在采用实验研究法的体育心理学研究中，可以有多种多样的实验设计。归纳起来，主要可以分为前实验设计、真正实验设计和准实验设计三种类型。

（一）前实验设计

1. 单组个案设计

研究者以一组被试为对象，进行实验处理，然后进行观察或测验（后测）。

处理　　　　**后测**

例如，教师对一班同学采用一种新的体育教学法，然后实施测验，得到学生体育技能的掌握情况。这种实验设计的问题在于，由于没有前测成绩或者控制组作为参照点，无论后测时学生技能掌握水平是高或低，研究者都难以就新教学法与旧教学法的优劣下结论。因此，这种实验设计一般应用在行动研究中，用来试探可研究的问题，或发展研究观点和工具。而在随后的研究中再采取较为严谨的实验设计。

2. 单组前测与后测设计

研究者以一组被试为对象，首先进行前测，再进行实验处理，然后进行后测。

前测　　处理　　后测

与单组个案设计不同，这种实验设计提供了被试前测的结果作为参照点，方便与后测结果进行比较，因此设计更为严谨。但是，在前测与后测之间，除了实验处理的影响之外，还有不少无关因素可能影响到实验结果。这些因素包括：

（1）成熟效应：当实验进行较长时间，由于被试在生理和心理上产生了变化，而使后测的成绩优于前测。尤其当被试是小朋友时，这种效应更明显。

（2）练习效应：前后测使用的测验工具通常是相同或类似的。当后测成绩优于前测时，有可能是由于被试在后测时对测验工具更加熟悉。

（3）临时事故或同时事件：是指在实验期间所发生的意外和事件，或其他无关因素的介入，而影响到后测的结果。

（4）统计回归：当选取的样本较为极端（如前测分数太高或太低）时，后测分数容易向平均数方向返回，即统计回归。

（5）被试者的流失：实验时间较长时，被试者可能流失。而留下来完成实验的人可能是意愿较强，对研究持正面态度的人，因此会扭曲研究的结果。

3. 静态组比较设计

这种实验设计增加了控制组。一组被试者为实验组，接受实验处理；另一组被试者为控制组，不接受实验处理。

实验组：　　处理　　后测

控制组：　　　　　　后测

静态比较设计可以进行控制组与实验组之间粗略的比较，但还不够严谨，原因在于这种设计无法控制被试者的流失以及两组被试者之间存在的差异，也就是说，实验组与控制组的起始点可能不同，从而使后测结果的比较失去意义。

（二）真正实验设计

1. 实验组与控制组后测设计

这种实验设计对实验组和控制组的被试者采用随机化分组。随机化分组的目的是使接受实验处理之前的实验组和控制组，在各项特征趋于统计上的相等。

随机化分组	**实验组：**	**处理**	**后测**
随机化分组	**控制组：**		**后测**

这是一种较为严谨，也比较常见的实验设计。它不仅可以使实验组和控制组之间差异得到控制。也可以在很大程度上消除或降低成熟效应、练习效应、临时事故或同时事件以及统计回归对实验结果的影响。

2. 实验组与控制组前测与后测设计

与实验组与控制组后测设计相比，这种设计增加了前测作为参照点。

随机化分组	**实验组：**	**前测**	**处理**	**后测**
随机化分组	**控制组：**	**前测**		**后测**

这种设计在控制实验组和控制组之间差异、降低无关变量对实验结果的影响方面，更为有效。因此也是体育心理学研究中应用比较广泛的一种设计。

3. **Solomon** 四组设计

这是一种较为复杂的实验设计，采用了四组被试者，即两个实验组和两个控制组。其中一个实验组和控制组实施前测和后测，另一个实验组和控制组则只实施后测。

随机化分组	**实验组 1：**	**前测**	**处理**	**后测**
随机化分组	**控制组 1：**	**前测**		**后测**
随机化分组	**实验组 2：**		**处理**	**后测**
随机化分组	**控制组 2：**			**后测**

采用这种实验设计的原因，是考虑到前测与后测设计中，前测与实验处理之间可能存在交互作用，从而影响真正的实验结果。采用 Solomon 四组设计，可以将这种交互作用与实验处理的效果分离开来。在比较后测结果时，如果实验组 1 的结果高于控制组 1，实验组 2 的结果高于控制组 2，可以说明实验处理是有效果的。如果实验组 1 和控制组 1 的结果高于实验组 2 和控制组 2 的结果，提醒研究需要考虑前测与实验处理之间存在的交互作用。Solomon 四组设计是一种非常严谨的实验设计，但由于需要花费较多时间和资源，在实际的研究中并不多见。

（三）准实验设计

简单来说，准实验设计是一种不相等的前后测设计。与真正实验设计不同之处在于，准实验设计没有随机化分组的程序。

前测	**处理**	**后测**
前测		**后测**

虽然不如真正实验设计那么严谨，但采用准实验设计的研究还是比较多。很多情况下，研究者为了方便起见，或是资源所限，往往使用现成的样本单位（如班级、小组）为对象，而没有进行随机化的分组。这种实验设计最大的缺点是无法控制实验组与控制组被试者之间的差异。因此，准实验设计一般需要前测，以验证两组被试者的起始水平是否相等。如果不相等，研究者需要进行统计上的纠正（如共变量分析），以使实验组与控制组之间的比较结果尽可能客观。

四、实验设计的效度

实验设计的效度是指实验的有效性，也即实验是否测量到想要测量的变量或属性。研究者主要关注的效度包括内部效度、外部效度、建构效度以及统计结论效度。

内部效度其实就是实验的准确度。在内部效度高的实验中，可能的误差来源得到了有效的控制，因变量与自变量之间存在着明确而直接的关系。而在内部效度低的实验中，因变量的变化可能是自变量造成的，也可能是无关变量或两者结合造成的。要确保较高的内部效度，必须有一个良好的实验设计，使研究过程尽量不受外部或无关因素的干扰。这些因素中的大部分在讨论实验设计的时候已经描述过，包括成熟效应、练习效应、临时事故或同时事件、统计回归、被试的流失、选样差异等。除此之外，研究者还需注意避免产生实验者偏见（实验者有意或无意对被试者产生的影响），实验处理扩散（实验组与控制组有接近、互动的机会，彼此之间可能相互学习）以及使用不可靠的工具或测量工具。

外部效度是指实验或研究结果的普遍性和可推论性，也即是实验或研究结果能够应用到类似的总体或其他情境的程度。这就衍生出两者形式的外部效度：总体效度和生态效度。

研究结果应该对于目标总体具有普遍意义，而不应仅仅局限于研究所选取的样本。总体效度是指实验或研究结果能应用到总体的程度。对总体效度影响最大的因素便是研究样本的代表性。样本的代表性越高，总体效度也就越高。因此，应该对目标总体有一个清晰的定义，并慎重选择合适的抽样方法，以确保研究的总体效度。在许多研究中，研究者喜欢以大学生作为被试者，如果研究的目标总体就是大学生，那没有问题。如果研究的目标总体是普通人群，而研究者出于方便考虑，使用大学生作为被试者，就会影响到研究的外部效度。因为大学生并不是普通人群的一个具有代表性的样本。

实验或研究结果除了希望能推广到目标总体，还需要考虑能否推广到其他的情境，这就是生态效度。为了使实验或研究具备较高的生态效度，研究设计应尽量确保实验的结果不受特定实验情境的影响。这也是很多时候实验室研究受到批评的原因。因为在实验室研究中，各种无关变量受到人为的严格控制，但这种控制在自然情境中很难做到，这使得实验室研究显得有点脱离现实。

建构效度在实验研究中的含义是指自变量和因变量定义的合理性。如果自变量或因变量的定义模糊不清甚至是错误的，肯定无法测量到实验想要测量的属性，研究的效度也就无从谈起。对建构效度影响较大的因素包括对建构的解释不当、单一操作的偏差、单一方法的偏差、实验者效应以及对建构的测量不当。体育心理学研究需要对理论建构有清晰的说明和充分的描述，对建构的解释不当会使研究作出无效或不正确的推论。使用单一的实验处理或变量来进行实验操作（单一操作），或是仅使用单一的方法对变量进行测量（单一方法），都会影响实验或测量的有效性，降低研究的建构效度。实验者的特征或期望会使研究数据产生偏差，从而干扰对变量间关系的分析。此外，使用错误或不当测量方法也会导致无法准确地进行测量，从而降低建构效度。

还有一种关于实验设计的效度是统计结论效度。这种效度指的是研究者所使用的统计分析方法是否正确，从分析结果得出的结论是否真正反映出了变量之间的关系。这一方面要求研究者要根据实验设计原则和收集到的数据特点，选择正确的数理统计分析方法；另一方面，也要求研究者不能有选择性地只报告与预期一致的实验结果。只有诚实而全面地报告数据分析结果，得出的研究结论才是有效的。

第六节　抽样方法

一、抽样的定义

体育心理学研究往往都是针对某一特定总体进行的。但通常情况下，研究者无法对目标人群的所有个体都进行研究，只能从中选取一部分个体作为研究对象，进行研究。抽样就是从总体中选取研究对象的过程。作为样本的研究对象应当能最大限度地代表总体的特点。

二、抽样的方法

抽样的方法可分为随机抽样与非随机抽样两大类别，而每种类别又包含不同方法。下文将逐一进行介绍。

随机抽样与非随机抽样的分别在于，在随机抽样中，总体中各单位被抽中的概率是可以估计的；但在非随机抽样中，各单位被抽中的概率则无法估计。

（一）随机抽样

1. 简单随机抽样

在简单随机抽样中，每个抽样单位都是一个独立和平等的单位，有相同的机会被抽中，而且，各单位被抽中的机率是彼此独立的。

实施简单随机抽样的步骤：（1）界定研究的总体；（2）将总体所有抽样单位排列在一个抽样表中；（3）随机抽取样本，直到达到所需要样本数。

2. 系统抽样

系统抽样也是一种随机抽样，与简单随机抽样的不同在于，在真正开始选取样本之前，系统抽样将总体分割为固定区间，然后再从每个区间中抽取样本成员。

系统抽样的步骤：（1）界定研究的总体；（2）决定所需的样本大小；（3）以总体数除以所需样本数，决定固定区间数 n；（4）从总体的前面 n 个抽样单位中，随机选取一个；（5）从第一个样本开始，每隔 n 个取一个，直至选取所需样本数目。

3. 分层抽样

进行分层抽样时，先要根据总体的组成特点，将其分为不同的层次，然后在每个层次中随机抽选样本。例如，要进行一项涵盖全省中学生的调查，首先需要将所有中学生按所属县市进行分层，然后从每个层次（所属县市）中进行抽样，这样才能确保所抽取的样本能够代表本省的所有县市。

分层抽样的步骤：（1）界定研究的总体；（2）确定分层的因素（例如地区、班级）；（3）将总体所有成员分层；（4）确定总样本规模；（5）在每个层次进行简单随机抽样，直到达至所需样本数目。

4. 团体抽样

进行团体抽样时，总体成员被分为不同的团体，以团体为单位进行抽样，被抽中的团体内所有成员都进入样本。任何具有相似特征的组合都可视为一个团体，如学校里的年级、班级、小组；工厂里的班组或车间；等等。团体抽样较为经济，可以利用已有的行政架构，极大地节省了抽样所需的工作量。

团体抽样的步骤：（1）界定研究的总体；（2）决定所需样本大小；（3）确定合理的团体单位；（4）列出所有属于总体的团体；（5）根据所需样本大小、每个团体平均的成员数，确定所需选取的团体数；（6）随机选取所需团体。

团体抽样与分层抽样在某些方面有些类似，都需要在真正抽样之前对总体进行分层或分群，然后才进行随机抽样。不同之处在于，分层抽样是从每个层次中以个体为单位进行随机抽样，而团体抽样则是以团体为单位进行随机抽样。分层抽样适用于大范围且有异质性层次的群体。而团体抽样适用于小范围、同质性的群体。

（二）非随机抽样

1. 定额抽样

定额抽样又称配额抽样，是先将总体按某一特征分类，再按一定比例在各类中抽取样本。例如，如果一项研究以某间大学的学生为总体，并知道该大学中本地学生占 40%，外地学生占 60%。如采用定额抽样，就必须确保样本中 40%的学生为本地学生，60%的学生为外地学生。可见，定额抽样中的样本成员是按配额抽取的，并不遵循随机抽取的原则。

定额抽样是一种容易操作的抽样方法。由于不需要制定抽样架构和成员列表，实施起来方便快捷。但其缺点也很明显，就是不够精确。由于样本不是随机抽取，无法确保其对于总体成员的代表性，因此研究结果的推广比较困难。

2. 目标抽样

目标抽样又称判断抽样。这种抽样方法在选择样本时，出发点是研究目的或研究者的判断。既不需要考虑总体中包含哪些层次或团体，也不用考虑这些层次或团体成员在总体所占的比例。如果调查者清楚研究的目的，并了解所需要的样本特点和从哪里获得这些样本，那么，目标抽样是很有用处的一种抽样方法，因为它操作方便、所需经费不多。

3. 滚雪球抽样

滚雪球抽样的名称很形象地说明了这种抽样方法的特点：研究者首先与符合要求的被试进行研究，然后请这一位或这一批被试者提供一些具有研究所需要特质的人的名单和联络方式，从此名单中进行挑选和研究。之后再要求这些人也提供类似的名单，以此类推。这是一种利用人际关系网络取得样本的方式。由于采用这种方法抽取的样本非常依赖研究者与被试者之间的联系以及被试者与被试者之间的联系，很可能导致样本的同质性太高。同时也可能会出现研究者偏见。因此，只有在不太可能用随机抽样或一般常用的抽样方式取得样本时，才会考虑采用滚雪球抽样。例如，想对奥运金牌得主进行一项访谈研究，就可以采用这种抽样方法。

三、样本大小

对于一项研究来说，多大的样本是合适的？这是研究者必须思考和回答的问题。样本太小无疑是个问题，因为这会导致样本的代表性不够全面，从而使研究结论无法推导至目标总体。但样本也并非越大越好。首先，进行大样本研究需要较多资源，这会使很多研究变得不可行；其次，当样本太大时，会使某些统计指标过于敏感，增加作出错误结论的机会。

要确定一个合适的样本大小，涉及很多方面的因素，比如研究类型、研究所需的准确性、总体的大小和同质性、变量的数目以及经费的限制等。

一般来说，问卷调查研究需要较多样本，而采用观察法、访谈法或实验法进行的研究所需要样本相对较少。研究结果要求的准确性越高，所需要的样本越多，以达到减少误差的目的。总体的规模和同质性也会影响所需样本的大小。总体规模越大，同质性越低，越是需要大样本；反之，总体规模越小，同质性越高，所需的样本就越小。研究中所涉及的变量数目越多，所需的样本越大，以期获得足够多的观察值来估算变量的取值。此外，研究经费的限制也是一个不得不考虑的现实问题。在研究开始之前，最好对研究所需经费和可供调配的资源作出合理的估算，确定一个合适和可行的样本规模。

本章小结

1. 体育心理学研究是一项严谨的科学探索和求证工作，有特定的程序和规范。

2. 本章介绍了进行体育心理学研究的基本步骤，并对几种常用的研究方法（观察法、访谈法、问卷调查法和实验法）的特点、实施程序、注意事项以及优缺点进行了逐一阐述。同时介绍了研究中可能用到的抽样方法。

3. 通过本章的学习，读者可以看到，不同研究方法，各有其适用情境和优缺点。没有一种方法，适用于所有研究情境，也没有一种方法，能够解决所有问题。

4. 在研究工作中，研究者应当从自己的研究目的出发，充分考虑各种相关变量对研究的影响，选择恰当的研究方法和抽样方法。

5. 很多时候，即便针对同一现象，研究者可能需要使用不同的方法搜集不同来源和类型的数据，借此降低或避免研究者的偏见，增进其研究结果的有效性和可靠性。

>>> 思考题

1. 请说明观察法、访谈法、问卷调查法和实验法各自的特点及优缺点。

2. 就下列研究题目，请选择恰当的研究方法。并说明理由。

(1) 小学生在体育活动中的攻击性行为之特点与成因。

(2) 肢体残疾学生对体育课教学的影响。

(3) 调查某个地区学生家长对于子女参加业余运动队的态度。

(4) 探讨一种新的体育训练方法是否能有效提高运动员的专项成绩。

3. 请指出观察研究中不同的行为记录方法，并举例说明。

4. 请说明进行访谈时的注意事项。

5. 以下几条问卷调查问题是否妥当？如有不妥之处，请指出。

(1) 贵校有足够的运动设施满足学生的需要吗？

□ 有　　　　□ 没有

(2) 挑选学生加入业余运动队之前，学校咨询过班主任和家长的意见吗？

□ 有　　　　□ 没有

(3) 体育活动对学生的身心发展的重要性已得到广泛的共识，你是否认同这种观点？

□ 是　　　　□ 否

(4) 你的职业属于下列哪一种？

□ 小学老师　　　　□ 教育工作者　　　　□ 公务员

6. 实验设计的效度有哪几种？请说明其各自的影响因素。

7. 随机抽样有哪几种方法？请举例说明每种方法适用的研究情境。

>>> 参考文献

1. 陈向明．质的研究方法与社会科学研究．北京：教育科学出版社，2006.

2. 林重新．教育研究法．台北：台北扬智文化事业股份有限公司，2001.

3. 莫雷．心理学研究方法．广州：广东高等教育出版社，2007.

4. 郑旗．体育科学研究方法．北京：人民体育出版社，2007.